解釈主義の心の哲学

合理性の観点から

金杉武司

Interpretationism in the Philosophy of Mind

From a Viewpoint of Rationality

kanasugi takeshi

keiso shobo

序

雨が降っていると信じている、とはどのようなことなのだろうか。水を飲みたいと欲している、とはどのようなことなのだろうか。現代の心の哲学においては、このような信念や欲求は「命題的態度（propositional attitude）」と呼ばれる。命題的態度とは一般に、命題（proposition）を表象内容とし、その命題とそれに対する態度からなるという構造を持つ心的状態のことである。たとえば、雨が降っているという信念は、雨が降っているということ（命題）を表象内容とし、それに対して信じるという態度をとる心的状態であり、また、水を飲みたいという欲求は、水を飲むということ（命題）を表象内容とし、それに対して欲するという態度をとる心的状態であると言うことができる。欲求や信念などの命題的態度は、まさにこのような構造を持つがゆえに、それ自身とは別の何かを表象するはたらき、すなわち志向性（intentionality）を持つと考えられる。

本書が考察の対象とする問題は、命題的態度とは何か、あるいは、命題的態度を持っているとはどのようなことか、という問題である[1]。そして本書では、この問題について考えるにあたって「解釈主義（interpretationism）」と呼ばれる立場に依拠する。これは、解釈という観点から命題的態度を理解しようとする立場であり、その考え方は、D・デイヴィドソンやD・C・デネットの心の哲学のうちに見出すことができるとしばしば論じられる（2）。

本書が解釈主義を主題とする理由は二つある。一つは、解釈主義が、現代の心の哲学の主潮流をなす広義の心脳同一説（mind-brain identity theory）、すなわち狭義の心脳同一説や機能主義（functionalism）、非法則的一元論（anomalous monism）などとは一線を画す立場であり、その点で注目に値するということである。それでは、それはどのような立場なのか。この問いに対する回答は、本書の全体を通して示していきたいと思うが、本書の冒頭において、少なくとも次のことを本書の内容の核心部分を表す論点として示しておきたい。解釈主義は、心を因果性や法則性の秩序のうちに位置づける広義の心脳同一説とは異なり、心、特に命題的態度というものを、因果性や法則性とは異なる合理性の秩序のうちに位置づける。合理性の秩序へと目を向ける解釈主義の観点は、命題的態度とは何であるかを理解する上で非常に重要なものであると筆者は考えている。これが、本書で解釈主義を主題とするもう一つの理由である。

本書は、解釈主義とは何かを明らかにし、解釈主義の妥当性を検討することを通して、命題的態度とは何か、命題的態度を持っているとはどのようなことなのかを明らかにすることを目標とする。以下では、この目標を達成するために本書で取り組む二つの課題を示しつつ、本書の構成を説明していこう。

まず第I部は、解釈主義とはどのような立場であるのか、その基本的枠組みはどのようなものであるかを明らかにすることを課題とする。第一章では、解釈主義の基本的枠組みを提示するための前提として、解釈という営みがそもそもどのようなものであるかを明らかにする。ここでは、「解釈」と呼ばれるものに、行為の理由となる欲求や信念を主体に帰属させることで行為の生起を説明する行為の解釈と、言語的行為において使用される文の意味を特定する文の解釈の二つがあるということ、そして、どちらの解釈においても、解釈対象が概ね合理的な主体であると前提しなければならないということが明らかになる。そして、続く第二章において、まず「解釈可能性」という概念を用いた解釈主義の基本テーゼを提示することによって、いわば「内側」から解釈主義の輪郭を描くことを試みる。その上で、機能主義や非法則的一元論などのその他の立場との比較（この比較には、一部、それらの立場との妥当性の比較も含まれる）を通して、いわば「外側」から解釈主義の輪郭を描くことを試みる。このように第Ⅰ部では、解釈主義の輪郭を「内側」と「外側」の両方から描くことによって、解釈主義がどのような基本的枠組みを持つ立場であるのかを明らかにしていきたい。

それでは、解釈主義は心の哲学としてどれくらい妥当な立場だと言えるのだろうか。第Ⅱ部では、第Ⅰ部で提示した基本的枠組みを土台にして、解釈主義が直面するいくつかの内在的問題について考察することによって、その妥当性を詳しく検討することを課題とする。まず第三章では、解釈可能な主体とはどのような主体であるのかを明らかにすることを試みる。その際に主題となるより具体的な問いは、解釈可能な主体は言語を使用する主体である必要はあるのか、というものである。筆者は、解釈可能な主体であるためには言語使用者でなければならないという主張の擁護を試みる。続く第四章では、広義の心脳同一説と一線を画す解釈主義に依拠するということが命題的態度の実在性を否定することになるという消去主義（eliminativism）の議論について考察する。そして、消去主義に対して、実践的な観点からの存在論を提示することによって、命題的態度の実在性を擁護することを試みる。また第五章では、解釈の不確定性（indeterminacy of interpretation）が、解釈主義の下で理解される命題的態度の実在性を損なうのではないかという疑念に対して回答を試みる。そのためにまず、解釈の不確定性とは何であり、それが本当に成立するのかを明らかにすることを試みる。そしてそれらの考察を通して、解釈の不確定性は成立するが、それは、実践的観点から捉えられる限りでの命題的態度の実在性を損なうものではないということを示したい。続く第六章では、解釈主義は自分の心的状態についての知識（以下ではこれを「自己知（self-knowledge）」と呼ぶ）の特殊性を説明できるのかという問いについて考察する。自己知には、他者の心的状態についての知識（以下ではこれを「他者知」と呼ぶ）にはない特殊な特徴がいくつかあると考えられる。しかし、解釈主義では、自己知を他者知と同様に解釈に基づく知識として理解することになり、自己知の特殊性を説明できないのではないだろうか。第六章では、この疑念に対して、合理性やコミットメントという自己知の側面に着目することによって、解釈主義の下でも自己知の特殊性を説明することができるという議論を展開する。最後の第七章では、解釈主義の下で不合理な行為や命題的態度の存在を説明しようとすると、主体の分裂が生じていると考えざるをなくなり、その結果、それらの存在を理解することすらできなくなるのではないかという疑念について考察する。第七章では、この疑念に対して、自己概念の多面性に依拠する議論によって、解釈主義の下でも不合理な行為や命題的態度の存在を理解することは可能であると論じる。

本書は、以上の第Ⅰ部、第Ⅱ部の二つの課題に取り組み、解釈主義がどのような立場か、またどのような立場であるべきかを示すことを通して、命題的態度とは何か、命題的態度を持っているとはどのようなことなのかを明らかにすることを試みる。

解釈主義の心の哲学

合理性の観点から

目次

序

I　基本的枠組み

Ⅰ　基本的枠組み

第一章　解釈とは何か

解釈主義とはどのような立場なのだろうか。解釈主義は、命題的態度という存在を「解釈」という概念に基づいて理解しようとする立場である。それでは、その解釈とはそもそもどのようなものなのだろうか。解釈主義の基本的枠組みを示すためには、まずはこの解釈という営みがどのようなものであるかを明らかにする必要があるだろう。解釈は、大きく分けて行為の解釈と文の解釈の二種類に区別することができる。本章では、これらがそれぞれどのようなものであるかを明らかにする。

1　行為の解釈

行為の解釈とは、ある行為がなぜ生じたのかを、その行為の理由とみなされる命題的態度を主体に帰属させることによって説明する営みのことである。たとえば、龍一という人がタクシーの前で手を挙げていたとする。そして、「なぜ龍一はタクシーの前で手を挙げたのだろうか」という問いが立てられるとする。これに対して、われわれは、たとえば「龍一は、タクシーを止めたいと思い、タクシーの前で手を挙げればタクシーは止まると考えていたから、タクシーの前で手を挙げたのだ」といった説明をする。このような説明が行為の解釈である。この行為の解釈において龍一に帰属させられた命題的態度は、タクシーを止めたいという欲求と、タクシーの前で手を挙げればタクシーは止まるという信念であり、これらの命題的態度が龍一の行為の理由とみなされているのである。以上のように、われわれは欲求や信念を行為の理由として主体に帰すことによって、主体の行為がなぜ生起したのかを説明する[1]。

もっとも、実際のわれわれの日常的な営みでは、このように欲求と信念の両方に言及して行為を説明することはあまりないかもしれない。たとえば、「龍一はタクシーを止めたかったのだ」と欲求に言及するだけで、龍一の行為の説明は済んでしまうかもしれない。しかし、このような場合においても、われわれはたとえば、タクシーの前で手を挙げればタクシーは止まると龍一が信じているといったことを暗黙の前提としているのである。実際、龍一の行為の説明を問題にしている人々の間で龍一のこのような信念が前提されていない場合には、このような信念に言及せずに龍一の行為を説明することはできないだろう。同じように、欲求には言及せずに信念に言及するだけで行為の説明が済んでしまう場合もあるだろう。しかし、その場合も、被解釈者が行為の理由となる何らかの欲求を持っていることが暗黙の前提になっていると考えられる。このように、われわれは、必ず欲求と信念のひと組を行為の理由として主体に帰属させることによって主体の行為を説明するのである。

ただし、厳密に言えば、欲求とは異なる命題的態度が信念とともに行為の理由を構成することがある。それは、行為の解釈において欲求が果たしている役割が、欲求とは異なる命題的態度によっても果たされうるものだからである。たとえば、晴臣という人が選挙で投票したとしよう。そして、晴臣が選挙で投票したのは、彼が、国民は自らの権利を行使すべきだと思い、選挙で投票することは国民の権利を行使することになると思っていたからだとしよう。この場合、晴臣の行為の理由として挙げられるのは、国民は自らの権利を行使すべきであるという義務に関する判断と、選挙で投票することは国民の権利を行使することになるという信念だろう。このように欲求と同様の役割を果たすものとしては、義務や礼儀についての判断、あるいは何が有益なことであるかについての判断なども含まれる。欲求が果たしている役割とは、一般化して言えば、あるタイプの行為にある望ましさを見出すことなのである（cf. Davidson [1963] p. 3）。議論の便宜上、以下では、このような役割を果たす命題的態度をまとめて「欲求」と呼ぶことにしよう(2)。

2　行為の合理化と実践的推論

以上のように、われわれは行為の解釈において、ある行為がなぜ生じたのかということを、その行為の理由とみなされる欲求と信念を主体に帰属させることによって説明する。以下では、このように、あるものが別のものの理由になることを、前者が後者を理に適ったものにするという意味で「合理化する」と表現することにしよう。われわれは、行為の解釈において、欲求や信念による行為の合理化を説明することで、行為の生起を説明するのである。しかし、行為の合理化とは、より厳密に言うとどのようなものなのだろうか。

すぐに気がつくのは、行為の理由となる欲求と信念によって、ある目的手段連関が示されているという点だろう。龍一の例で言えば、タクシーを止めたいという欲求は、タクシーを止めるという龍一の目的を示していて、タクシーの前で手を挙げればタクシーは止まるという信念は、龍一が、その目的を達成するための手段として、タクシーの前で手を挙げるという行為を念頭に置いているということを示している。このように捉えられた欲求・信念・行為は、実践的三段論法を構成するものとして理解することができる。より正確に言うと、以下のように、欲求は、ある性質を持つ行為一般の望ましさを示す大前提に対応し、信念は、問題の特定の行為がある記述の下でそのような行為を遂行する手段である（もしくは、そのような行為の一例である）ことを示す小前提に対応し、問題の特定の行為は、その特定の行為の望ましさを示す結論に対応すると考えられるのである(3)。

大前提：Pということは望ましい。
小前提：φならばPということができる（もしくは、φならばPということになる）。
結　論：φということは望ましい。

たとえば、龍一の例で考えると、まず欲求に対応する「タクシーを止めることは望ましい」という判断が大前提をなす。そして、信念に対応する「タクシーの前で手を挙げればタクシーを止めることができる」という判断が小前提をなし、ある行為の望ましさを表す「タクシーの前で手を挙げることは望ましい」という判断が結論となる。つまり、以下の通りである。

大前提：タクシーを止めることは望ましい。
小前提：タクシーの前で手を挙げればタクシーを止めることができる。
結　論：タクシーの前で手を挙げることは望ましい。

この限りでは、行為を合理化するとは、以上のように行為とその理由となる欲求・信念から実践的三段論法を構成することができるということに他ならないように思われる。

しかし、以上のような単純な実践的三段論法に基づいて行為の合理化を理解することは実は適切ではない。たとえば幸宏という人が、甘いものを食べたいという欲求と、目の前にあるアイスクリームを食べれば甘いものを食べることになるという信念を持っているとしよう。この場合、目の前のアイスクリームを食べることは、それらの欲求と信念によって合理化されるように思われる。しかし、同時に幸宏が、ダイエットを継続させたいという欲求と、目の前にあるアイスクリームを食べなければダイエットを継続させることになるという信念も持っていたとしたらどうだろうか。これらのふた組の欲求・信念には何ら矛盾はない。しかし、それらからは、上で見たように、それぞれに対応する二つの実践的三段論法を構成することができ、それゆえ、「目の前のアイスクリームを食べることは望ましい」という結論と「目の前のアイスクリームを食べないことは望ましい」という結論が出てくる。これらからは容易に矛盾が帰結する。これでは、目の前のアイスクリームを食べるという行為を理に適ったものにすることはできないだろう。しかし、実際にはわれわれは、このようなふた組の欲求・信念を持つ場合にも、矛盾に直面することなく、どちらかの行為を選択することができ、またその行為の生起は理に適ったこととして理解される。つまり、以上のような単純な実践的三段論法に基づいて行為の合理化を理解することには何らかの誤りがあるのである。それでは、どこに誤りがあるのだろうか。

二つの実践的三段論法から矛盾を生む二つの結論が導き出されてしまったのは、欲求を、ある行為を端的につまり条件なし（限定なし）に望ましいものとする全面的（all-out）判断に置き換えているからに他ならない。欲求はむしろ、ある種の行為一般の望ましさに関するある観点から見る限りでの（他の観点から見る場合にはその限りではないという意味で）一応の（*prima facie*）判断に置き換えられるべきである（cf. Davidson [1969] pp. 37-8）。たとえば、「任意の行為は、それが甘いものを食べることである限りでは、望ましい」という判断や「任意の行為は、それがダイエットを継続させることである限りでは、望ましい」という判断がその例である。したがって、実践的三段論法の形式は、実際には、以上で記したような単純なものとは異なると考えなければならない。つまり、実際の実践的三段論法は、大前提の中に「……である（という観点から見る）限りでは」という但し書きがつねに入っているのである。したがって、たとえば幸宏の二つの実践的三段論法は次のようになる。

〈実践的三段論法1〉
大前提1：任意の行為は、それが甘いものを食べることである限りでは、望ましい。
小前提1：目の前のアイスクリームを食べることは甘いものを食べることである。
結　論　1：目の前のアイスクリームを食べることは、それが甘いものを食べることである限りでは、望ましい。

〈実践的三段論法2〉
大前提2：任意の行為は、それがダイエットを継続させることである限りでは、望ましい。
小前提2：目の前のアイスクリームを食べないことはダイエットを継続させることである。
結　論　2：目の前のアイスクリームを食べないことは、それがダイエットを継続させることである限りでは、望ましい。

このように、個々の実践的三段論法から帰結する結論は条件つきの一応の判断であり、二つの結論から矛盾は帰結しない。それゆえ、われわれは幸宏のような場合においても矛盾に直面することはないのである。

それでは、行為の合理化とは以上のように修正された実践的三段論法に基づくものであると理解すればよいのだろうか。答えは否である。なぜなら、以上のように修正された実践的三段論法だけでは、どの行為を為すべきかについての結論が帰結しないからである。個々の実践的三段論法は、ある観点に限定された条件つきの判断にすぎない。しかし、行為の望ましさに関わる観点はさまざまであるので、どの観点を最優先するのかが定まらない限り、どの行為を選択すべきであるのかは定まらない。どの行為を為すべきかを判断するには、さまざまな観点に照らして、何が最も望ましいのかを決めなければならない。つまり、以上のように修正された実践的三段論法に加えて、自らが考慮しうるすべてを考慮した上での（all-things-considered）望ましさの判断（以下ではこれを「ＡＴＣ判断」と呼ぶことにする）を下す必要があるのである（cf. Davidson [1969] pp. 38-9）。

　しかし、このＡＴＣ判断でさえ、どの行為を為すべきかについての結論部分には相当しない。ＡＴＣ判断は、個々の実践的三段論法以上の考慮の結果であるが、それもまた、「すべてを考慮する限り」という条件つき（限定つき）の判断にすぎないのに対して、ある特定の行為を為すということは、とにかくその行為を為す以上、端的につまり条件なし（限定なし）にその行為を最も望ましいものとする全面的判断に対応すると考えられるからである（cf. Davidson [1969] pp. 38-9）。つまり、主体は、ＡＴＣ判断からさらに全面的判断を結論として導き出すと理解されなければならない。以上をまとめるならば、行為の合理化とは、特定の行為のある観点から見る限りでの望ましさに関する条件つき（限定つき）の判断と、すべてを考慮する限りでの判断（ＡＴＣ判断）を経て、条件なし（限定なし）の全面的判断を結論として導き出すような推論に基づくものとして理解されるべきなのである。したがって、先の例の幸宏は、たとえば次のような推論を行っていると考えられる。

　大前提１－１：任意の行為は、それが甘いものを食べることである限りでは、望ましい。
　小前提１－１：目の前のアイスクリームを食べることは甘いものを食べることである。

結　論　1－1：目の前のアイスクリームを食べることは、それが甘いものを食べることである限りでは、望ましい。〈実践的三段論法1の結論〉
大前提1－2：任意の行為は、それがダイエットを継続させることである限りでは、望ましい。
小前提1－2：目の前のアイスクリームを食べないことはダイエットを継続させることである。
結　論　1－2：目の前のアイスクリームを食べないことは、それがダイエットを継続させることである限りでは、望ましい。〈実践的三段論法2の結論〉
…（その他、諸々の実践的三段論法）
結　　論　2：すべてを考慮する限り、目の前のアイスクリームを食べないことは望ましい。〈ATC判断〉
［諸々の実践的三段論法の結論より］
最終的な結論：目の前のアイスクリームを食べないことは望ましい。〈全面的判断〉［結論2より］

以下では、このような推論を実践的三段論法から区別して「実践的推論」と呼ぶことにしよう。(4)

以上のように、ある行為の理由を示すことによってその行為の生起を説明するには、厳密に言うと、行為の理由となる欲求と信念だけでなく、行為の望ましさに関するさまざまな判断をも主体に帰属させる必要がある。行為の解釈とは、厳密に言えばこのような実践なのである。しかし、これによって、「行為の理由」と呼ばれるものが問題のひと組の欲求・信念であるということが否定されるわけではない。問題の欲求と信念は、以上のような実践的推論において、問題の行為を最も望ましいものとする観点を示す役割を果たしている。この限りにおいて、それらはあくまでも「行為の理由」と呼ばれるべきものである。行為の解釈における行為の合理化とは厳密には、以上で見たような実践的推論に基づくものとして理解されるべきであるが、以下では、議論の便宜上、特に必要のない限り、行為の解釈において主体に帰属させられる命題的態度としては、行為の理由とみなされるひと組の欲求・信念にのみ言及するにとどめる。

3　心の全体論的性格

ところで、先の例の龍一はタクシーの前で手を挙げたように見えたが、龍一が、手を挙げた後に、タクシーには乗らずに、道路の反対側にいる友人に声をかけたとしよう。そして、道路の反対側にいる友人に合図を送りたいという欲求と、彼に向かって手を挙げれば彼に合図を送ることになるという信念が龍一の行為の理由として帰属させられるとしよう。このときには、龍一の行為は、タクシーの前で手を挙げるという行為ではなく、道路の反対側にいる友人に向かって手を挙げるという行為として理解されることになる。このように、龍一のふるまいがどのような行為として理解されるかは、解釈においてどのような理由を龍一に帰属させるのが適切であるかによって決まる。行為の解釈における被説明項である行為は、以上のように、その行為の理由となる欲求と信念を主体に帰属させることができてはじめて、まさにその行為として理解することができるのである。

それゆえ、行為の理由となるような欲求・信念を一切見出せないときには、問題のふるまいはいかなる行為でもなく、単なる物理的身体運動にすぎなかったということになる。たとえば、龍一の手を挙げるというふるまいも、それを何らかの行為とみなせるような理由が見出されなかった場合には、何ら行為とはみなされず、たとえば痙攣か何かで引き起こされた単なる物理的身体運動として理解される。このように、行為の解釈における被説明項である行為は、その解釈が成立してはじめて、説明されるべきものとしての身分が保証されるのである。この意味で、行為の解釈では、行為の理由である欲求や信念のみならず、行為そのものもまた主体に帰属させられると言うことができる。

もちろん、通常は「なぜ彼はタクシーの前で手を挙げたのか」といった問いをまず発するということからもわかるように、ある物理的身体運動があるタイプの行為であるということを自明のこととして行為の解釈は行われるだろう。しかし、行為の理由がうまく見出せず、行為の解釈が失敗してしまったときには、そもそもその物理的身体運動をそのタイプの行為として理解すること自体が問題となるのである。それゆえ、行為の解釈におけるデータとして位置づけられるのは、厳密には、欲求や信念と理由関係を形成する行為そのものではなく、物理的身体運動とそれをとりまく状況であると考えねばならない。とはいえ、これは、被解釈者のふるまいをまず物理的身体運動として認識することによって実際の解釈を始めなければならないということではない。上に述べたように、通常は被解釈者のふるまいをあるタイプの行為としてみなすことから行為の解釈は始まる。行為を解釈のデータとして認めることができないということは、このような解釈実践のあり方を否定するものではないのである。

以上のように、行為の理由が見出せないとき、主体に行為を帰属させることはできない。同様に、行為の理由となされる欲求や信念それ自体も、多くの場合、その理由となる他の命題的態度が見出せないときには、主体に帰属させることができない。たとえば先の例の晴臣には、選挙で投票するという行為の理由として、選挙で投票することは国民の権利を行使することになるという信念が帰属させられたが、その信念帰属は、選挙で投票することは国民の権利を行使することになると憲法に書いてあるといった他の信念を理由として晴臣に帰属させることができてはじめて適切なものとして認められる。このように、ある信念を主体に帰属させるには、その信念の理由となる他の信念もその主体に帰属させることができなければならないのである。欲求を主体に帰属させる場合も同様に、その欲求の理由となる他の欲求や信念をその主体に帰属させることができなければならない。たとえば先の例の幸宏には、ダイエットを継続させたいという欲求が帰属させられたが、その欲求帰属は、健康になりたいという欲求や、ダイエットを継続させれば健康になるといった信念の帰属が可能であってはじめて適切なものとして認められるだろう。(5)

このように行為の解釈は、単に行為の理由となるひと組の欲求・信念を主体に帰属させれば成立するというものではなく、それらの欲求や信念の理由となる他の命題的態度を主体に帰属させるという他の実践もまた成立してはじめて成立するような実践なのである。それでは、それらの他の命題的態度の帰属はどのようにして適切なものとして認められるのだろうか。それは、それらの命題的態度が理由となる他のさまざまな行為の解釈や、第5節以降で説明する文の解釈を通してである。つまり、命題的態度や行為は、さまざまな解釈を通して、全体として主体に帰属させられなければならないようなものなのである。このような命題的態度や行為のあり方はしばしば「心の全体論的性格」と呼ばれる。行為の解釈とは、このような心の全体論的性格に基づく全体論的な実践なのである(6)（cf. Davidson [1970] p. 221; [1975] pp. 157, 168; [1982a] p. 183; [1982b] pp. 96, 98-9; [1985b] pp. 189-90, 195-6; [1990] pp. 89-90）。

4　チャリティーの原理と合理性の要請

以上のように、命題的態度や行為は、それらの間の理由関係に基づいて全体として主体に帰属させられる。以下では、命題的態度や行為の全体が形成する理由関係の網の目を「合理的ネットワーク」と呼ぶことにしよう。ところで、ある命題的態度を他の命題的態度や行為の理由とみなせるのは、そのような命題的態度を持つ主体は、われわれから見て合理的である限り、問題の命題的態度を持つはずだ、あるいは問題の行為を為すはずだと考えられるからである。したがって、行為を解釈する際に解釈者は、行為主体が、われわれにとっての合理性の基準を概ね満たしていると前提しなければならない。そう前提しない限り、われわれは解釈対象を主体として理解することができないのである。行為の解釈が成立するためのこのような前提条件は、しばしば「チャリティーの原理（principle of charity）」と呼ばれる（cf. Davidson [1980] [1984a] [2001] [2004] [2005]）。また以下では、行為主体が概ね満たすべき合理性の基準を「合理性の要請」と呼ぶことにしよう[7]。

しかし、主体が合理的であるとはより詳しくはどのようなことなのだろうか。それは第一に、命題的態度や行為の間の合理的ネットワークを支えている推論の合理性の要請を主体が満たしているということである。たとえば欲求や信念による行為の理由づけは、先に見たように実践的推論に基づくものとして理解される。これは、実践的推論の合理性がこの合理的ネットワークを支えているということである。合理的な主体は、まずこの実践的推論の合理性の要請を満たしていなければならない。実践的推論の合理性の要請とは、もう少し詳しく言えば、「（自らが考慮しうる）すべてを考慮する限り最も望ましいと判断される行為を為さねばならない」という要請のことである。この合理性の要請は「自制の原理（principle of continence）」と呼ばれる。同様に、ある信念による他の信念の理由づけは、理論的推論の合理性によって支えられていると言うことができる。合理的な主体は、この理論的推論の合理性の要請をも満たしていなければならない。理論的推論の合理性の要請は、もう少し詳しく言うと、「われわれが妥当とみなす演繹的推論を遂行しなければならない」という演繹的推論の原理や、「関連するすべての入手可能な証拠が支持する仮説を信頼しなければならない」という帰納的推論のための全体証拠の要請（requirement of total evidence for inductive reasoning）などからなると考えられる。また、主体が概ね満たすべき合理性の要請には、以上のような推論の合理性の要請だけでなく、「さまざまな命題的態度や行為の間の整合性が保たれていなければならない」という内的整合性の要請も含まれると考えられる。このように、合理性の要請は、さまざまな要請や原理の束として理解されるべきものなのである[8]。

5　文の解釈

行為には、大きく分けて言語を使用する言語的行為と言語を使用しない非言語的行為の二種類がある。タクシーの前で手を挙げるという行為は、言語を一切使用しない行為であるのに対して、食卓で、家族に「醬油ある？」と問いかけたり、家の外から、家の中にいる人に「外は雨が降っているよ」と告げたりすることにとっては、言語を使用することが本質的である。

そして、このような言語的な行為を解釈する場合には、通常の非言語的行為の解釈以上の作業が必要となる。たとえば、「雨が降っている」という龍一の発話行為を解釈する場面を考えてみよう。この発話行為は、たとえば「龍一は、雨が降っているということを伝えたいという欲求と、『雨が降っている』と発話すれば雨が降っていることを伝えることができるという信念を持っていたので、そのように発話したのだ」というように解釈することができるだろう。このように、言語的行為の解釈においても、ひと組の欲求・信念が行為の理由として挙げられる。しかし、それらが行為の理由となるためには、その発話行為において使用されている「雨が降っている」という文が、雨が降っているということを意味するのでなければならない。そうではなく、「雨が降っている」という文が、たとえば月が出ているということを意味するのだとしたら、この文を発話することによっては、雨が降っているということを伝えることはできず、それゆえ、龍一の発話行為は理に適ったものとしては理解できないからである。

したがって、言語的行為の解釈が行為の解釈として成立するためには、同時に、その言語的行為で使用された文の意味が特定されなければならない。通常は、文の意味はすでに特定されていると考えられるだろう。たとえば、「雨が降っている」という文が何を意味するのかは、日本語の意味理論によってすでに特定されていると考えるのが普通だろう。しかし、ここでの問題は、文の意味がすでに特定されているかどうかではない。ここでの問題は、すでに確立された何らかの意味理論に基づいて文の意味を特定するにしろ、その場で改めて文の意味を特定する作業をするにしろ、文があることを意味するということを前提せずには、言語的行為を解釈することができないということなのである。(9)文の意味を特定するこの作業を「文の解釈」と呼ぶとすれば、ここでの問題は次のように表現することができる。つまり、言語的行為を解釈する場合には、行為の理由を主体に帰属させる行為の解釈だけではなく、文の解釈もまた行う必要があるのである。(10)以下では、この文の解釈の内実をより明らかにすることを試みる。

6　意味理論

それでは、文の意味はどのようにして特定されるのだろうか。ここで重要なのは、言語的行為においてある言語が使用される際に、通常、話し手や聞き手であるわれわれはその言語の任意の新たな文の意味を容易に理解することができるという点である。たとえば、今私が「モナコの人工衛星は日本には墜落せず、南太平洋上に墜落したそうだよ」という文を発話したとする。私は、この文をこれまで口にしたことも書いたこともない。おそらく、この発話の聞き手（あるいは本書の読み手）も同様だろう。しかし、話し手である私やこの発話の聞き手（あるいは本書の読み手）はこの文の意味をいとも簡単に理解することができるだろう。このように、はじめて耳にしたり目にしたりするにもかかわらず、容易にその意味が理解できる文は無限につくることができる。つまり、言語の意味の理解には、言語の無限産出可能性が深く関係しているのである。

この言語の無限産出可能性はいかなる仕組みによっているのだろうか。その仕組みは、容易に理解できる新たな文がどれも、ある特定の意味を持つ既知の語を既知の規則に従って組み合わせることによって形成されるという点にあると言えるだろう。さらに、無限の新たな文を生み出すためには、これらの語と形成規則の数は有限個でよいという点も重要である。有限な存在である人間が任意の新たな文の意味を理解することができるのは、それらの文の意味が有限個の語の意味と有限個の形成規則に基づいて再帰的に特定されうるものであるからに他ならない。したがって、文の解釈は少なくとも、有限個の語の意味と有限個の形成規則に基づいて文の意味を再帰的に特定する意味理論を必要とすると言えるだろう（cf. Davidson [1967] p. 17; [1973b] pp. 127-8; [1974c] p. 141）。つまり意味理論は、「文の意味はそれを構成する語の意味と文の構造によって決定される」という合成原理を反映するような構造を持っていなければならないのである。

それでは、その再帰的な意味理論とは具体的にはどのような理論なのだろうか。デイヴィドソンによれば、A・タルスキの真理理論（Tarski [1944] [1956]）を意味理論として理解することができる（Davidson [1984a] *passim*）。このタルスキの真理理論に基づく意味理論はときに「真理条件的意味理論」と呼ばれる。その理由は、その意味理論が、対象言語（解釈される側の言語）の任意の文に対して、たとえば、

T1：「地球は丸い」が真であるのは、地球は丸いときであり、かつそのときに限る。

というような形式の文を、一群の公理と規則から定理として導出する点にある。T1のような文は「T文」と呼ばれ、「地球は丸い」といった対象言語の文の真理条件をメタ言語（解釈する側の言語）によって表現していると理解される。この意味理論が「真理条件的意味理論」と呼ばれるのは、まさに対象言語の文の真理条件を特定するこのT文が、その文の意味を特定していると思われるからである(11)。

しかし、T文が意味を特定するということの内実には注意が必要である。先に述べたように、文の意味は、それを

構成する語の意味と形成規則に基づいて決まる。たとえば、「地球は丸い」という文が、地球は丸いということを意味するとしよう。この文がこのような意味を持つのは、その文の中に現れる「地球」という語がまさに地球を指示し、「……は丸い」という語がまさに丸いものにかつそれだけに適用され、そして、「地球」という語が「……は丸い」の他に「……は青い」などの語と結びつくことによって文を形成しうる語であり、「……は丸い」という語が「地球」の他に「月」などの語と結びつくことによって文を形成しうる語であるからに他ならない。このような語の意味と形成規則は、意味理論においては、T文を再帰的に導出する際にはたらく公理や規則において表現されている。[12] したがって、文の意味を特定しているのは、その文の真理条件を表現するT文そのものというよりは、むしろ、意味理論によるそのT文の導出過程であると言うべきなのである（cf. Davidson [1973b] p. 138）。タルスキの真理理論に基づく意味理論を「真理条件的意味理論」と呼ぶ際にはこの点に注意しなければならない。

それでは、語の意味や形成規則はどのようにして特定されるのだろうか。つまり、ある言語の意味理論はどのようにしてつくられるのだろうか。意味理論は、自然科学の理論のように、仮説として立てられ経験的な検証を受ける経験的理論であると理解される（cf. Davidson [1967] p. 24; [1974c] p. 142）。つまり、語の意味や形成規則を示す公理や規則は、まず仮説として立てられ、それらから導出されるさまざまなT文が経験的な検証を受けることによってはじめて正しさが保証されるようなものなのである。したがって、先の例で言えば、たとえば「……は丸い」という語が丸いものにかつそれだけに適用されるということは決して天下り的に与えられることではない。語がどのような意味を持っているのかは、経験的な検証を受けるさまざまなT文においてそれらがどのような役割を果たすかによって決まることなのである。これは、「語の意味は文の意味に対する貢献である」という文脈原理において言われていることに他ならない。さらに言えば、語の意味は、それを含むさまざまな文が言語全体の中で他の文とどのように関係するかによって決まる。それゆえ、語や文の意味は言語全体の中での位置づけによって決まると言うことができる。このように、再帰的な意味理論は、合成原理と文脈原理をともに具現するような全体論的な意味理論になっているのである（cf. Davidson [1967] p. 22; [1973b] pp. 138-9）。

7　根元的解釈

以上のように、文の意味を特定する文の解釈とは正しい意味理論を特定する作業に他ならない。それでは、意味理論は具体的にはどのようにして経験的検証を受けるのだろうか。次にこの点を明らかにしよう。

ここで、対象言語がたとえば日本語であることがわかっているとすれば、対象言語の任意の文に対して、それと同一の文によって真理条件を示すT文が導出されるかどうかを検証すればよいと考えられるかもしれない（もちろん、ここではメタ言語も日本語であると前提している）。しかし、ある対象言語が既知の言語であることがわかっているということは、ある意味理論がその対象言語の正しい意味理論であることがすでに特定されているということに他ならない。そうであるからこそ、その対象言語が既知の言語であると言うことができるのである。したがって、ここでの問題が、そもそもある意味理論が正しい意味理論であることをどのようにして経験的に検証すればよいのかという問題である限り、対象言語は全くの未知の言語であると考えねばならない。全く未知である以上、辞書や言語の類似性に訴えて意味理論をつくることはできない。その言語の文を話者がいかなる状況で発話するか、あるいは、その文に話者が同意したりしなかったりするのはいかなる状況であるかを観察し、それを手掛かりとして、意味理論を仮説的につくりあげるのである。そして、その意味理論を検証する際に頼ることができるのもまた、いかなる状況において文の発話が生じるのか、もしくは、いかなる状況において文への同意・不同意が示されるのかに関するデータのみである（cf. Davidson [1967] p. 27; [1973b] p. 135; [1974b] pp. 195-6; [1974c] pp. 142, 144; [1975] p. 162）。このようなデータに適合するように試行錯誤を繰り返しながら、適切な意味理論をつくりあげていく作業を、デイヴィドソンは「根元的解釈（radical interpretation）」と呼ぶ（Davidson [1984a] *passim*）。

意味理論は具体的には根元的解釈においてどのように検証されるのだろうか。実際に経験と照らし合わされるのは、個々のＴ文である。より正確に言えば、「雨が降っている」という文のように、状況次第で真となったり偽となったりする文、つまりＷ・Ｖ・Ｏ・クワインが「場面文（occasion sentence）」と呼ぶ類の文（Quine [1960] pp. 35-40）に関するＴ文である。そして、このようなＴ文の正しさの証拠となるのは、上記のようなデータである。たとえば、「雨が降っている」という文に関して

Ｔ２：「雨が降っている」が真であるのは、雨が降っているときであり、かつそのときに限る。

というＴ文が与えられるとしよう。このＴ２の正しさの証拠となるのは、

Ｅ２：話者が「雨が降っている」を真とみなすのは、雨が降っているときであり、かつそのときに限る。

というような状況に関するデータである。[13]

しかし、ここで問題が生じる。Ｅ２のような状況が生じるだけでは、Ｔ２が正しいということは保証されないからである。Ｅ２のような状況によって、Ｔ２の正しさが保証されるのは、「雨が降っている」を真とみなすときに話者が、雨が降っていると信じている場合に限られる。もし仮に話者がそのとき、雨が降っていると信じていなかったとしたら、Ｅ２のような状況が生じていたとしても、Ｔ２の正しさは保証されないのである。一般に、話者がある文を

真とみなすのは、その文があることを意味するだけではなく、その話者が、その文が意味することが成立していると信じてもいるからである。したがって、E2のような状況をT文の正しさの証拠とみなすためには、解釈者はあらかじめ話者の信念を特定することができなければならないことになる。

しかし、多くの信念は、それを表現する言語によってはじめて内容が特定される。たとえば、今日は原稿の締め切り日であるという信念は、それを意味する文を利用することなしには特定できないだろう。このように、主体がいかなる信念を持っているかは、その主体が発話する文の意味に依存している。したがって、一方で、文の意味を特定するためには話者の信念を特定できなければならないのに対し、他方では、話者の信念を特定するためには、多くの場合において、話者が発話する文の意味を特定できなければならない。このように根元的解釈の状況では、相互に依存する文の意味と信念を同時に割り出さなければならないのである。事態は、あたかもxとyの解を一つの方程式から割り出そうとするようなものである。根元的解釈の状況では、データとして手に入れることのできるものはE2のような状況に限られる。解釈者がそこからいかにして話者の信念を割り出せるというのだろうか。

これに対してデイヴィドソンは、解釈では、われわれが真とみなすことを話者が信じていると前提しなければならないと言う（Davidson [1967] p. 27; [1970] pp. 221-2; [1973b] pp. 136-7, 139; [1974a] pp. 238-9; [1974b] pp. 196-7; [1974c] p. 152; [1975] pp. 168-9; [1983] pp. 148-9）。「われわれが真とみなすことを信じなければならない」という要請を「真理性の要請」と呼ぶとすれば、これは、解釈では、話者が真理性の要請を満たしていると前提しなければならないということに他ならない。これは、単なる方法論上のアドバイスではない。これは、真理性の要請を話者が満たしていると前提しない限り、その話者をそもそも有意味な発話をしている話者として理解することができないということである。文の解釈のこの前提条件もまた、行為の解釈の前提条件と同様に、しばしば「チャリティーの原理」と呼ばれる。また真理性の要請は、行為の解釈で主体が概ね満たすべき合理性の要請とは異なる要請として区別されることがしばしばあるが、合理性の要請の一つとして理解されることもある。以下では、後者の傾向に従い、真理性の要請もまた合理性の要請の一つとして理解し、主体がそのような合理性の要請を満たすと前提しなければならないという（行為の解釈と文の解釈の両方を含む）解釈一般の原理としてチャリティーの原理を理解することにしよう。(14)

話者が真理性の要請を満たすと前提することは、一見すると、偽なる（われわれが偽とみなす）信念を話者に帰属させることを不可能にしてしまうように思われるかもしれない。しかし、この真理性の要請はときに緩めることが認められる。偽なる信念を合理化する他の命題的態度があり、またその偽なる信念を帰属させない限り主体の命題的態度や行為をうまく合理化することができないような場合には、偽なる信念の帰属も認められうるのである。しかし、偽なる信念の帰属は、あくまでも、大部分の真なる（われわれが真とみなす）信念を背景にしてはじめて可能となる。偽なる信念をあまりに多く帰属させてしまうと、主体がそもそも何を信じているのかが理解不可能になってしまうからである。仮に、偽なる信念をあまりに多く帰属させるような解釈ができてしまったとしたら、それは、被解釈者である主体がおかしいということではなく、その解釈が解釈として失敗しているということなのである（cf. Davidson [1973b] p. 137: [1974b] pp. 196-7: [1974c] p. 153）。

もっとも、この「大部分の」という表現を単純に量的に理解してはいけない。ここで重要なのは、偽なる信念の量ではなく、あくまでも理解の可能性である。あまりに自明なことを信じていないような主体、たとえば、目の前で雨が降っており、いかなる錯覚の可能性もないのに、雨が降っていないと信じているような主体はそれだけでそもそも何を信じているのかが理解不可能となるだろう。このように明らかに偽とみなされる信念を帰属させるような解釈は、それだけで失敗していると考えなければならない。偽なる信念の帰属が認められるとしても、理解を不可能にするような信念の帰属をしてはならないのである（cf. Davidson [1975] p. 169）。このような限りで、真理性の要請は主体が概ね満たすべきものとして前提されているのである(15)（真理性の要請だけでなく、合理性の要請は一般に、このように理解を可能にする限りで概ね満たされていればよいものとして前提されている[16]。

　このように、根元的解釈では、話者が真理性の要請を満たすことを前提するチャリティーの原理に従い、Ｅ２のような経験的なデータを証拠として、意味理論が徐々に検証されていく。そして、それと同時に、主体が正確に何を信じているかが徐々に割り出されていく。まず、主体が発話する文の意味を割り出すために、概ね真理性の要請を満たすものとして真なる信念が主体に帰属させられる。それにより文の意味が徐々に特定されてくると、今度は逆にその文の意味に基づいて、主体の信念がより正確に割り出されていく。主体の信念がより正確に割り出されていくにつれて、今度はさらに文の意味が正確に特定されていく。このように、根元的解釈は、意味理論の特定と話者の信念の帰属とを相互依存的に徐々に為していく通時的な全体論的実践なのである[17]。

　以上のように根元的解釈すなわち文の解釈において、文の意味の特定と信念の帰属は相互に依存する形で徐々に行われていく。さらに、文の解釈が、言語的行為の解釈とともに（において）行われるものであるという点に目を向ければ、この相互依存的な全体論的実践の中には欲求の帰属もまた含まれるということがわかる。なぜなら、言語的行為の解釈では、その言語的行為の理由となる欲求や信念も主体に帰属させられるからである。つまり、行為の解釈や文の解釈とは、欲求や信念の帰属と文の意味の特定を相互に依存する形で徐々に行っていく通時的な全体論的実践なのである[18]。これは単に解釈の方法論上の事実ではない。欲求や信念と文の意味はそれ自体として、相互依存関係をなすものとして理解されるべきものなのである。

　最後に、本章のポイントを簡単にまとめておこう。解釈には、行為の理由となる欲求や信念を主体に帰属させることで行為の生起を説明する行為の解釈と、言語的行為において使用される文の意味を特定する文の解釈の二つがある。命題的態度や行為は、以上のようなさまざまな解釈を通して、全体として合理的ネットワークを形成するものとして主体に帰属させられる。それゆえ、どの解釈においても解釈者は、チャリティーの原理に基づいて解釈対象が概ね合理的な主体であると前提しなければならない。そのように前提しない限り、われわれは解釈対象を主体として理解することができないのである。

第二章　解釈主義とは何か——合理性の観点からの心の哲学

前章での考察において、解釈とは何かということが確認された。本章では、その理解に基づいて、解釈主義とはどのような立場であるのかを明らかにすることを試みる。

1　解釈主義の基本テーゼ

しばしば、解釈主義の立場はデイヴィドソンの次のような見解に示されていると論じられる。

話者が何を意味しているかについて知りうることは、十分に情報を手に入れた解釈者が知りうることのみである。話者が何を信じているかに関しても同様のことが成り立つ。(Davidson [1983] p. 148)

思考や欲求およびその他の態度は、その本性上、われわれに解釈可能な状態である。われわれに解釈不可能なものは思考ではない。(Davidson [1990] p. 88)

人工的な装置が……人の持つような信念や意図、欲求……を持つかどうかを見分ける唯一の方法は、人のふるまいを解釈するのと同じようにその装置のふるまいを解釈しようとすることである。(Davidson [1990] p. 99)(1)

また、デネットも同様の見解を述べている。デネットは、解釈において信念や欲求を帰属させることによって行為の生起を説明したり予測したりすることのできる対象を「志向的システム(intentional system)」と呼び(2)、その志向的システムについてたとえば次のように言う。

本当に信念を持っている主体であるとはどういうことかと言えば、それは、志向的システムであるということに他ならない。(Dennett [1981a] p. 15)

本当に信念を持っている主体であるということは、志向的戦略によってふるまいをかなり確かに予測することのできるシステムであるということに他ならない。それゆえ、任意の命題pについて、pという信念を本当に持っているということは、最良の(最も予測の確かな)解釈においてpが信念として登場するような志向的システムであるということに他ならないのである。(Dennett [1981a] p. 29)

デイヴィドソンやデネットの以上のような見解からは必ずしも明確な主張を引き出すことはできないかもしれない。しかし、通常、以上のような見解に示されているとされる解釈主義は、単なる認識論的主張としては理解されていない。つまり、解釈主義は単に、解釈を通して主体の命題的態度を知ることができると主張する立場として理解されているわけではないのである。解釈主義の主張はむしろ、命題的態度とは一体何なのか、どのような存在なのかという存在論的問題に関する主張として理解されている。そして解釈主義は、「命題的態度とはどのような存在なのか」と直に問うのではなく、「主体がある命題的態度を所有しているとはどういうことなのか」と問い、それを「解釈」の概念に基づいて理解するという点にその基本的主張があると言える。しかしより正確に言うと、解釈主義は、「解釈」と「命題的態度の所有」がどのような関係にあると主張する立場なのだろうか。

まず解釈主義は、少なくとも次の必要条件テーゼを唱える立場として理解される。

必要条件テーゼ：主体がある命題的態度を所有しているのは、その主体がその命題的態度を所有する主体として解釈可能なときに限られる。

つまり、主体の行為や、主体が発話する文を解釈するために主体に帰属させられることがないような命題的態度は、その主体が所有している命題的態度だとは言えないということである。この必要条件テーゼによれば、いかなる解釈もできず、命題的態度を一切帰属させることができないような主体は、文字通りいかなる命題的態度も所有していないということになる。この限りにおいて、解釈主義は、命題的態度を含む心一般を私秘的な存在として理解するために他我問題（problem of other minds）に直面してしまうような他の心の哲学の立場（たとえば、典型的にはデカルト主義的二元論[3]）から区別される。なぜなら、解釈主義によれば、他者の命題的態度は、少なくとも解釈を通して知ることができるような存在であると考えられるからである。(4) 解釈主義によれば、ある主体が命題的態度を所有しているが、他者が解釈を通してその命題的態度を知ることができないなどということは認められないのである。(5)

それでは、解釈主義は次のような十分条件テーゼをも認めるのだろうか。

十分条件テーゼ：主体がある命題的態度を所有する主体として解釈可能であるときには、その主体はその命題的態度を所有している。

もし解釈主義が十分条件テーゼを認めるとすれば、解釈主義は、人間や高等動物だけでなく、サーモスタットのような単純な機械や植物、あるいは机や石ころのような無生物もまた命題的態度を所有する主体として理解することになってしまうのではないだろうか。なぜなら、それらの単純な機械の動作や、さらには無生物の静止状態までもが、何らかの命題的態度を帰属させることによって説明可能であるように思われるからである。たとえばサーモスタットの動作には、「サーモスタットは、室内の気温を一定に保ちたいという欲求と、それには、気温が上がったときに冷房の運転を開始し（もしくは暖房の運転を停止し）、気温が下がったときに冷房の運転を停止すれば（もしくは暖房の運転を開始すれば）よいという信念を持っているので、そのように作動したのだ」といった解釈を与えることができるように思われる。また、極端な話をすれば、石ころのような無生物の静止状態にさえ、たとえば「石ころはその場を動きたくないという欲求と、それには、その場で身動き一つしなければよいという信念を持っているので、身動き一つしないのだ」といった解釈を与えることもできるように思われる。もしそうであるとすれば、解釈主義は、そのような命題的態度を所有するとは思われない存在でさえ命題的態度を文字通り所有していると主張することになってしまい、とうてい適切な立場だとは言えないのではないだろうか。

これに対しては、解釈主義は十分条件テーゼを認めないと回答する選択肢もあるだろう。しかし、本書では、解釈主義は十分条件テーゼを認める立場であると定式化する。その代わりに、以上のような命題的態度を所有していると は思われない存在が文字通り解釈可能な存在だと言えるのかという点を議論の余地のある論点として位置づけたい。少なくとも、それらの存在まで解釈可能な対象に含めてしまうことは、解釈という実践を非常に恣意的なものにしてしまうように思われる。それでは、いかなる主体が恣意的でない本当の意味で解釈可能な主体なのだろうか。この点については、第三章において詳しく検討したい。それゆえ、本章では以上のような恣意性の問題を解消できたという前提の下で十分条件テーゼを理解することにしよう。

以上のように、解釈主義は必要条件テーゼと十分条件テーゼを唱える立場として理解される。それでは、以下の必要十分条件テーゼを解釈主義の（その立場がどのような立場であるかを十分に表現するという意味での）基本テーゼとして位置づけてもよいのだろうか。

必要十分条件テーゼ：主体がある命題的態度を所有しているのは、その主体がその命題的態度を所有する主体として解釈可能なときであり、かつそのときに限られる。

その答えは否である。解釈主義の基本テーゼとして位置づけられるべきものは、以上のような必要十分条件テーゼではなく、次のような構成条件テーゼである。

構成条件テーゼ：主体がある命題的態度を所有していることの構成条件は、その主体がその命題的態度を所有する主体として解釈可能だということである。

あることの構成条件であるとは、まさにそのことの本質をなしているということである。つまり解釈主義によれば、ある命題的態度を所有しているということは、まさにその命題的態度を所有する主体として解釈可能であるということに存しているのである。それに対して、必要十分条件テーゼを認める限りでは、主体がある命題的態度を所有しているということにとって、その主体がその命題的態度を所有する主体として解釈可能であるということが本質をなすと認めることにはならない。なぜなら、必要十分条件テーゼを認める限りでは、ある命題的態度を所有している主体の集合とその命題的態度を所有する主体として解釈可能である主体の集合が一致しなければならないが、そのような外延的一致が成立するとしても、ある命題的態度を所有する主体として解釈可能であることがその命題的態度の所有の本質をなしているわけではないという場合が排除されないからである。解釈主義はあくまでも、解釈可能であることが命題的態度の所有の本質をなすと考える立場である。それゆえ、構成条件テーゼこそが解釈主義の基本テーゼとして位置づけられるべきものなのである[6]。

さて、このように構成条件テーゼで特徴づけられる解釈主義は、一見すると誤った立場であることが明らかであるように思われるかもしれない。次節では、そのように指摘する批判のうち、「解釈可能性」の概念に関する誤解に基づくものをいくつか取り上げることによって、構成条件テーゼが意味していることをより明確なものにしたい。

2　解釈可能性

まず、以下のような批判（cf. Child [1994] p. 127）は、解釈可能であることと実際に解釈されることの混同に基づいている。構成条件テーゼによれば、主体は、解釈者によって実際に解釈されない限りは、いかなる命題的態度も持つことができないということになる。つまり、命題的態度は解釈者が解釈において被解釈者に帰属させる限りの存在にすぎないということである。しかし、命題的態度に関するそこまで極端な反実在論は、あまりにひどい考えだろう。常識的に考えて、主体は、実際に解釈を受けていないとしても命題的態度を持っている。したがって、このような常識に反する主張をする解釈主義は、誤った立場であると考える他ないだろう。

しかし、解釈可能であることは、実際に解釈されることとはあくまでも別のことである。「ある主体は、実際に解釈されていないとしても、仮に解釈されるならば解釈可能である」と言うことは十分に意味を持つ。その限りで、構成条件テーゼは、主体が命題的態度を所有しているということを、実際に解釈されることとは独立に理解するテーゼであると言うことができる。しかし、これは命題的態度の所有がいかなる意味でも解釈から独立であるということではない。命題的態度を所有しているということは、実際の解釈からは独立であるとしても、そのためには少なくとも解釈可能でなければならないという意味で解釈に依存しているのである。

また、ある主体が解釈可能であるということは、その主体の解釈に先立って何らかの解釈者が実際に存在しているということを含意するわけでもない。次のような批判（cf. Heil [1998] p. 152）は、この点の誤解に基づいている。確かに、解釈主義は実際の解釈を命題的態度の所有の構成条件とするわけではない。その意味では、解釈主義は極端な反実在論をとるわけではない。しかし、解釈可能性を構成条件とする限りは、解釈に先立って実際に解釈者が存在することを前提しなければならない。そして、このようにあらかじめ実際の解釈者が存在することを前提するということは、命題的態度を所有する主体が解釈に先立って実際に存在すると前提することに他ならない。なぜなら、解釈はまさに命題的態度を所有する主体によって実践されることだからである。しかし、その解釈者自身の命題的態度はどのようにして説明されるのだろうか。解釈主義では、さらに別の解釈者が実際に存在することを前提しなければならないだろう。しかし、その解釈者に対しても同じ問題が生じる。命題的態度の所有をあくまでも解釈者との関係を通して理解する解釈主義では、命題的態度の所有を定義しようとすると無限後退が生じてしまうのである。このように無限後退を抱える立場は健全な立場であるとは言い難いだろう。

一見すると、この批判は妥当な批判のように思われる。解釈主義は、何らかの意味で、無限後退を引き受けるしかないように思われる。しかし、何らかの意味で無限後退を引き受けるしかないからと言ってそれが即座に困難をもたらすと考えるのは誤りである。仮に、批判者の考える通りに、解釈という観点をとる際に、解釈者が解釈に先立って、実際に存在すると前提しなければならないとするならば、確かに、その解釈者が命題的態度を所有するということが説明されないまま残されるかもしれない。しかし、「解釈可能である」ということは、解釈者があらかじめ実際に存在しているということを含意しない。ここで重要なのは、あくまでも、「命題的態度の所有」という概念と「解釈可能性」という概念との間の概念的関係である。そこで前提されているのは可能的な解釈者の存在にすぎず、その可能的解釈者の命題的態度の所有もまた解釈可能性との概念的関係によって説明されれば十分なのである。つまり、問題となっているのが概念的な関係である以上、無限後退の実質は「命題的態度の所有」という概念の「解釈可能性」という概念に対する依存関係にすぎないのである。

最後に、主体がある命題的態度を所有する主体として解釈可能であるということは、その主体がその命題的態度を意識していることを含意するわけではないという点を確認しておく。たとえば、行為の解釈において解釈者は、厳密には欲求と信念だけでなく、実践的推論を構成するところの、行為の望ましさに関するさまざまな判断を主体に帰属させるが、このような解釈が可能であるということは、その主体がそれらの欲求や信念、行為の望ましさに関する諸判断を意識しながら、実践的推論を意識的に遂行しているということを含意するわけではない。もちろん、主体がそのように解釈可能であるとき、主体自身がそれらの命題的態度を意識しているということもあるだろう。しかし、解釈をすれば主体に帰属させることが可能であるようなすべての命題的態度を、主体が意識していると考える必要はない。構成条件テーゼによれば、主体がある命題的態度を意識しているとは言えないとしても、その主体がその命題的態度を所有する主体として解釈可能であるとすれば、その主体はその命題的態度を文字通り所有していると言えるのである。

これは、命題的態度の所有に関するわれわれの常識的な理解とも一致するだろう。われわれは、すべての命題的態度を意識しているわけではない。たとえば、私は、地球は丸いという信念を所有しているが、私がこの信念を所有しているのは、（今まさにそうしているように）それを意識している間だけではないというのがわれわれの常識的な理解だろう。われわれはほとんどの命題的態度をいわば無意識的に所有していると考えられるのである。

しかし、なぜ意識していないにもかかわらず所有していると考えられるのだろうか。それは、一つには、主体本人がその命題的態度を実際には意識していないとしても問われればいつでも意識することができると考えられるからだろう。解釈主義によれば、そのようなときには同時に、解釈においてその命題的態度を主体に帰属させることも可能であると考えられる。なぜなら、主体本人がその命題的態度を意識することができるとすれば、その主体は通常、その命題的態度を言語的に表明することができると考えられるからである。あるいは、主体本人にはその命題的態度を表明する言語能力や、そもそも一階の命題的態度を意識する二階の命題的態度を所有する能力がない場合もあるかもしれない。しかし、それでも主体がその命題的態度を所有していると考えられるとしたら、それはその主体が、その命題的態度を所有する主体として解釈可能であるような何らかの非言語的行動を示しているからだろう。いずれにしても、構成条件テーゼに含まれる「解釈可能性」の概念は、常識的理解と一致する形で命題的態度の無意識的な所有を許容するような概念なのである。

3　心脳同一説・機能主義・非法則的一元論

それでは、解釈主義は、機能主義や非法則的一元論といった現代の心の哲学を代表する他の立場からどのように区別されるのだろうか。現代の心の哲学は、命題的態度をはじめとする心的状態と脳状態がいかなる関係にあるのかという問題を軸に展開してきたと言うことができる。この流れは、一九五〇年代半ばに登場した心脳同一説から始まった。しかし、心脳同一説は一九六〇年代に機能主義にとって代わられ、またほぼ時期を同じくして、デイヴィドソンが機能主義に対抗する立場として非法則的一元論を提唱した(7)。現在では、これらの立場に対する批判的な議論も数多く提示され、これらに代わる立場も一定の支持を集めつつある。しかし依然として、機能主義と非法則的一元論は、現代の心の哲学の中心として位置づけることができるように思われる。以下では、これらの他の立場との対比という観点から解釈主義の輪郭を描くことによって、本書で理解するところの解釈主義の基本的枠組みをさらに明確なものにしたい。まず本節において、機能主義と非法則的一元論がそれぞれどのような立場であるのかを詳しく見ることにしよう。それにはまず、心的状態と脳状態の関係を問題にするという現代の心の哲学の流れを生み出した心脳同一説がどのような立場であったのかを見なければならない。

3・1　心脳同一説

心脳同一説（Place [1956]; Smart [1959]）によれば、任意のタイプの心的状態は特定のタイプの脳状態と同一である。これは、あるタイプの心的状態のトークンはどれも、特定のタイプの脳状態のトークンと同一だということである。たとえば、雨が降っているという信念のトークンはどれも、Aというタイプの脳状態の何らかのトークンと同一であり、また、チクチクする痛みの経験のトークンはどれも、Bというタイプの脳状態の何らかのトークンと同一である。このように考えられる一つの理由は、心的状態がその一部をなす因果関係と脳状態がその一部をなす因果関係の間に同型性が成立すると考えられる点にある。たとえば、チクチクする痛みの経験が、針を指に刺すという出来事によって引き起こされ、また、指をさするという行為（身体運動）を引き起こすとしよう。このような因果関係が生じるときには、タイプBの脳状態もまた、針を指に刺すという出来事によって引き起こされ、指をさするという行為（身体運動）を引き起こすと考えられる。この、指をさするという行為は、チクチクする痛みの経験とタイプBの脳状態という二つの原因を持っているのだろうか。それらは二つ合わせてはじめて、指をさするという行為を引き起こすことができるような原因なのだろうか。むしろ、それらはいずれも、それぞれの因果関係においてそれだけで十分に、指をさするという行為を引き起こすものとして理解されているように思われる。したがって、ここで過剰決定の可能性を認めない限り、以上のような因果関係の同型性を最もうまく説明するのは、チクチクする痛みの経験がタイプBの脳状態と同一であると考えることだろう。チクチクする痛みの経験とタイプBの脳状態が同一であるからこそ、それらはともに、針を指に刺すという出来事によって引き起こされ、指をさするという行為を引き起こしたのである。このように、心脳同一説によれば、心的状態と脳状態との間にはタイプ同一性が成立すると考えられる。

3・2　機能主義(8)

しかし、このタイプ同一性は心的状態と脳状態の間に成立すると考えられる同一性としては強すぎるのではないだろうか。たとえば、雨が降っているという信念のあるトークンはタイプAの脳状態のあるトークンと同一であるとしよう。この場合、心脳同一説によれば、雨が降っているという信念はどのトークンもタイプAの脳状態の何らかのトークンと同一でなければならない。しかし、そのタイプの信念の別のトークンがタイプCの脳状態のあるトークンと同一であるということは十分に可能ではないだろうか。極端な事例を挙げれば、ロボットの脳や火星人の脳など、われわれの脳とは物理的素材が全く異なる脳の状態のトークンであっても、雨が降っているという信念のあるトークンと同一でありうるように思われる。

機能主義によれば、各タイプの心的状態や行為の間には因果的ネットワークが成立している。そして、各タイプの心的状態や行為は、この因果的ネットワークにおいてある一定の因果的役割、すなわち機能を持っていると考えられる。各タイプの心的状態（および行為）はこの機能によって定義される。たとえば、雨に濡れずに外出したいというタイプの欲求は、傘をさせば雨に濡れずに外出できるというタイプの信念とともに、傘をさすというタイプの行為を引き起こすものとして理解される。他方、各タイプの脳状態や身体運動の間にも因果的ネットワークが成立しており、各タイプの脳状態や身体運動もまた、この因果的ネットワークにおいてある一定の因果的役割、すなわち機能を持っていると考えられる。機能主義によれば、各タイプの心的状態（および行為）は、この各タイプの脳状態（および身体運動）によって実現されている。つまり、機能主義においては、ある主体があるタイプの心的状態を持っているということは、それらのタイプの心的状態の機能を実現するそれぞれのタイプの脳状態がその主体において成立しているということに他ならないのである。

したがって、機能主義によれば、同一の機能を実現する脳状態であるならば、脳状態としては異なるタイプであるとしても、同一タイプの心的状態を実現していると言える。同一タイプの心的状態でも、そのトークンは、異なる複数のタイプの脳状態のトークンと同一でありうるのである。たとえば、ロボットや火星人の脳が人間の脳とは異なる物理的素材からできているとしても、それらが適切な機能を実現している状態にあるならば、ロボットや火星人は人間と同様の心的状態を持ちうる。機能主義によれば、タイプ同一性を唱える心脳同一説はこのような可能性を排除してしまう点で強すぎる。脳状態と心的状態の間に成立すると考えられる同一性は、タイプ同一性ではなく、トークン同一性にすぎないのである。

以上の論点が注目され、機能主義はしばしば「トークン同一説」と呼ばれる。とはいえ、同一タイプの脳状態は同一の機能を実現していると言える（その逆は成り立たない）。それゆえ、機能主義においても、少なくとも同一タイプの脳状態は同一タイプの心的状態を実現していると言える。またその逆、すなわち、同一タイプの心的状態は同一タイプの脳状態に実現されているという関係も、無条件には成り立たないものの、同一生物種の中では、あるいは最低限、同一個体のある期間においては成り立つと考えられる。機能主義は、このような関係が成り立つことを認めるという点で、広い意味でのタイプ同一説とみなすことができるだろう。

機能主義が以上のように広い意味でのタイプ同一性を認めるのは、各タイプの脳状態や身体運動が因果的ネットワークにおいてある一定の因果的役割を持つと考えられるのと同様に、各タイプの心的状態や行為が因果的ネットワークにおいてある一定の因果的役割を持っていると考えられるからである。これはつまり、脳状態や身体運動の間に法則的関係が成立するのと同様に、心的状態や行為の間にも法則的関係が成立するということに他ならない。この法則を「心理法則」と呼ぶとすれば、この心理法則に基づいて心的状態や行為を定義するのが機能主義であると言うこともできる。このように心理法則が成立すると考えられるからこそ、各タイプの心的状態や行為が形成する因果的ネットワークと各タイプの脳状態や身体運動が形成する因果的ネットワークの間の同型性、すなわちタイプ同型性が保証され、それゆえ、各タイプの脳状態（および身体運動）による各タイプの心的状態（および行為）の実現関係が支持されるのである。

3・3　非法則的一元論

これに対してデイヴィドソンは、心理法則の存在に疑念を示し、心的状態と脳状態との間の同一性は、以上のような広い意味でのタイプ同一性ですらないと主張した（Davidson [1970]）。デイヴィドソンによれば、心理法則は存在しない。したがって、各タイプの心的状態や行為は因果的ネットワークにおいて必ずしも一定の因果的役割、すなわち機能を持つわけではない。それゆえ、あるタイプの心的状態のトークンは必ずしも同一の機能を実現している脳状態のトークンと同一であるとは限らない。あるタイプの心的状態のあるトークンは、αという機能を実現している脳状態のあるトークンと同一であり、別のトークンは、βという機能を実現している脳状態のトークンと同一であるということがありうる。つまり、心的状態と脳状態との同一性は、任意の心的状態のトークンは何らかの機能を実現している脳状態のトークンと同一であるという意味での「刹那的なトークン同一性」にすぎないと考えなければならないのである。デイヴィドソンは、このような刹那的トークン同一説を「非法則的一元論」と名づけた。

しかしなぜ、広い意味でのタイプ同一性が否定されるにもかかわらず、刹那的なトークン同一性は成り立つと考えることができるのだろうか。刹那的トークン同一性が成り立つために必要なのは、心的状態や行為の各トークンが形成する因果的ネットワークと、脳状態や身体運動の各トークンが形成する因果的ネットワークの間の同型性、すなわちトークン同型性が成り立つことにすぎないからである。非法則的一元論は心理法則の存在を否定する。心理法則の存在が否定される以上、タイプ同型性が成立すると考えることはできない。しかし、このことはトークン同型性をも否定することにはならない。それゆえ、非法則的一元論は成立しうるのである。

さらに、デイヴィドソンによれば、非法則的一元論は、心理法則の不成立と両立可能なだけではない。非法則的一元論は、心理法則の成立を否定する心的なものの非法則性の原理を含む以下の三つの原理から、むしろ帰結する立場なのである（Davidson [1970] pp. 208-9）。なお、デイヴィドソンが「心的出来事」や「心的なもの」と呼ぶものは典型的には解釈の観点から理解される命題的態度や行為のことである。それゆえ、以下では命題的態度や行為に限定する形で三つの原理の内容を記す。

(1)因果的相互作用の原理：命題的態度は、他の命題的態度や行為、物理的出来事と因果的に相互作用する（因果関係を形成する）。

(2)因果性の法則論的性格の原理：因果性が存在するときには、法則が存在しなければならない（因果関係で結ばれる複数の出来事は、厳密法則に包摂されなければならない）。

(3)心的なものの非法則性の原理：命題的態度や行為を予測したり説明したりしうる厳密法則は存在しない。

(1)によれば、たとえば、目の前で雨が降っているという出来事によって、目の前で雨が降っているという信念（厳密には、信念の生起という出来事）が因果的に引き起こされる。(2)により、それらの出来事と命題的態度との間の因果関係は何らかの厳密法則によって包摂されなければならない。しかし、(3)により、心的なものに関わる法則の存在は認められない。デイヴィドソンによれば、厳密法則が成り立つのは物理学の領域に限られる。[9]それゆえ、この因果関係は何らかの物理法則によって包摂されると考えなければならない。ある因果関係が物理法則によって包摂されるということは、その因果関係を構成する複数の出来事が物理的な出来事であるということを意味する。したがって、目の前で雨が降っているという信念は何らかの物理的出来事でなければならない。そして、目の前で雨が降っているという出来事によって引き起こされる物理的出来事とは、ある脳状態の（厳密にはある脳状態の生起という出来事の）トークンであると考えられる。それゆえ、目の前で雨が降っているというこの信念はその脳状態のトークンに他ならない。このように、(1)から(3)の原理を認める限り、任意の命題的態度のトークンは何らかの脳状態のトークンと同一であるということが帰結する。

先にも確認したように、これは命題的態度と脳状態の間のタイプ同一性を主張するものではない。タイプ同一性は、広い意味でのタイプ同一性でさえ、心的なものの非法則性の原理によって否定されてしまう。しかし、心的なものの非法則性の原理は、刹那的トークン同一性までをも否定するわけではない。刹那的トークン同一性は、否定されるどころか、むしろ⑴から⑶の原理から帰結するのである。

4　全体論的行動主義としての解釈主義

さて、解釈主義は、以上のような機能主義や非法則的一元論からどのように区別されるのだろうか。本節では、機能主義や非法則的一元論との対比という観点から、解釈主義の輪郭をより明瞭に描くことを目指す。

この問いに答えるために、まず解釈主義の基本テーゼである構成条件テーゼを改めて確認するところから始めよう。構成条件テーゼによれば、主体がある命題的態度を所有していることの構成条件とは、その主体がその命題的態度を所有する主体として解釈可能だということである。これは、言い換えれば、その主体がその命題的態度を所有する主体として解釈可能であるような行動（行為）への傾向性（行動傾向）を有しているということに他ならない。このように「行動傾向」によって心を理解しようとする立場としてすぐに思い浮かぶのは行動主義（behaviorism）だろう。

もっとも、解釈主義は、C・G・ヘンペル（Hempel [1935]）の論理的行動主義（logical behaviorism）のように原子論的な行動主義（atomistic behaviorism）であるわけではない[10]。原子論的行動主義は個々の心的状態を個別に行動傾向に還元しようとする。ヘンペルによれば、たとえば、雨が降っているという信念は、洗濯物をとりこむという行動や傘をさすといった行動への傾向性に他ならない。しかし、このように個々の心的状態を個別に行動傾向へ還元しようとする原子論的行動主義は、命題的態度の全体論的性格を捉え損ねている。個々の命題的態度は、それ単独で行動に結びつけられるのではなく、その他の命題的態度とともに全体として行動に結びつけられる。たとえば、雨が降っているときにそのまま外出すると雨に濡れるという信念や、雨に濡れたくないという欲求、さらに、雨が降っていても傘をさせば雨に濡れずに外出できるという信念などとともにあるからこそ、雨が降っているという信念は、傘をさすという行動に結びつけられるのである。このように、ヘンペルの論理的行動主義は命題的態度の全体論的性格を無視していたために、心脳同一説や機能主義から批判を受けることとなった[11]。それに対して解釈主義では、さまざまな行為の解釈を通して、合理的ネットワークをなすさまざまな命題的態度が主体に全体論的に帰属させられる。そして、それらの命題的態度は、同時に主体に帰属させられる他の命題的態度と組み合わせられることによってはじめて特定の行動に結びつけられる。どの命題的態度に焦点を当てるかによって、結びつけられる行動はさまざまである。しかし、いずれの行動への傾向性も、合理的ネットワークをなす命題的態度の全体が主体に帰属させられてはじめて認められるものとして理解されるのである。これは、合理的ネットワークをなすさまざまな命題的態度の全体を、さまざまな行動傾向を重ね合わせたものとして理解できるということではないだろうか[12]。このように、解釈主義は、行動主義の基本的精神を保持しつつ、命題的態度や行為の全体論的性格をうまくくみ取ることのできる立場として位置づけることができるように思われる。解釈主義とは、「全体論的行動主義（holistic behaviorism）」[13]とでも呼ぶべき立場なのである。

　解釈主義は、以上のように、さまざまな命題的態度の全体をさまざまな行動傾向を重ね合わせたものとして理解しようとする立場であると言えるが、これは解釈主義が、さまざまな命題的態度を単なる物理的身体運動への傾向性（物理的身体運動傾向）に還元しようとする立場であるということを意味するわけではない。解釈主義の言う「行動傾向」とは、あくまでも、行為の解釈においてさまざまな命題的態度とともに合理的ネットワークをなすものとして主体に帰属させられる行為への傾向性である。そして、ある行為がどのようなタイプの行為であるか、つまり、その行為がどのようなタイプの欲求や信念によって合理化される行為であるかは、その行為の主体が示す物理的身体運動のタイプによって決まるものではなく、その行為が位置づけられる文脈に依存するものであり、行為と物理的身体運動の間に相関関係を見出すことは不可能であると考えられる[14]。それゆえ、解釈主義が、さまざまな命題的態度の全体を、さまざまな行動傾向を重ね合わせたものとして理解しようとする立場であるからと言って、解釈主義がさまざまな命題的態度の全体を単なる物理的身体運動傾向に還元しようとする立場であることになるわけではないのである。「行動主義」という名称が、以上のような物理的身体運動傾向への還元可能性を示唆するようなものだとするならば、解釈主義は、「全体論的行動主義」というよりも、むしろ「全体論的行為主義」と呼ぶべき立場であると言えるかもしれない。

さて、原子論的行動主義であれ全体論的行動（行為）主義であれ、行動主義は一般に、心的状態が、行為の原因となる個別的な内部状態であることを否定する立場として位置づけることができる。これは、以下で説明するように、行動主義の一つとして理解される解釈主義が、心という存在を法則性や因果性の秩序の下で理解する立場とは一線を画す立場だということを意味する。

まず心を法則性の秩序の下で理解する立場とは機能主義のことに他ならない。機能主義が心的状態と脳状態の間の広い意味でのタイプ同一性を主張するのは、心的状態や行為の間に心理法則が成立すると考えるからである。心理法則が成立すると考えられるがゆえに、心的状態や行為が形成する因果的ネットワークと脳状態や身体運動が形成する因果的ネットワークの間のタイプ同型性が成立し、その同型性に基づいて、心的状態と脳状態の間の広い意味でのタイプ同一性が成立すると考えられるのである。

これに対して、心を因果性の秩序の下で理解する立場とは非法則的一元論のことである。心理法則の成立を否定し、広い意味でのタイプ同一性をも否定する非法則的一元論が、個々の心的状態と脳状態の間に成立する最低限の個別的同一性である刹那的トークン同一性を主張することができるのは、心的状態や行為が形成する因果的ネットワークと脳状態や身体運動が形成する因果的ネットワークの間にトークン同型性が成立すると考えるからである。そして、このトークン同型性が成立すると考えるためには、何よりもまず、命題的態度や行為の間に因果関係が成立すると考えなければならない。

このように、機能主義や非法則的一元論は、心という存在を法則性や因果性の秩序の下で理解する立場であるがゆえに、心的状態と脳状態の間の個別的同一性を主張する広義の心脳同一説の一つとして位置づけられるのである。これに対して解釈主義は、行動主義の一つであり、心的状態が、行為の原因となる個別的な内部状態であることを否定する。それゆえ、解釈主義は広義の心脳同一説とは一線を画す立場であり、心という存在を法則性や因果性の秩序とは異なる秩序の下で理解する立場であると考えられるのである(15)。

それでは、その「法則性や因果性の秩序とは異なる秩序」とは何だろうか。それは、合理性の秩序に他ならない。解釈主義によれば、主体がさまざまな命題的態度を所有しているということの本質をなすのは、その主体が、それらの命題的態度と合理的ネットワークをなすものとして解釈可能であるような行動（行為）への傾向性を有しているということである。これは言い換えれば、それらの命題的態度や行為が、法則性の秩序や因果性の秩序ではなく、合理性の秩序の中に位置づけられるということに他ならない。つまり、命題的態度や行為にとって本質的なのは合理性だということである。このように、解釈主義とは、合理性の観点から心（厳密に言えば、命題的態度や行為）という存在を捉えようとする心の哲学なのである。

以上の考察によって、解釈主義を機能主義や非法則的一元論とは異なる独自の立場として描き出すことができた。それでは、解釈主義は、機能主義や非法則的一元論に比べてどれくらい妥当性のある立場であると言えるのだろうか。次節以降では、この妥当性の比較を通して、解釈主義がどのような立場であるのかをさらに明確なものにしたい。なお、解釈主義は心的状態一般に関する心の哲学ではなく、命題的態度（や行為）に関する心の哲学である。それゆえ以下では、機能主義や非法則的一元論について論じる場合も、議論の対象を命題的態度に限定して論じることにする。

5　心的なものの非法則性と合理性の体系化不可能性

まず本節では、解釈主義と機能主義の妥当性を比較する。そこで焦点となるのは、心的なものの法則性は成立するか、つまり心理法則は成立するかという論点である。機能主義によれば、命題的態度や行為の間には法則的関係すなわち心理法則が成立する。機能主義によれば、だからこそ、各タイプの命題的態度や行為が形成する因果的ネットワークと各タイプの脳状態や身体運動が形成する因果的ネットワークの間の同型性、すなわちタイプ同型性が保証され、それゆえ、各タイプの脳状態（および身体運動）による各タイプの命題的態度（および行為）の実現関係が支持されるのである。これに対して、解釈主義は非法則的一元論と同様に、心理法則が成立することを否定する。果たして、どちらの考えが妥当なのだろうか。そもそも、心的なものの法則性が成立する、あるいは成立しないとはどういうことなのだろうか。以下では、デイヴィドソンが提示した心的なものの非法則性の議論を足掛かりにして、この論点について考えていこう。

5・1　デイヴィドソンの論証

命題的態度や行為に関係する法則には、心理法則と心理物理法則の二つがあると考えられる。心理法則とは、すでに述べたように、あるタイプの命題的態度とその他のタイプの命題的態度や行為の間に成立する法則である。たとえば、「雨に濡れずに外出したいという欲求を持ち、傘をさせば雨に濡れずに外出できるという信念を持っているならば、傘をさすという行為を為す」というような行為とその理由の間の関係や、「雨が降っているという信念と、雨が降っているときにそのまま外出すると雨に濡れるという信念を持つならば、そのまま外出すると雨に濡れるという信念を持つ」というような信念間の関係などがそれらのタイプの命題的態度や行為に関してつねに成立しているというのが心理法則である。それに対して心理物理法則とは、あるタイプの命題的態度や行為とあるタイプの物理的状態ないし出来事の間に成立する法則である。この心理物理法則は、さらに二種類の法則に分けることができる。一つは、「地球は丸いという信念を持つときにはつねにあるタイプの脳状態が生じている」というように、あるタイプの命題的態度や行為とあるタイプの脳状態や身体運動の間の相関関係に関する法則である。そしてもう一つは、「目の前で犬が吠えれば、犬が吠えているという信念が形成される」というように、あるタイプの物理的状態ないし出来事とあるタイプの命題的態度や行為の間の因果関係に関する法則である[16]。

デイヴィドソンは、まずこの心理物理法則の成立不可能性を示し、それに加えて、命題的態度や行為を扱う心理学が閉じた体系を形成しえないということから、心理法則の成立不可能性、すなわち心的なものの非法則性を導き出すという論証を提示する（Davidson [1970] pp. 209, 224; [1974a] p. 239）。しかしデイヴィドソンは、それとは独立のもう一つの論証を提示しているようにも思われる。それは、心理学が閉じた体系を形成しえないということから直に心理法則の成立不可能性を示そうとするものである（Davidson [1970] p. 219）。以下では、前者の論証を「論証1」、後者の論証を「論証2」と呼ぶことにしよう。一見する限りでは、論証2が成り立つのならば、論証1は不要であるように思われる。それは、心理学が閉じた体系を形成しえないことさえ主張できるならば、心理法則の成立不可能性を示すために、論証1のように心理物理法則の成立不可能性を示す必要性は全くないように思われるからである。このように二つの論証の関係には微妙な問題があるが、以下ではその関係については棚上げにして、二つの論証を独立に検討する。まずは二つの論証をもう少し詳しく見てみよう。

論証1は、次のような議論の運びになっていると考えられる。

(1)心的な枠組みと物的な枠組みには対応物がない。
(2)心理物理法則は存在しない。〔(1)より〕
(3)心的なものは閉じた体系を形成しない。
(4)心理法則は存在しない（心的なものの非法則性）。〔(2)および(3)より〕

(1)は、心的な枠組みでは合理性が構成原理としてはたらき、命題的態度や行為は合理性の秩序の中に位置づけられるのに対して、物的な枠組み、すなわち物理学の枠組みでは合理性ではなく法則性が構成原理としてはたらくということである。このように心的な枠組みと物的な枠組みが互いに対応しないがゆえに、心的なものと物的なものとを厳密に関係づける心理物理法則は存在しないとデイヴィドソンは言う（Davidson [1970] p. 222; [1974a] pp. 230, 238-9）。また(3)は、心的なものが心的でないもの（物的なもの）と因果関係を形成しうるということを意味する（Davidson [1970] p. 224）[17]。このように、心理物理法則が存在しないにもかかわらず、心的なものは心的でないもの（物的なもの）と因果関係を形成しうる以上、心的なものについて説明したり予測したりする際に依拠すべき厳密な心理法則は存在しえないとデイヴィドソンは結論する（Davidson [1970] p. 224; [1974a] p. 239）。

論証2は、先にも述べた通り、論証1の(3)から(4)が直に導き出されることを意味している。この論証は、「正確かつ明示的で、できる限り例外のない法則を望みうるのは、包括的な閉じた理論からその概念が引き出されるときのみである」（Davidson [1970] p. 219）というデイヴィドソンの主張において示されていると考えられる。しかしなぜ、閉じた体系でしか厳密な法則は成立しないのだろうか。デイヴィドソンは、まず、われわれが日常的に手にする大まかな一般化を同種法則的一般化と異種法則的一般化に分ける（Davidson [1970] p. 219）。同種法則的一般化とは、例外を排除するために、元々の一般化と同じ科学の語彙で述べられる但し書きを加えることによって、厳密な法則へと改良することができるような一般化のことである。それに対して異種法則的一般化とは、元々の語彙とは異なる科学の語彙で一般化それ自体を述べ直さない限り、厳密な法則へと改良することができないような一般化のことである。デイヴィドソンによれば、同種法則的一般化が得られるのは、閉じた体系のみである（Davidson [1970] p. 219）。したがって、そのままの語彙で厳密な法則へと改良できる一般化が同種法則的一般化のみである以上、法則が成立しうるのは閉じた体系のみであるということになる。それゆえ、デイヴィドソンによれば、閉じた体系を形成しない心的なものの領域では法則は成立しえないのである。

5・2　合理性の非法則性(18)

さて、以上のデイヴィドソンの論証は妥当なものだろうか。まず論証1から検討しよう。論証1においてデイヴィドソンは、(1)から(2)を直に導き出しているが、なぜ(1)から(2)が帰結すると言えるのだろうか。S・エヴニンによれば、心理物理法則が成り立つとすると、命題的態度や行為が形成する合理性の秩序が物理的なもののうちに導入されることになるが、物理法則という文脈において「べき」という合理性の規範的性格を理解することはできない（Evnine [1991] p. 19）。また、心理物理法則が成り立つとすると、物理法則に従って命題的態度や行為が主体に帰属させられうることになり、そのため、主体が合理性の要請を満たすと前提するチャリティーの原理に反するような帰属が行われてしまう可能性があるとエヴニンは言う（Evnine [1991] pp. 19-20）。

エヴニンのこの補足的議論が適切であるとしたら、心理物理法則が成り立つとは言えないだろう。しかし、この議論は、合理性の秩序を物理法則の秩序へと還元することができないということを前提している。これに対して、合理性の秩序をある種の法則的な秩序として理解することができるのだとしたら、合理性の秩序を物理法則の秩序へと還元することは不可能ではないように思われる。そうであるのだとしたら、そもそもエヴニンの補足的議論において示されるような問題は生じない。したがって、問題は、合理性の秩序をある種の法則的な秩序として理解することができるかどうかという点にあることになる。しかし、これは心理法則が成立するかという問題に他ならない。論証1は、心理物理法則の成立不可能性から心理法則の成立不可能性を導き出そうとするものであったが、心理物理法則の成立不可能性を示すには、その前にまず心理法則の成立不可能性を示す必要があるのである（cf. 信原 [1999] pp. 125-6）。

それでは、論証2は妥当なものだろうか。論証2が妥当なものであるならば、デイヴィドソンは心理物理法則の成立不可能性を前提せずに心理法則の成立不可能性を示していることになる。論証2によれば、閉じた体系をなさない科学においては法則が成り立たないことになる。したがって、デイヴィドソンは物理学を除いたすべての個別科学において法則が成り立つことを否定しなければならないように思われる。最も基礎的な科学である物理学以外の個別科学は、閉じた体系をなさないからである。実際に、デイヴィドソンは、心的なものを扱う心理学と他の個別科学との違いを主張しつつも、非法則性の議論が個別科学にもあてはまることを認めている（Davidson [1974a] p. 241）。しかし、このように物理学でのみ法則が成り立つという考えは、法則というものの理解として適切であるとは言えないように思われる。

これに対してJ・A・フォーダーは、閉じた体系をなさない個別科学においても法則は成立しうると言う（Fodor [1987] pp. 4-6）。フォーダーは、閉じた体系を形成しない個別科学の一般化の例として、「曲がりくねった河川では、外側の土手が侵食される」という地質学の一般化を挙げる。この一般化は、気候が変化し、河川が凍結した場合やダムが建設された場合、河川が干上がってしまった場合などには成立しない。しかし、これらの例外は、「他のすべての事情が同じならば（*ceteris paribus*）」という但し書きを付け加えることで排除することができる。この但し書きは、「曲がりくねった河川では、外側の土手の侵食を妨げるようなことが生じない限り、外側の土手は侵食される」というような空虚な但し書きではない。この但し書きは、「地質学の法則が成立するような理想的条件の下では」ということを意味するものであり、その理想的条件は詳細に述べられるべきである。しかし、この但し書きの詳細を地質学の語彙で述べることはできない。それらの例外は、非地質学的な出来事によって生み出されるものだからである。これは、地質学のような個別科学が閉じた体系を形成していないために生じる。デイヴィドソンによれば、このような個別科学の一般化は同種法則的一般化ではないため、そのままの語彙で述べる限りは厳密な法則に改良することができない。つまり、地質学の一般化は厳密法則たりえないのである。しかし、フォーダーはそれを否定する。フォーダーによれば、一般化それ自体を異なる科学の語彙で述べ直さなくとも、異なる科学の語彙で述べられた但し書きを加えることによって、個別科学の一般化を厳密な法則に改良することができる。地質学のような個別科学における一般化は、別の科学の語彙で述べられる理想的条件の下では、厳密な法則とみなすことができるのである。フォーダーによれば、心理学における一般化もまたこのような一般化であり、心理法則は存在するということになる。

　以上のように、デイヴィドソンとフォーダーは、個別科学の一般化の身分に関して相反する見解を持っているが、心理学と個別科学の身分の同等性に関しては見解が一致している。それゆえ、いずれの見解においても心的なものの非法則性と個別科学の一般化の法則性は両立しない。デイヴィドソンによれば、心理学の一般化は非法則的となるが、その代わりに個別科学の一般化も非法則的となってしまう。他方、フォーダーによれば、個別科学の一般化は法則的であると言うことができる。個別科学の一般化もまた法則であるというのが科学についての常識であると考えられる以上、この点では、フォーダーの見解の方が適切であると思われる。しかし、その代わりに心理学の一般化もまた法則的となってしまう（フォーダー自身はむしろ、これを積極的に認める）。これは、まさにどちらの見解においても心理学と個別科学の身分が同等になるからである。しかし、心的なものには何ら特異な点はないのだろうか。個別科学の一般化が法則的であることを認めつつ、心的なものが持つ特異性を示すことによって、心的なものの非法則性を説明することはできないのだろうか。

エヴニンは、個別科学に関するフォーダーの見解を認めつつ、心理学における一般化と他の個別科学における一般化では、但し書きが必要となる理由が異なると言う（Evnine [1991] pp. 23-4）。フォーダーによれば、地質学など個別科学の一般化の場合、但し書きが必要になるのは、地質学の構成原理すなわち法則性が成立するという意味での理想化が必ずしも成立しないためである。しかし、エヴニンによれば、心理学の一般化の場合に但し書きが必要になるのは、心理学の構成原理が成立するという意味での理想化が必ずしも成立しないためではない。むしろ、心的なものの領域では、構成原理である合理性の要請が満たされるという意味で理想化が成立しているからこそ、但し書きが必要となるのである。たとえば、「庭の花に水をやりたいという欲求と、庭に出て水をまけば庭の花に水をやることができるという信念を持つならば、庭に出て水をまく」という一般化は、その主体がその他に、紫外線を浴びたくないという欲求と庭に出なければ紫外線を浴びずに済むという信念を持っていたら、成り立たないかもしれない。この場合には、庭に出ない方が全体としては合理的であると考えられるかもしれないからである。したがって、主体が合理的であるときには、一般化の成立を妨げるこのような信念を但し書きによって排除しておかない限り、一般化は成立しない。このように、心理学の場合は、理想的な条件である合理性が成立しているからこそ、但し書きが必要となるのである。

さて、以上の指摘は心的なものの非法則性を示すに十分なものだろうか。それは決して自明なことではない。心理学とその他の個別科学の間に以上のような違いがあるとしても、合理性の秩序をある種の法則的な秩序として理解することができるのだとしたら、心理法則は存在することになるからである。結局、論証1と同様に論証2においても、心的なものの非法則性を示すには、合理性の秩序をある種の法則的な秩序として理解することができないということを積極的に示す必要があるのである。

5・3　合理性の非法則性と体系化不可能性

合理性の秩序をある種の法則的な秩序として理解することはできないのだろうか。できないのだとしたら、それはどうしてなのだろうか。W・チャイルドによれば、合理性は、体系化不可能である（uncodifiable）がゆえに、ある種の法則的な秩序として理解することができない（Child [1994] p. 58）。それでは、体系化不可能であるとはどのようなことなのだろうか。

これを理解する手掛かりは、以下のデイヴィドソンの主張にある。「後者［物理学の一般化］においては、われわれはその［一般化の成立に必要な］条件が成立しているかどうかをあらかじめ知ることができるし、また条件が成立していないときにはどのような斟酌をすべきかを知っている。しかし、前者［心理学の一般化］においてはそうではない」[19]（Davidson [1974a] p. 233）。信原幸弘によれば、ここで重要なのは、「条件が成立しているかどうかをあらかじめ知ることができる」という点ではなく、むしろ、「条件が成立していないときにはどのような斟酌をすべきかを知っている」という点である（信原［1999］pp. 135-6）。前者は端的に誤りである。物理学の場合であっても、一般化の成立条件が成立しているかどうかをあらかじめ知ることはできない。しかし、だからと言って、物理学の一般化が体系化不可能であるということにはならない。以下に示すように、体系化可能であるということは、むしろ、一般化の成立を妨げるような要因が実際に含まれているかどうかを知らなくとも、もしある要因が含まれているとしたらそれがいかなる影響を及ぼすのかがわかっているということなのである。

任意の要因による影響がすべて知られていれば、それらを順次考慮に加えることによって、いかなる結果が生じるかを割り出すことができる。たとえば、地球上に自由落下する人工衛星の位置を、落下前の人工衛星の位置と地球の自転速度によって割り出すとしよう。空気抵抗のない理想的条件の下では、そのままで位置が割り出せる。また、実際のように空気抵抗があるとしても、その影響を考慮して落下位置を割り出すことができる。もちろん、予測できない事態が生じるかもしれないが、それらの事態が予測できたとするならば、必ず正確な落下位置を割り出すことができる。これは、それぞれの要因に関する物理学の一般化が存在し、それらを加算することで結果を割り出すことができるということである。信原によれば、このように一般化を加算できるのは、それぞれの一般化がいかなる場合においてもつねに成り立つ文脈独立性を持っているからに他ならない。つまり、文脈独立的な一般化の体系として理解することができるということこそが、体系化可能であるということなのである（信原［1999］pp. 136-8）。

それでは、合理性をこのように文脈独立的な一般化の体系として理解することはできないのだろうか。チャイルドは、合理性が体系化不可能であることは証明可能ではないと認めながらも（Child［1994］p. 64）、美しさの体系化不可能性について考えることが合理性の体系化不可能性を理解する上で役に立つと考える（Child［1994］pp. 67-8）。チャイルドによれば、ある芸術作品が美しいかどうかを判断するときには、われわれは美しさの判断に関係するすべての特徴を考慮しなければならない。いくつかの特徴に基づく判断は、つねに他の特徴によって覆されうるからである。したがって、われわれにできるのは個々の場合ごとにすべての特徴を考慮して判断することであり、それゆえ、体系的な判断の基準を形成することはできないとチャイルドは言う。

しかし、信原によると、このチャイルドの議論は、美しさが体系化不可能であることの論拠としては不十分なものである（信原［1999］pp. 140-2）。それは、すべての特徴を考慮に入れなければならないとしても、それらの特徴がいかなる美的価値を持つかは文脈独立的に定まるものであり、それらを加算することによって全体としての美しさの判断が下されるかもしれないからである。信原によれば、美しさが体系化不可能であると思われるのは、まさに美しさが文脈独立的な原子論的性格を持たないと思われるからである。芸術作品の各特徴がどのように組み合わせられるかによって全体の美しさが変わるだけではなく、それらの特徴が他のどのような特徴と組み合わせられるかによって、組み合わせられる各特徴の美的価値そのものもまた変化する。美しさとは、このように文脈依存的な強い意味での全体論的性質であり、この全体論的性格こそが体系化不可能性に他ならないのである。

合理性もまた強い意味での全体論的性質であると信原は言う（信原 [1999] p. 142）。各命題的態度をどのように組み合わせるかによって、どの命題的態度を持つことが合理的であるか、どの行為を為すことが合理的であるかは変化する。しかし、それは単に加算される命題的態度が異なるからではない。命題的態度や行為の間の合理化の関係は、それらがその他のどのような命題的態度や行為の集まりの中に位置づけられるかによって変化する文脈依存的な全体論的性質なのである。たとえば、私が龍一と晴臣のやり取りを観察しているとしよう。ここで、龍一が晴臣の論文に対して「素晴らしいね」と言ったとする。このとき、龍一が晴臣の論文に対して「素晴らしいね」と言ったという私の信念は、誉め言葉を述べるということはその対象を評価することであるという信念とともに、龍一は晴臣の論文を評価しているという信念を合理化するだろう。しかし、その後、龍一が皮肉屋であり、晴臣を侮辱したがっていることがわかったとしよう。この場合には、龍一が晴臣の論文に対して「素晴らしいね」と言ったという私の信念は、むしろ、龍一は晴臣の論文を評価していないという信念を合理化するだろう。このような事例は、信原が言う通り、単に主体が所有する命題的態度の全体によって個々の命題的態度や行為が合理化されるという意味での全体論的性格を示すのみならず、それらの命題的態度や行為の間の合理化関係それ自体がそれを取り巻く文脈によって変化するという強い意味での全体論的性格[20]を示しているのではないだろうか。

5・4　合理性の体系化不可能性と合理性の要請

しかし、なぜ合理性はこのような文脈依存的な強い全体論的性格を持つと考えられるのだろうか。この点を明らかにする鍵は、第一章で言及した合理性の要請の内実をより具体的に見てみることにある。

第一章でも述べたように、解釈者はチャリティーの原理に従い、被解釈者が合理性の要請を満たしていると想定しなければならない。そして、この合理性の要請は、第一章第4節や第7節で見たように、以下のようなさまざまな要請や原理の束であると考えられる。

〈合理性の要請を構成する諸要請・原理[21]〉

・自制の原理
・帰納的推論のための全体証拠の要請
・演繹的推論の原理
・内的整合性の要請
・真理性の要請
…

われわれは、以上のような要請・原理を合理性の基準として、命題的態度や行為の間の合理化関係を判断する。しかし、これらの要請・原理はときに競合を引き起こすと考えられる。つまり、ある一つの要請・原理に従った場合に主体に帰属させられる命題的態度や行為と、別の要請・原理に従った場合に主体に帰属させられる命題的態度や行為が食い違う可能性があるのである。したがって、そのような場合、われわれは各要請・原理間の優先関係を確定させなければ解釈を遂行することができない。しかし、それらの要請・原理は、量的な比較を許す共約可能な関係にはないように思われる。われわれは、解釈において、全体的な考慮の下で要請・原理間の優先関係を判断しなければならないのである。また、特定の要請・原理を優先するにしても、具体的にいかなる命題的態度を主体に帰属させるかに関しては複数の可能性がある。たとえば、真理性の要請を優先させるにしても、部分的に何らかの偽なる信念を主体に帰属させなければうまく解釈できないような場合には、具体的にどの信念の帰属を最優先するかに関して複数の可能性があるという場合がありうる。このような優先関係を判断するためにも全体的な考慮が必要なのである。

もちろん、これだけではまだ合理性の体系化不可能性は帰結しない。諸要請・原理の間の優先関係や、個々の要請・原理に従って主体に帰属させられる諸命題的態度の間の優先関係が文脈独立的なものであり、それらを加算して全体としての判断が導き出されるとしたら、それらの関係は体系化可能だと言えるだろう。しかし、それらの優先関係は、個々の解釈において全体としてどのような命題的態度が主体に帰属させられるかによって異なるように思われる。たとえば、先の事例では、龍一が晴臣の論文に対して「素晴らしいね」と言ったという私の信念がどのような信念を合理化するかは、その他にどのような信念が私に帰属させられるかによって異なると考えられた。この事例は、帰納的推論のための全体証拠の要請を適用するにしても、どの命題的態度の帰属が優先されるかは全体としてどのような命題的態度が主体に帰属させられるかに依存するということを示す事例として理解することができるだろう。このように、諸要請・原理の間の優先関係や、個々の要請・原理に従って主体に帰属させられる諸命題的態度の間の優先関係はまさに文脈依存的な全体論的性格を持つように思われる。合理性が文脈依存的な全体論的性格を持つように思われるのは、このように、合理性の要請に含まれる互いに共約不可能な諸要請・原理の間の優先関係、および個々の要請・原理に従って主体に帰属させられる諸命題的態度の間の優先関係が文脈依存的であるように思われるということに帰着するのである。

心的なものの非法則性に関する以上の論点をまとめると、次のようになる。

(1) 心的なものが非法則的であるのは、合理性が非法則的であることによる。
(2) 合理性の非法則性とは合理性の体系化不可能性のことである。

(3)合理性が体系化不可能であるのは、合理性が文脈依存的な全体論的性格を持つことによる。

(4)合理性が文脈依存的な全体論的性格を持つのは、合理性の要請に含まれる互いに共約不可能な諸要請・原理の間の優先関係、および個々の要請・原理に従って主体に帰属させられる諸命題的態度の間の優先関係が文脈依存的であることによる。

もっとも、合理性が本当に文脈依存的な全体論的性格を持つかどうかに関しては議論の余地があるかもしれない。この限りで、以上の議論は決定的なものとは言えない。しかし、もしこの議論が妥当であるとすれば、命題的態度や行為の間に心理法則が成立すると考えることはできない。それゆえ、その場合には、機能主義は妥当な立場ではなく、解釈主義や非法則的一元論こそが妥当な立場であるということになる。以上のように、心的なものの非法則性の議論にとっては、合理性の非法則性という論点が本質的であり、また合理性の非法則性は、チャリティーの原理において主体に課せられる合理性の要請が持つ文脈依存的な全体論的性格に由来すると考えられる。つまり、機能主義の妥当性が否定されるとすれば、それは、命題的態度や行為がまさに解釈という観点から理解されるものであるがゆえのことなのである。

なお以上の考察により、結局のところ、心的なものの非法則性にとっては、合理性の非法則性が本質的であり、心的なものが閉じた体系を形成しないということそれ自体は本質的でないことが明らかになった。この限りにおいて、心的なものが閉じた体系を形成しないということを不可欠な前提とする点で、デイヴィドソンの二つの論証はいずれも不適切なものであるということになる。

6　行為の因果説と反因果説

それでは、解釈主義と非法則的一元論とでは、どちらの方が妥当な立場だと言えるのだろうか。第3節や第5節で見たように、非法則的一元論は解釈主義と同様に心理法則の成立を否定する。この限りでは、非法則的一元論と解釈主義に妥当性の差異を見出すことはできない。しかし、非法則的一元論と解釈主義は、行為の解釈において主体に帰属させられる命題的態度や行為が因果関係を形成すると考えられるかという点に関して見解を異にする。この点では非法則的一元論と解釈主義のいずれがより妥当な立場だと言えるのだろうか。

行為の解釈において主体に帰属させられる命題的態度や行為が因果関係を形成すると考えられるという非法則的一元論の見解は、「行為の因果説」と呼ばれる。これに対して、それらの命題的態度や行為が因果関係を形成するとは考えられないという解釈主義の見解を、本書では「行為の反因果説」と呼ぶことにしよう[22]。本節では、この行為の因果説と反因果説の議論を考察し[23]、解釈主義と非法則的一元論の妥当性を比較することを通して[24]、解釈主義の姿をより明確なものにしたいと思う。

6・1　心的なものの非法則性と極端な全体論

まず、前節で検討した心的なものの非法則性の議論が行為の因果説をも否定するということにはならないのだろうか。第3節で見たように、非法則的一元論によれば、心理法則の成立を否定することそれ自体は、非法則的一元論の利那的トークン同一性の論点を支える因果的ネットワークのトークン同型性まで否定することにはならない。しかし、前節で明確化された心的なものの非法則性の議論は、そもそもこのトークン同型性の論点の前提となっている命題的態度や行為の間の因果的ネットワークの成立、つまり行為の因果説を否定するだけの強さを持っていないのだろうか。特に、前節の議論により、心的なものの非法則性は合理性の体系化不可能性に由来すると考えられ、その体系化不可能性は文脈依存的な全体論的性格として理解できるということが確認された。合理性のこの文脈依存的な全体論的性格は、行為の因果説を否定するに十分なものではないだろうか。実際、心的なものの非法則性の議論にそれだけの強さを認め、非法則的一元論を否定する論者もいる。たとえばチャイルドは、合理性の体系化不可能性が行為の因果説を否定すると論じる（Child [1994] pp. 82-6）。

もし合理性の文脈依存的な全体論的性格が、個々の命題的態度や行為へのいかなる分節化も認めないような極端な全体論を含意するのだとしたら、確かに行為の因果説は否定されるだろう。この極端な全体論によれば、命題的態度は一群の集まりの全体としてしか個別化することができない。つまり、個々の信念や欲求を個別化し、取り出すことはできないということである。したがって、その場合には、「命題的態度や行為の各トークンが（因果的であれ何であれ）何らかのネットワークを形成する」ということで何を意味しているのかがわからなくなる。このように命題的態度や行為の極端な全体論が成り立ち、個々の信念や欲求を個別化することができないのだとしたら、確かに行為の因果説は否定されるように思われる。

しかし、合理性が文脈依存的な全体論的性格を持つということは、このような極端な全体論を含意するわけではない。それは単に、同じタイプの命題的態度であっても、他のどのような命題的態度や行為と組み合わせられるのかによって、それが他のどのような命題的態度や行為を合理化するかが異なるということにすぎない。これは決して、個々の命題的態度や行為が個別化できないということではない。したがって、「命題的態度や行為の各トークンが何らかのネットワークを形成する」ということで何を意味しているのかがわからなくなるようなことはないのである。チャイルドが命題的態度や行為の極端な全体論を念頭に置いていたかどうかは明らかではない。しかし、合理性の文脈依存的な全体論的性格から命題的態度や行為の極端な全体論が帰結しない限りにおいて、命題的態度や行為の各トークンが因果的ネットワークを形成するという可能性は否定されていない。この限りでは、心的なものの非法則性の議論によって行為の因果説が否定されるわけではないのである。

6・2　デイヴィドソンの議論

それでは逆に、行為の因果説を支持するような議論はないのだろうか。非法則的一元論を提唱したデイヴィドソンがまさにそのような議論を提示している（Davidson [1963]）。デイヴィドソンによれば、行為の理由となる欲求・信念によって行為の生起が説明されるためには、まさにそれらの欲求・信念が行為の原因でもあるのでなければならない。つまり、行為の因果説は単に真であるのみならず、真でなければならないということである。しかし、このデイヴィドソンの議論は本当に妥当な議論なのだろうか。ここでは、この議論の妥当性を検討しよう。

デイヴィドソンの議論ではまず、単なる行為の理由（a reason for an action）と、主体が行為を為した実際の理由（the reason why one did it）を区別することが重要となる。デイヴィドソンによれば、主体が行為のある理由を持っており、そしてその行為を為したにもかかわらず、その主体はその理由のゆえに（because）その行為を為したわけではないということがありうる（Davidson [1963] p. 9）。たとえば幸宏が、暖房中にもかかわらず部屋の窓を開けたとする。そしてそのとき幸宏は、部屋の空気を入れ換えたいという欲求と、窓を開ければ部屋の空気を入れ換えられるという信念を持っていたとしよう。しかし、幸宏が窓を開けたのは実は、これらの欲求と信念を持っていたからではないということが考えられる。たとえば幸宏は、屋外で流れている緊急放送の音をよく聞きたいという欲求と、窓を開ければ緊急放送の音がよく聞こえるという信念も持っていて、窓を開けたのは実は、これらの欲求と信念を持っていたからだということは十分に考えうることである。デイヴィドソンの考えによれば、幸宏が持っているふた組の欲求・信念はどちらも、行為の理由としての身分を有している。それは、それらふた組の欲求・信念がいずれも、問題の行為についての実践的三段論法を構成することができるということである。しかし、行為を為した実際の理由であると言えるのは、一方の欲求・信念だけなのである。

それでは、ある欲求・信念が、行為を為した実際の理由であるためには何が必要なのだろうか。デイヴィドソンによれば、それは、それらの欲求・信念によって行為が実際に引き起こされたという因果関係である（Davidson [1963] p. 4）。前者の欲求・信念は窓を開けるという行為を引き起こさなかったが、後者の欲求・信念は窓を開けるという行為を引き起こした。これが、前者の欲求・信念ではなく後者の欲求・信念を、行為を為した実際の理由たらしめるものなのである（Davidson [1963] pp. 11-2）。このように、デイヴィドソンによれば、行為の解釈が成立するためには、つまり、行為を合理化する命題的態度による行為の生起の説明が成立するためには、それらの命題的態度と行為の間に因果関係が成立しなければならない。つまり、命題的態度や行為は、合理的ネットワークを形成するだけでなく、因果的ネットワークも形成するものとして理解されなければならないのである。

さて、以上のデイヴィドソンの議論は妥当な議論なのだろうか。それを検討する前にまず以下のことを確認しておかなければならない。本書ではこれまで、デイヴィドソンのように単なる行為の理由と行為を為した実際の理由を区別することはせず、行為の解釈において、行為の生起を説明する命題的態度を単に「行為の理由」と呼んできた。しかし、デイヴィドソンが「単なる行為の理由」と呼ぶものと、本書でこれまで「行為の理由」と呼んできたものは異なることに注意されたい。本書でこれまで「行為の理由」と呼んできたものは、あくまでも、主体がなぜ問題の行為を為したのかを説明する命題的態度のことであり、デイヴィドソンが「行為を為した実際の理由」と呼ぶものに他ならない。

この点を確認した上で、第一章第2節での考察を振り返るならば、デイヴィドソンが行為の因果説を支持するために挙げた根拠は、もはやその根拠にならないと言うことができるように思われる。それは、同一の行為に関して実践的三段論法を構成できるふた組の欲求・信念があるとしても、それらの欲求・信念は、実践的推論全体の中では異なる位置づけを得ることになるかもしれないからである。窓を開けるという行為の例を使ってそれを説明しよう。ふた組の欲求・信念に対応する実践的三段論法の結論はそれぞれ「窓を開けることは、それが部屋の空気を入れ換えることになる限りでは、望ましい」という結論と「窓を開けることは、それが緊急放送の音をよく聞こえるようにする限りでは、望ましい」という結論になる。第一章第2節での考察によると、行為の主体は、このような行為の望ましさを評価するさまざまな観点を可能な限り総合的に考慮した上で、どの観点を最優先するかを決め、ATC判断を下したと解釈される。たとえば、先の幸宏は、何よりも緊急放送の音をよく聞こえるようにすることが重要であると考えて、「すべてを考慮する限り、窓を開けることが最も望ましい」というATC判断を形成したとしよう。そして、このATC判断に基づいて「窓を開けることは最も望ましい」という全面的判断を結論として導き出したとしよう。もしこのようなATC判断を経て全面的判断を結論として導き出す実践的推論が生じたと解釈されるのだとしたら、この実践的推論の過程を考慮するだけで、つまりこの実践的推論の過程とは別に欲求・信念と行為の間の因果関係を考慮することなく、幸宏が窓を開けたのは、緊急放送の音をよく聞きたいという欲求と、窓を開ければ緊急放送の音がよく聞こえるという信念を持っていたからであって、部屋の空気を入れ換えたいという欲求と、窓を開ければ部屋の空気を入れ換えられるという信念を持っていたからではないということが、つまり前者の欲求・信念こそが幸宏が窓を開けた実際の理由であるということが明らかになるのではないだろうか。[25]

もしこのような実践的推論による説明がすべての行為に当てはまるとすれば、行為の解釈が成立するために、命題的態度や行為の間の因果関係が成立している必要はない。命題的態度や行為の間に、実践的推論の合理性によって示される合理的ネットワークが成立していればそれで十分に行為の解釈は成立するのである。[26]したがって、行為の因果説が真でなければならないということにはならない。この限りでは、行為の反因果説は行為の因果説と同等の妥当性を持つ見解として位置づけることができるように思われる。

6・3　行為の生起の説明

以上の考察によれば、行為の解釈が成立するために行為の因果説が真である必要はない。行為の反因果説においても、行為の解釈は成立するのである。しかし、本当に、行為の反因果説においても行為の解釈は成立すると言えるのだろうか。行為の解釈とは、ある行為がなぜ生じたのかを説明する営みである。つまり、行為の解釈は行為の生起の説明である。[27] 行為の反因果説において、この行為の生起を本当に説明することができるのだろうか。行為の反因果説が正しいとするならば、行為の解釈とは、行為が命題的態度によってどのように合理化されるのかを説明することによって行為の生起を説明しようとする営みであることになる。しかし、このように行為の合理化を説明することによって本当に行為の生起を説明することができるのだろうか。ここでは、この根本的な疑問について考察しよう。

このような疑問が生じるのは、次のように考えられるからかもしれない。行為の合理化の説明とは、行為を命題的態度との理由関係のうちに位置づけることによって、その行為がいかなる行為であるのかを明らかにする営みにすぎない。つまり、行為の合理化の説明は、小説などのテキストや絵画をある文脈の中に位置づけることによってその意味解釈を付与する意味の説明と同種の説明だということである。小説や絵画の意味解釈が何ら出来事の生起の説明ではないのと同様に、行為の合理化の説明は、行為の生起を説明するわけではないのではないだろうか（cf. Child [1994] pp. 93-4）。

確かに、行為の合理化の説明が行為の意味の説明であるという考えはもっともなものである。第一章で確認したことであるが、行為の解釈において、われわれは行為そのものも主体に帰属させていると考えられる。行為の解釈とは、その主体の為した行為がそもそもいかなる行為であるのかを明らかにする営みなのである。しかしこのことは、行為の合理化の説明が行為の生起の説明でもあるということを排除するわけではないように思われる。行為の合理化の説明が行為の意味の説明だからと言って、行為の合理化の説明が行為の生起の説明ではありえないということにはならないように思われるのである(28)。

それでは、行為の合理化の説明が行為の生起の説明でもあるということを積極的に支持することはできるのだろうか。G・グレアムとT・ホーガンや、L・R・ベイカーによれば、命題的態度による行為の合理化の説明が行為の生起の説明であると言えるためには、適切な反事実的条件文が成立するということが言えれば十分である(29)（Horgan and Graham [1991] p. 127; Baker [1995] pp. 17-8, 27, 98-9, ch. 5）。つまり、「それらの命題的態度を持っていなかったとしたら、その行為は生起しなかっただろう」という反事実的条件文が正しいものとして認められるのであれば、それらの命題的態度によってその行為の生起は説明されるということである。確かに、これは出来事の生起の説明一般についてのわれわれの日常的直観にも一致する。たとえば、われわれが「ガスが漏れていたから爆発が生じた」といった説明を理解するとき、そこで理解されているのは、「ガスが漏れていなければ、爆発は生じなかっただろう」という反事実的条件文が正しいということにすぎないように思われる。

それでは、なぜ命題的態度と行為について以上のような反事実的条件文が成立するのだろうか。それは、問題の行為を合理化する命題的態度を含むさまざまな命題的態度の全体が、問題の行為を含むさまざまな行為への傾向性の重ね合わせとして理解できるものだからに他ならない。主体が問題の行為を合理化する命題的態度を所有していなかったとすれば、その主体には問題の行為（および、その他の命題的態度が他の命題的態度とともに合理化するその他のさまざまな行為）への傾向性は備わっていなかったと考えられる。それゆえ、問題の行為が生起したとは考えられない。このように、問題の行為を合理化する命題的態度を含むさまざまな命題的態度の全体が、問題の行為を含むさまざまな行為への傾向性の重ね合わせとして理解できるものだからこそ、命題的態度と行為についての以上のような反事実的条件文が成立するのである（cf. Heil [1998] pp. 148-50）。そして、このように正しい反事実的条件文として認められるということが、行為の合理化の説明が出来事の生起の説明であるということを十分に保証する。それゆえ、行為の合理化の説明は行為の生起の説明であると十分に言うことができるのである。

なお、このように命題的態度や行為に関して反事実的条件文が成立すると認めることは、心理法則が成立すると認めることになるのではないかという疑念が生じるかもしれない。しかし、第5節で論じたように、心的なものの非法則性が合理性の文脈依存的な全体論的性格に基づくということを理解すれば、この疑念は誤解であることがわかる。反事実的条件文において言及されている命題的態度や行為の合理化関係は、文脈独立的に成立しうるものではない。それゆえ、以上のような反事実的条件文が成立すると認めることによって、心的なものの非法則性を否定することにはならないのである。

以上の限りでは、行為の反因果説を唱える解釈主義は、行為の因果説を唱える非法則的一元論と同等の妥当性を有しているように思われる。それでは、解釈主義をより積極的に支持するような論点はないのだろうか。現在の認知科学や脳科学が明らかにしつつある脳のメカニズムを考慮すると、脳状態や身体運動の各トークンが形成する因果的ネットワークと同型の因果的ネットワークを命題的態度や行為の各トークンが形成するとは考えられないように思われる。これはつまり、非法則的一元論が考えるような命題的態度と脳状態の間の個別的同一性が成立しないということである。もしこれが正しいとすれば、非法則的一元論の妥当性は失われるだろう。しかしこの論点は、第四章で論じるように、解釈主義にとっての別の問題を招くものでもある。それゆえ、この論点については第四章の中で考察することにしよう。

Ⅱ　内在的問題と可能性

第三章　解釈可能性と言語

解釈主義によれば、主体がある命題的態度を所有しているということは、その主体がその命題的態度を所有する主体として解釈可能であるということに他ならない。したがって、ある主体がさまざまな命題的態度を所有する主体として解釈可能なときには、文字通りその主体はそれらの命題的態度を所有しているということになる。しかし、解釈可能な主体とはそもそもどのような主体であるのか。

たとえば、第二章第1節でも取り上げた例であるが、サーモスタットのような単純な機械にも、一見すると信念や欲求を帰属させることができるように思われるかもしれない。サーモスタットの動作には「サーモスタットは、室内の気温を一定に保ちたいという欲求と、それには、気温が上がったときに冷房の運転を開始し（もしくは暖房の運転を停止し）、気温が下がったときに冷房の運転を停止すれば（もしくは暖房の運転を開始すれば）よいという信念を持っているので、そのように作動したのだ」といった解釈を与えることができるように思われるのである。また、石ころのような無生物の静止状態にさえ、欲求や信念による解釈を与えることができるように思われるかもしれない。ここまで極端ではないにしても、犬や猫といった動物に信念や欲求を帰属させることはできるのかという疑問も生じるだろう[1]。このように、「解釈可能な主体」の外延は必ずしも明らかではない[2]。

本章では、解釈可能な主体とはどのような主体であるのかを明らかにすることを試みる。結論を先取りすれば、解釈可能な主体は言語を使用する主体でなければならない。「言語」ということで念頭に置いているのは、第一義的には、文の解釈の対象となるもの、すなわち、意味理論を付与しうる何らかの構文論的構造を持った自然言語のことである。したがって、ここで明らかにしたいのは、解釈可能な主体であるためにはその主体の脳状態において「思考の言語」(Fodor [1975]) が実装されている必要があるということではない。またそれは、命題的態度を実際の発話や内語に還元することができるということでもない。ここでの問題はあくまでも、ある場面である命題的態度を所有すると解釈できるような主体が、何らかの場面で自然言語を使用していると解釈できるような主体でもある必要があるかということにすぎないのである。

ある主体が解釈可能であるために、その主体が言語使用者である必要があると考えるかどうかによって、解釈主義を二つの立場に区別することができる。以下では、言語使用の必要性を主張する立場を「言語的解釈主義 (linguistic interpretationism)」と呼び、言語使用の必要性を否定する立場を「非言語的解釈主義 (non-linguistic interpretationism)」と呼ぶことにしよう (cf. Child [1994])。代表的な言語的解釈主義者としてはデイヴィドソンを挙げることができる[3]。それに対して、代表的な非言語的解釈主義者としてはデネットが挙げられるだろう[4]。以下では、まず第1節でデネットの見解に簡単に触れて、第2節でデイヴィドソンの見解を詳しく見ることにしよう。

1　非言語的解釈主義――デネットの見解

デネットの見解を見るためには、デネットの言う三つのスタンスに言及する必要がある。デネットによれば(Dennett [1971] pp. 4-9; [1981a] pp. 16-22)、あるシステムのふるまいを説明したり予測したりするときには、三つのスタンスをとることができる。

一つ目は、物理的スタンス(physical stance)である。たとえば、時計が壊れて動かないときに、なぜ時計は動かないのかをわれわれは部品の破損といった物理的状態に言及することによって説明する。このように物理的な状態に言及することによってシステムのふるまいを説明したり予測したりするのが、物理的スタンスにおける説明・予測である。そして、この物理的スタンスによって説明・予測可能なシステムは「物理的システム」と呼ばれる。物理的スタンスは、物理的なあらゆる現象に適用することができる。したがって、すべての物理的対象は物理的システムである。

二つ目は、設計的スタンス(design stance)である。たとえば、われわれがパソコンで囲碁ゲームをしているとしよう。われわれはときに、「この囲碁ソフトには、序盤の定石がプログラムされているので、コンピュータはここに打ってきたに違いない」といった説明をする。このように、システムのプログラムに言及することによってシステムのふるまいを説明したり予測したりするのが、設計的スタンスでの説明・予測である。そして、この設計的スタンスによって説明・予測可能なシステムは「設計的システム」と呼ばれる。設計的スタンスにはシステムのプログラムが正常にはたらいているときにしか適用できないという弱点があるが、物理的スタンスをとって説明をするには膨大な時間がかかってしまうような場合には、設計的スタンスでの説明が効率的なものとなる。囲碁ゲームにおけるコンピユータのふるまいをコンピュータの物理的状態に言及して説明しようとしても実際上はほとんど無理な話だろう。しかし、ゲームのプログラムに言及することで、容易にコンピュータのふるまいを説明することができるのである。

最後は、志向的スタンス（intentional stance）である。志向的スタンスにおける説明・予測とは、欲求や信念など命題的態度を理由として挙げることによる行為の生起の説明・予測である。つまり、解釈に他ならない。(5) そして、志向的スタンスによって説明・予測可能なシステムは「志向的システム」と呼ばれる。志向的スタンスは、システムが合理的である場合にしか適用できない。これは、チャリティーの原理が適用されるということである。しかし、志向的スタンスでの説明は、設計的スタンスでの説明以上に効率のよい説明たりうる。たとえば、囲碁ソフトのプログラムがより複雑になるにつれて、プログラムに言及することによってコンピュータのふるまいを説明するのにさえ莫大な時間が必要となるだろう。このようなときには、われわれは志向的スタンスをとって「コンピュータは、相手の石を殺したいと思っており、このように打てば相手の石を殺せると考えていたので、このように打ったのだ」というように解釈することができるのである。

さて、たとえばサーモスタットのような単純な機械の動作を説明するために、以上の三つのスタンスの中からわざわざ志向的スタンスを選択する、つまり解釈を行う必要があるだろうか。サーモスタットの動作を説明するには、せいぜい設計的スタンスをとれば十分なように思われる。このような場合に志向的スタンスをとろうとする（つまり解釈を行おうとする）ことは、アド・ホックであるという印象を免れえないだろう。デネットによれば、このように解釈の必要がない場合は、文字通りに「解釈可能である」と言うべきではない（Dennett [1981a] p. 23）。したがって、石ころはもちろん、サーモスタットも解釈可能な主体ではないということになる。また、単純なプログラムからなるゲームのコンピュータも解釈可能な主体ではないということになるだろう。この限りでは、デネットの見解はもっともなものであるように思われる。

しかしデネットによると、逆に言えば、あまりに複雑なプログラムを持つため、設計的スタンスでは説明・予測不可能となり、志向的スタンスをとる必要があるような場合には、コンピュータもまた解釈可能な主体であることになる。また、犬や猫のような動物も解釈可能な主体であるということになるだろう。したがって、デネットによれば、解釈可能な主体であるために、その主体が言語使用者である必要はない。デネットは、本当に信念を持っていると言えるための条件として言語使用を挙げることはわれわれの直観に反すると言う（Dennett [1976] p. 273）。デネットによれば、動物のふるまいと人間のふるまいの間にあるのは複雑さの程度差だけであり、そこには質的な差は存在しないのである（Dennett [1981a] pp. 32-3）(6)。この見解には非言語的解釈主義の立場が示されていると言えるだろう。

2　言語的解釈主義——デイヴィドソンの論証

これに対してデイヴィドソンは、解釈可能な主体であるためには言語を使用する主体でなければならないと主張する(7)（Davidson [1975] p. 157; [1982b] p. 100）。ただしデイヴィドソンは、命題的態度が実際の発話や内語へ還元可能であるということや「思考の言語」仮説を唱えているわけではない（Davidson [1975] p. 157; [1982b] p. 100）。デイヴィドソンの主張は、あくまでも、ある場面で命題的態度を所有すると解釈できるような主体は、何らかの場面で自然言語を使用していると解釈できるような主体でもなければならないというものである(8)。デイヴィドソンのこのテーゼには、言語的解釈主義の立場が示されていると言えよう。

デイヴィドソンは、自らのテーゼを二つの別々の論証から導出しようとしている。しかし、それらの論証には不明確な部分が多く、さまざまな解釈や反論の余地がある。そこで次節以降では、それらの論証がそれぞれデイヴィドソンのテーゼを導き出すのに十分な論証になっているのかどうかを検討したい。本節ではその準備として、まずそれらの論証を一つずつ紹介したいと思う。

2・1　デイヴィドソンの第一の論証

まず、デイヴィドソンの一つ目の論証（Davidson [1982b] pp. 96-101; cf. Davidson [1975] pp. 156-7, 163）を紹介しよう。その冒頭で、デイヴィドソンは、N・マルコムが提示した次のような事例を挙げている。

われわれの犬が近所の猫を追いかけているとする。猫はオークの木まで全速力で走り、最後の瞬間に突然向きを変え、近くのカエデの木の上へと姿を消した。犬はこの離れ業を見ておらず、オークの木までやってくると、まるで木によじ登ろうとしているかのように、後ろ足で立ち、前足で木の幹をたたいた。そして、興奮して上の茂みの方に向かって吠えた。この全エピソードを窓越しに観察しているわれわれは「この犬は猫がオークの木の上に登ったと考えている」と言う。（Malcolm [1973] p. 13）

この状況で犬にこのような信念を帰属させた人は正しいとマルコムは主張する。

これに対してデイヴィドソンは、たとえば「〜は……と信じている」という信念文のように、命題的態度を帰属させるときに用いる文（以下ではこれを「命題的態度文」と呼ぶことにする）が意味論的不透明性を示す必要があると指摘する。つまり、文中のある表現を同一の指示対象を持つ別の表現に置き換えると文全体の真理値が変わりうるという特徴を命題的態度文は持っているということである。たとえば、「龍一は、明けの明星が金星であると信じている」という文が真であるとしても、「明けの明星」をそれと同一の指示対象を持つ「宵の明星」に置き換えたところの「龍一は、宵の明星が金星であると信じている」という文は必ずしも真ではない。このように、命題的態度文が意味論的不透明性を示すためには、命題的態度の内容の記述としてどの記述が適切であるのかが明らかでなければならない。それでは、犬にはいかなる内容の信念を帰属させるべきなのだろうか。犬は、猫がオークの木の上に登ったと考えているのだろうか。それとも単に、猫が木の上に登ったと考えているだけだろうか。そのオークの木がたまたまその周辺で最も古い木である場合、犬は、猫がその周辺で最も古い木に登ったと考えているのだろうか。(9)

デイヴィドソンは、ここでさらに、命題的態度が全体論的性格を持つということから次のような点を指摘する。

これ［猫が木の上に登った、という信念内容の記述が適切であると想定すること］は、犬が木についての多くの一般的な信念を、つまり、木は成長するものである、木は土と水を必要とする、木は葉を持つ、木は燃えるといった信念を持っていると想定しない限りは不可能であるように思われる。(Davidson [1982b] p. 98)

確かに、このような多くの一般的信念がない限り、ある信念を木についての信念として同定する理由はないだろう。それは、「木」という概念に、その他のさまざまな概念が本質的に結びついていると考えられるからである。このように、ある一つの命題的態度の帰属を正当化するためには、それに関係するさまざまな命題的態度の全体論的帰属を正当化する必要があるのである。(10)

デイヴィドソンは、このような命題的態度の全体論的性格を認める限り、犬にどのような内容の信念を帰属させようとしても必ず何らかの信念帰属が困難になるだろうと考える。たとえば、猫が木の上に登ったという信念を犬に帰属させることは、木は土と水を必要とするといった信念を犬が持つかどうかが疑わしいため、不適切となる。このような命題的態度の全体論的帰属が可能となるためには非常に複雑な行動パターンが観察されなければならないだろう。これに対して、デイヴィドソンは、「主体が言語を持っているときにのみ、そのような［十分に複雑な］行動パターンは見出される」（Davidson [1982b] p. 100）と言う。以上がデイヴィドソンの第一の論証である。しかし、デイヴィドソンはこの論証が決定的な論証になっているとは考えず（Davidson [1975] p. 164; [1982b] p. 101）、以下のような第二の論証を提示する。

2・2　デイヴィドソンの第二の論証

ここでは、デイヴィドソンが提示した第二の論証（Davidson [1975] pp. 169-70; [1982b] pp. 102-5）を紹介する。まずデイヴィドソンは、すべての命題的態度が何らかの信念の背景を必要とすることに注目する。たとえば、猫が登ったのはオークの木ではないのではないかという疑いについて考えてみよう。このように疑うためには、猫が何らかのもの、もしくは何らかの木に登ったと信じていなければならないだろうし、オークの木の上には猫の姿が見えないとも信じていなければならないだろう。同様のことが欲求などその他の命題的態度に関しても成り立つと考えられる。このように、信念はさまざまな命題的態度や行為からなる合理的ネットワークにおいて中心的役割を果たしているのである。以上のことから、デイヴィドソンは信念を持つための条件に焦点を絞る形で第二の論証を展開する。

第二の論証は二段階からなる。まず第一段階でデイヴィドソンは、「信念を持つためには信念の概念を持つ必要がある」（Davidson [1975] p. 170）と言う。これは、信念を帰属させうる主体であるためには、信念についての二階の信念をも帰属させうる主体でなければならないということである。しかし、信念を持つためになぜ信念の概念を持つ必要があるのか。デイヴィドソンは次のように考える。まず、ある主体が単なる物理的身体運動への傾向性ではなく信念を持っていると言うことが適切であるのは、その主体が自分の誤りに気づきうる場合のみである。そして、その誤りとは、まさに信念の誤りとして認識される誤りに他ならない。それゆえ、信念を持つためには、信念の概念を持つ必要があるのである。

第二段階は、信念の概念を持つためには言語使用者である必要があるというものである。ここでまず、デイヴィドソンは、真や偽でありうるということが信念の概念にとって本質的であると指摘する。つまり、信念の概念を持つとは、客観的真理の概念を持つということなのである。たとえば、私はコインが自分のポケットに入っていると信じているとしよう。そして、コインが私のポケットにないことを知って私は驚いたとする。私は自分の元々の信念が実際の自分の財政状態と一致していなかったということを信じるようになったのであり、このとき私は、自分の信念とは独立の客観的真理の概念を持っているのである。

それでは、このような「主観／客観」の対比を把握していることは何によって示されるだろうか。デイヴィドソンは、「明らかに言語的コミュニケーションは［それを示すに］十分である」(Davidson [1982b] p. 105) と言う。その理由をデイヴィドソンは以下のように示す。他者が発話する文を解釈するためには、たとえ両者の意見が一致しなくても、他者が発話する文が意味していることと同じことについて考えることができなければならない。つまり対話者は、互いに同一の命題について、そして真理の同一の基準について考えることができなければならないのである。したがって、言語的コミュニケーションが成立するためには、各対話者は間主観的世界の概念を所有し、また相手も所有していると考えていなければならない。そして、間主観的世界の概念は客観的世界の概念を含意する。それゆえ、言語的コミュニケーションが可能であるならば、「主観／客観」の対比を把握していると言える。

しかし、論証を完了するためには、言語使用者であることが、「主観／客観」の対比を把握するための唯一の方法である（つまり、そのために必要である）ということを示さなければならない。これに対してデイヴィドソンは、言語使用者であることがその対比を把握するための唯一の方法であることを示すにはどうすればよいのかわからないが、他の方法によって客観的真理の概念に至りうるとは考えられないと言う。以上のようにして、デイヴィドソンは第二の論証を終える。

デイヴィドソンによる以上の二つの論証はそれぞれ、言語的解釈主義の観点から、以下のようにまとめることができるだろう（「⇓」は帰結関係を示す）。

〈第一の論証〉

解釈可能（命題的態度の帰属が可能）⇓意味論的不透明性を示す命題的態度文により命題的態度の帰属が可能⇓命題的態度の全体論的帰属が可能⇓複雑な行動パターンを示す能力⇓言語使用能力

〈第二の論証〉

解釈可能（命題的態度の帰属が可能）⇓信念の帰属が可能⇓信念の概念の所有者として解釈可能（二階の信念の帰属が可能）⇓言語使用能力

しかし、これらは妥当な論証と言えるのだろうか。また、これらの論証はいかなる関係にあるのだろうか。まず、一見する限りでは、デイヴィドソンの論証には多くの不明確な部分、疑わしいステップがあるように思われる。以下では、これらの論証の妥当性を検討することによって、解釈可能性と言語使用能力の関係を明らかにすることを試みる。

3　行動パターンの複雑さと言語使用

まず第一の論証を検討しよう。反論が想定されるステップは、「命題的態度の全体論的帰属にとっては、言語使用ほどの複雑な行動パターンが必要である」という部分だろう。確かに、デイヴィドソンの言う通り、われわれが信念帰属の際に用いる「猫が木の上に登った」という文の文字通りの意味では、猫が木の上に登ったという信念を犬に帰属させることはできないかもしれない。そのような信念の帰属が可能であるためには、われわれが持つような豊かな概念を持つ主体として解釈可能でなければならないだろう。たとえば、猫が木に登ったという信念を主体に帰属させるためには、先に見たように、「木」という概念に関係すると考えられる「成長」、「葉」、「土」、「水」といったさまざまな概念もまた主体に帰属させる必要があるだろう。さらに言えば、これらの概念に関わるその他のさまざまな概念をも念頭に入れる必要がある。このように、概念には全体論的な関係があり、信念はそれに従って全体論的に帰属させられなければならないのである。そのためには、確かに、犬に要求しうる以上の相当に複雑な行動パターンが必要となるだろう[11]。

しかし、このような命題的態度を犬や猫などに文字通り帰属させうるかどうかを問題にすることで命題的態度一般の帰属可能性の問題に答えようとすることは、そもそも不当な問題設定ではないだろうか。子どもは大人が持つような豊かな概念を持っていないということを考えれば、われわれに帰属させられるような命題的態度を子どもに対して帰属させうるかどうかを問題にすることもまた、同様に不当な問題設定であるように思われる（cf. Routley [1981] pp. 387-8, 391-2)。むしろ、犬には犬なりの概念があり、その概念に基づく内容の命題的態度を犬に帰属させることならば可能であると考えるべきではないだろうか。たとえば、ある犬が雨とみぞれに対しては全く識別行動を示さないが、それらをまとめて別のものから識別しているならば、その犬は雨とみぞれをまとめて一つの概念の下に捉えていると解釈できないだろうか。また、ある犬が木と電柱に対しては全く識別行動を示さないが、それらをまとめて別のものから識別しているならば、その犬は木と電柱をまとめて一つの概念の下に捉えていると解釈できないだろうか。このように、犬が「雨」や「みぞれ」、「木」や「電柱」といった概念を持っていると解釈できないとしても、それは全く問題ではなく、犬に対しては、犬なりの概念に基づく内容の命題的態度が帰属させられると考えればよいように思われる。

そしてそのような場合に、犬が何らかの言語使用を示す必要があるだろうか。犬は、犬なりの識別行動さえ示せば、犬なりの概念に基づく解釈が可能ではないだろうか。このように、一般に、命題的態度の全体論的帰属が可能であるためにはいかなる言語使用も示す必要はなく、帰属させられる内容に合致する程度に複雑な識別行動さえ示せば十分であるように思われるのである（cf. Routley [1981] pp. 390-1, 394）。

このように考える限りでは、デイヴィドソンの第一の論証は妥当な論証とは言えないように思われる。しかし、意味論的不透明性を示す命題的態度文によって命題的態度を帰属させうる主体であるには、本当に、以上のように単なる識別行動さえ示せば十分なのだろうか。これは必ずしも自明ではないだろう。第一の論証に対する以上の反論を評価するにはさらに考察が必要であると思われる。しかし、その考察は第二の論証の検討の後としたい。それは、その考察が第二の論証と密接に関係するように思われるからである。それゆえ、以下ではまず第二の論証を検討する。

4　誤りの認識と合理性の規範的性格

デイヴィドソンの第二の論証は、「信念の帰属が可能であるためには信念の概念を持つ必要がある」というステップと、「信念の概念の所有者として解釈可能（二階の信念の帰属が可能）であるためには言語使用者である必要がある」というステップのそれぞれにおいて反論を受ける可能性がある。本節では、まず前者のステップを検討しよう。

前者のステップに対しては、次のような反論を想定することができるだろう（cf. Routley [1981] pp. 396-8）。信念にとって本質的なのは、それが誤りうる状態であるということにすぎない。その限りでは、信念を帰属させうる主体であるために二階の信念を帰属させうる主体である必要はない。たとえば、外に出ようとして、窓ガラスに何度でもぶつかっていく蝿は、二階の信念を帰属させうる主体であるとは考えられないかもしれないが、何らかの誤った信念を持っており、その誤った信念を認識できないがゆえに窓ガラスにぶつかり続けていると解釈することはできないだろうか。また、仮にこの蝿が窓ガラスにぶつかるのをやめたとしても、自らの誤った信念に関する二階の信念をこの蝿に帰属させる必要はないだろう。仮に蝿が自らの誤った信念を認識することができないとしても、蝿の信念状態が誤った信念から正しい信念へと切り替わったと考えれば、この蝿のふるまいの変化は十分に理解できるように思われるからである。ここでは一階であれ高階であれ、信念一般の帰属可能性の条件が求められているのであり、その意味では、一階の信念さえ帰属させることができれば十分に信念の帰属が可能な主体であると考えるのが適切ではないだろうか。それ以上を要求するのは強すぎる要求である。以上の反論を「反論1」と呼ぶことにする。さて、この反論1に対してどのように答えることができるだろうか。

考えられる一つの再反論は、二階の信念を帰属させることができないような主体にはそもそも信念を帰属させる必要があるのだろうか、単なる物理的身体運動への傾向性を帰属させれば十分ではないかというものだろう。確かに、上記の蝿の事例はいずれも、信念を帰属させなくとも、外界からの情報に対してある一定の物理的身体運動をするという傾向性を帰属させれば十分に説明がつくように思われる。最初の蝿は、ある物理的身体運動への傾向性を持ち続けているだけであり、二つ目の蝿の場合は、その傾向性が別の傾向性へと切り替わっただけであると考えることができる。しかし、自らの誤った信念を認識したがゆえに正しい信念を持つに至ったと解釈される主体に関しては、これらと同様に考えることはできない。その主体は、自らの誤った信念を認識したと解釈される以上、文字通り、その誤った信念を帰属させられる必要があるからである。以上のように、単なる物理的身体運動への傾向性ではなく、信念を帰属させる必要がある主体とは、自分のその誤った信念を認識できる主体として解釈可能な主体なのである。このようにして、この再反論者は、信念の帰属が可能な主体とは、デイヴィドソンの言う通り、自分の信念の誤りを認識しうる主体として解釈可能な主体、つまり二階の信念の帰属が可能な主体でなければならないと結論する（cf. Heil [1992] pp. 198-205: Child [1994] pp. 16-7）。

さて、この再反論は妥当なものだろうか。われわれは確かに、信念と単なる物理的身体運動への傾向性とを概念的に区別して理解しているように思われる。そうである以上、「信念」の概念の適用範囲を「単なる物理的身体運動への傾向性」の概念の適用範囲にまで不必要に拡大させることは望ましくない。しかし、必要性に訴えて反論1に答えようとすることは、一見する限りでも、いささかアド・ホックな再反論の観が否めない。さらに言えば、必要性に訴える再反論は、以下のようなジレンマに陥ってしまうように思われる。

まず、ある意味では、われわれのように二階の信念を帰属させうる主体のふるまいであっても、信念を帰属させることによって説明する必要はないと言える。われわれのふるまいもまた蠅のふるまいと同様に物理的な身体運動である以上、原理的には、さまざまな物理的身体運動への傾向性の組み合わせによって説明することが可能だと考えられるからである。したがって、再反論者は「必要性」ということを原理的な必要性として理解することはできない。これに対して、再反論者は「必要性」ということを実践的な（pragmatic）必要性として理解するかもしれない。われわれのふるまいをさまざまな物理的身体運動への傾向性の組み合わせによって説明することは原理的には可能かもしれないが、それは非常に複雑な説明であり、実際上は遂行不可能である。このように再反論者は、実践的な観点から言えば、われわれのふるまいは信念を帰属させることによって説明する必要があるのだと言うかもしれない。

しかし、今度は逆に、主体に二階の信念を帰属させる必要はないが、一階の信念を帰属させる必要はあるという場合を排除することができないように思われる。たとえば、囲碁ゲームのコンピュータの指し手は、二階の信念を帰属させなくとも説明できるかもしれないが、単なるプログラムにのみ言及して説明するにはあまりにも複雑なものであると言えるかもしれない。このような場合は、実践的な観点から、一階の信念をコンピュータに帰属させる必要があると言えるように思われるのである。このように、「必要性」に訴える再反論は必ずしも妥当なものとは言えないように思われる。

しかし、再反論の道はこれだけではない。以下では、別の観点から再反論を試みてみよう。まず解釈の構成原理であるチャリティーの原理によると、ある主体が信念帰属可能な主体であるためには、その主体はさまざまな合理性の要請を概ね満たす合理的な主体として解釈可能でなければならない。それゆえ、主体が信念帰属可能な主体であるためには、その主体は合理性の要請に少なくとも概ね一致するようなふるまいを示さなければならない。しかし、何らかの単なる因果的力によってたまたま合理性の要請に規則的に一致するふるまいを示しているにすぎないような主体は、決して合理的な主体であるとは言えない。そのような主体は、合理的でも不合理的でもないような、つまり、そもそも「合理性」という概念が当てはまらないような主体にすぎない。主体が合理的な主体として解釈可能であるためには、単に合理性の要請に規則的に一致するふるまいを示すだけでなく、合理性の要請が主体にとって満たすべきものとして規範的力を持っていると言えなければならないのである。

さて、このような合理性の規範的性格を認めるならば、反論1において、「自らの信念が誤りであることを自覚せずに信念を機械的に切り替えるにすぎない」と想定された主体には、本当の意味で信念を帰属させることはできない。そのような主体は、合理性の要請に規則的に一致するふるまいを示しているかもしれない。それゆえ、一見するとその主体は合理的な主体として解釈可能であるように思われるかもしれない。しかし、実際にはそれを合理的主体として認めることはできない。そのような主体は、何らかの単なる因果的力によって合理性の要請に規則的に一致するようなふるまいを示しているにすぎず、そのふるまいには何ら合理性の規範的力がはたらいているとは認められないからである。そのような主体は決して合理的な主体として解釈可能ではないのである。それゆえ、そこで生じている機械的な切り替わりは、正確には、信念の切り替わりではなく、単なる物理的身体運動への傾向性の切り替わりにすぎないと理解しなければならないのである。

それでは、合理性の要請が主体にとって規範的力を持っていると言えるためには、何が必要なのだろうか。それは、主体がその規範的力を感じとることのできる主体として解釈可能であるということではないだろうか。そしてそれは、自分の信念を、改訂すべき理由に基づいて改訂する主体として解釈可能であるということではないだろうか。自分の信念を改訂すべき理由に基づいて改訂するということは、自分の信念を改訂すべき誤った信念として認識した上で改訂するということに他ならない。つまり、主体が合理的な主体として解釈可能であるためには、自分の信念を認識しうる主体として解釈可能でなければならないのである。このようにして、「信念の帰属が可能であるためには二階の信念の帰属が可能な主体として、つまり信念の概念を持ちうる主体として解釈可能でなければならない」という論証のステップは、妥当なステップであると結論することができるように思われる。

5　現実の世界から可能性の世界へ

それでは、「信念の概念の所有者として解釈可能（二階の信念の帰属が可能）であるためには言語使用者である必要がある」という後者のステップは妥当なステップだと言えるのだろうか。これに対してすぐに思いつく反論は、デイヴィドソンが示しているのは言語使用者であることが信念の概念を持つための十分条件であることにすぎないというものである。それでは、言語使用者であることが、信念の概念を持つための必要条件でもあると言うことはできないのだろうか。反論者は、デネットが挙げた以下のような事例（Dennett [1976] pp. 274-5）がその反例になると考えるかもしれない。ある犬は自分のお気に入りの椅子に主人が座っているため、その椅子で眠ることができない。そこで犬は玄関に向かい、ドアをひっかいたりして外に出たそうな素振りを見せる。主人が犬を外に出してやるために玄関へ向かうや否や、犬は部屋に戻り、空いた椅子を占領してしまう。この犬のふるまいに関する最も自然な説明は、自分（＝犬）が外へ出たがっていると主人が信じるといった内容の高階の信念をその犬に帰属させることではないか。しかし、犬が言語使用者であるとは考えられない。したがって、もしこのような高階の信念の帰属が適切であるならば、被解釈者が言語使用者でなくても、高階の信念の帰属が可能であるということになるように思われる（cf. Dennett [1976] pp. 274-7; Bishop [1980] pp. 9-10）。以上の反論を「反論2」と呼ぶことにしよう。さて、この反論2は妥当な反論だろうか。

　信念の概念のうちには、それが誤りうるものであるということが本質的に含まれている。したがって、信念の概念を所有するためには、何かが誤りであることを理解することができなければならない。そして、何かが誤りであることを理解するためには、その何かが現実だったかもしれない可能性を理解することができなければならないだろう。たとえば、晴臣が日本の総理大臣であるということが誤りであることを理解するためには、晴臣が日本の総理大臣であるという可能的事態を想定しつつ、しかしそれは現実ではないと理解することができなければならない。したがって、信念の概念を所有するためには、さまざまな可能的事態、つまり可能性の世界を想定することができなければならないのである。それでは、可能性の世界を想定するためには何が必要だろうか(12)。

　ここで、可能性の世界を想定するということをもう少し詳しく考察してみよう。たとえば、晴臣と龍一は友人同士であるという可能的事態を想定するとはどのようなことなのだろうか。現実には、晴臣と龍一は友人同士であるという事態は生じていないとする。それは、現実においては、晴臣という対象と龍一という対象が、友人同士であるという関係で組み合わせられてはいないということに他ならない。したがって、晴臣と龍一が友人同士であるという可能的事態を想定するということは、晴臣という対象と龍一という対象を仮想的に、友人同士であるという関係で組み合わせることとして理解できるだろう。このように、可能性の世界を想定するということは、さまざまな仕方で仮想的に組み合わせることに他ならないのである。それでは、ある主体がさまざまな対象をさまざまな仕方で仮想的に組み合わせることができると言えるためには、何が必要だろうか。

そのためには、問題の対象に見立てられた何らかの別の対象を組み合わせることができなければならない。なぜなら、問題の対象を実際に組み合わせてしまっては、仮想的な組み合わせにならないからである。たとえば、晴臣と龍一を、友人同士であるという関係で実際に組み合わせてしまっては、晴臣と龍一が友人同士であるという事実が生じるだけであって、可能的事態を想定することにならない。人形であれ、名前が書かれた紙切れであれ、何であれ、問題の対象に見立てられた別の対象を組み合わせることによってはじめて可能的事態を想定することが可能となるのである。(13)

このように、ある主体がさまざまな対象をさまざまな仕方で仮想的に組み合わせることができるためには、何らかの別の対象を問題の対象に見立てて組み合わせることができなければならないのである。さらに、それらの別の対象を、たとえば「友人同士である」といった関係で実際に組み合わせる（どうすればよいのか？）よりは、関係や性質などもまた何らかの別の対象によって代理させ、それを利用して対象を組み合わせる方が、可能的事態を容易に想定することができるだろう。そして、以上で行われていることは、晴臣を指す名前と龍一を指す名前を、友人同士であるという関係を意味する述語で組み合わせる言語使用と実質的には同じではないだろうか。もちろん、組み合わせられる対象がインクのしみや音列ではなく、何かに見立てられたコップや机などであるという可能性は排除されていない。しかし仮にそうだとしても、何らかの対象や関係、性質に見立てられたそれらの対象が組み合わせられることによってさまざまな可能的事態が想定されるのだとしたら、それらの対象はインクのしみや音列によって構成されている語と実質的に同じだと言えるだろう。

もちろん、それらの「語」が意味理論を付与しうる対象であるためには、何らかの構文論がなければならない。しかし、そこで想定されている可能的事態が有意味な可能的事態である限りは、それらの「語」は何らかの適切な構文論に従っていると言える。まず、有意味な可能的事態を想定するためには、対象や関係、性質を全く勝手に組み合わせることはできない。たとえば、晴臣という対象と友人同士という関係を、摂氏25度であるという性質で仮想的に組み合わせても、有意味な想定にはならない。有意味な可能的事態を想定するためには、何らかの規則に従って対象を組み合わせる必要があり、そして、この組み合わせ規則はいわば「対象・関係・性質の構文論」とでも呼ぶべきものなのである。したがって、有意味な可能的事態を想定するために「語」を組み合わせているのである限りは、「語」はこの「対象・関係・性質の構文論」と同型の構文論に従って組み合わせられていると言うことができるだろう。

以上のように、誤りを認識することが可能であるためには、対象や関係、性質を仮想的に組み合わせてさまざまな可能的事態を想定すること、すなわち、言語を使用することができなければならない[14]。したがって、信念の概念の所有者として解釈可能であるためには言語使用者でなければならないのである。このようにして反論2は退けられる。また先に確認したように、解釈可能（命題的態度の帰属が可能）な主体であるためには信念の概念の所有者として解釈可能でなければならない。それゆえ、解釈可能な主体であるためには言語使用者でなければならないのである。以上をまとめると次のようになる。

〈第二の論証〉

解釈可能（命題的態度の帰属が可能）⇓信念の帰属が可能⇓信念の概念の所有者として解釈可能（二階の信念の帰属が可能）⇓誤りの認識能力⇓可能的事態を想定する能力⇓対象や関係、性質を仮想的に組み合わせる能力⇕言語使用能力このように、デイヴィドソンの第二の論証は妥当な論証として理解することができる。言語的解釈主義は正当化可能なのである。

デイヴィドソンの第二の論証の正当化においては、以上のように、対象や関係、性質の仮想的な組み合わせという論点が重要な鍵を握っている。そして、この論点はデイヴィドソンの第一の論証にも深く関係すると考えられる。次節では、検討を棚上げにしていた第一の論証もまたこの論点によって正当化されるということを示し、第一の論証と第二の論証の本質的関係を明らかにしたいと思う。(15)

6　意味論的不透明性と可能性の世界

第3節では、意味論的不透明性を示す（信念文などの）命題的態度文によって命題的態度を帰属させうる主体であるためには適度に複雑な識別行動さえ示せば十分であり、言語使用者である必要はないのではないかという反論を示した。この反論によれば、気温を識別するサーモスタットにさえ、意味論的不透明性を示す命題的態度文によって命題的態度を帰属させうるということになるかもしれない。しかし、本当に、適度に複雑な識別行動さえ示せば十分なのだろうか。

命題的態度文が意味論的不透明性を示すということは、その命題的態度の所有者によってある対象があるものとしていい、いいて見られていいるということである。たとえば、猫が木の上に登ったという信念は、猫とみなされたある対象が木とみなされたある対象の上に登ったという信念に他ならない。木とみなされたその対象がオークの木であった場合に、この信念を持っている主体が、猫がオークの木の上に登ったという信念をも持っている必要がないのは、ある対象が木として見られているとしても、その対象がオークの木として見られているとは限らないからである。したがって、解釈可能（命題的態度の帰属が可能）な主体であるためには、対象をあるものとして見ることができる主体として解釈可能でなければならない。適度に複雑な識別行動を示すということは、このような主体として解釈可能であることにとって十分なのだろうか。

対象をあるものとして見るとはどういうことなのだろうか。これはある対象をある概念の下に理解するということである。したがって、それは、その対象をその概念の外延である対象の集合に含まれるものとして理解するということではないだろうか。たとえば、ある対象（たとえば包丁）を凶器として見るということは、その対象をさまざまな凶器（ピストルや金属バットなど）の集合の要素として見るということである。しかし、この集合と要素の関係を強調するだけでは、「として見る」ということに関する分析としては不十分である。なぜなら、その集合がまさに凶器の集合として理解されるということがどのようなことなのかが、そのままでは明らかではないからである。ある対象を凶器として見るということは、単に、その対象をある集合の要素とみなすということにはとどまらず、殺人犯がそれを用いて被害者を殺すという文脈や、夫婦喧嘩中の妻がそれを手にして夫をにらむといった文脈を含むさまざまな可能的文脈の中にその対象を位置づけるということを意味する。このような可能的文脈の中に位置づけられることによってはじめてその対象が凶器として見られているということの意味が与えられるのである。これはつまり、仮想的にその対象をさまざまな対象や関係、性質とさまざまに組み合わせるということに他ならない。たとえば、殺人犯がそれを用いて被害者を殺すという文脈で言えば、その対象が、殺人犯とみなされる対象や被害者とみなされる対象とある関係で組み合わせられる可能性を想定するということである。また、ある対象に仮想的に組み合わせられるその他の対象それ自体があるものとして見られるためにも、同様に、それはその他の対象や関係、性質と仮想的に組み合わせられなければならない。このように、ある対象をあるものとして見るということは、同時に、非常に多くの対象をさまざまなものとして見ることを伴うのである。これは、さまざまな概念が全体論的な関係を形成しているということを、そして、命題的態度の帰属がその概念の全体論的関係に基づいて全体論的に行われるということを説明するだろう。

さて、さまざまな対象や関係、性質を仮想的に組み合わせて可能的文脈を構成するというこの作業は、まさに前節で触れたさまざまな可能的事態の想定に他ならない。したがって、対象をあるものとして見ることができるためには、対象や関係、性質を仮想的に組み合わせることでさまざまな可能的事態を想定することのできる主体でなければならない。前節で確認したように、そのようにしてさまざまな可能的事態を想定することのできる主体であるためには、言語を使用する主体でなければならない。したがって、対象をあるものとして見ることのできる主体は、言語使用者でなければならない。それゆえ、意味論的不透明性を示す命題的態度文によって命題的態度を帰属させうる主体であるには単なる識別行動を示すだけでは不十分であり、第一の論証に対する反論は退けられることになる。以上をまとめ、第一の論証を再構成すると次のようになる。

〈第一の論証〉

解釈可能（命題的態度の帰属が可能）⇒意味論的不透明性を示す命題的態度文により命題的態度の帰属が可能⇔対象をあるものとして見る能力⇒対象を可能的文脈に位置づける能力⇒対象や関係、性質を仮想的に組み合わせる能力⇔言語使用能力

このように、第一の論証もまた妥当な論証として理解することができるのである。[16]

対象や関係、性質を仮想的に組み合わせることによって可能性の世界を想定する能力という論点は、以上のように、

第二の論証のみならず、第一の論証においても決定的な論点としてはたらいている。意味論的不透明性と誤りの可能性を認識する能力という二つの論点は、いわば、以上のように可能性の世界を想定する能力という論点の二つの側面をなしているのである。本章の結論を述べよう。解釈可能な主体であるために言語使用者である必要があることを示そうとするデイヴィドソンの二つの論証は、ともに可能性の世界を想定する能力という論点を通して正当化することが可能である。したがって、解釈主義は命題的態度と言語使用の本質的関係を主張する言語的解釈主義でなければならないのである。[17]

第四章　解釈主義と消去主義

すでに確認したように、われわれは行為の解釈において、命題的態度を他の命題的態度や行為の理由として主体に帰属させる。たとえば、龍一がタクシーの前で手を挙げたとする。われわれは、龍一のこの行為に対して、「龍一は、タクシーを止めたいという欲求と、タクシーの前で手を挙げればタクシーは止まるという信念を持っていたから、タクシーの前で手を挙げたのだ」といった説明を与えることができる。さらに、タクシーを止めたいという龍一のその欲求に対しても、「龍一は、タクシーに乗りたいという欲求と、タクシーを止めればタクシーに乗ることができるという信念を持っていたから、タクシーを止めたいという欲求も持っていたのだ」といった説明を与えることができる。

このような説明が成立するのは、われわれが「タクシーを止めたいという欲求と、タクシーの前で手を挙げればタクシーは止まるという信念を持っていれば、タクシーの前で手を挙げる」ということや、「タクシーに乗りたいという欲求と、タクシーを止めればタクシーに乗ることができるという信念を持っていれば、タクシーを止めたいという欲求も持っている」ということなどを、命題的態度や行為の間の合理化関係に関する日常的知識として知っているからである。このような日常的知識の総体は「素朴心理学（folk psychology）」と呼ばれる。

われわれは通常、以上のような素朴心理学で言及される命題的態度が実在していると考えているだろう。しかし、そのような命題的態度の実在性に疑問を呈する立場もある。そして、その立場によれば、そのような命題的態度に言及する素朴心理学は消去されるべき運命にある。このように考える立場は一般に「消去主義」と呼ばれる(1)。

消去主義の典型的な論敵は、機能主義や非法則的一元論などの広義の心脳同一説である。それらの広義の心脳同一説は、まさに命題的態度を含む心的状態の実在性を支持する立場であり、消去主義の主張とは真っ向から対立する。それでは、これらの広義の心脳同一説と一線を画す解釈主義は、消去主義とどのような関係にあるのだろうか。解釈主義は消去主義と同様に命題的態度の実在性を否定する立場なのだろうか。解釈主義が命題的態度の実在性を擁護することは可能なのだろうか。それがもし可能であるとするならば、その実在性はどのように理解されるのだろうか。解釈主義は、まさに広義の心脳同一説と一線を画す立場であるがゆえに、以上のような命題的態度の実在性をめぐる問題に直面するように思われる。本章では、この問題について考察したいと思う。結論を先取りして言えば、解釈主義は、実在性というものを実践的な観点から捉えることによって、命題的態度の実在性を擁護することができる。

消去主義をめぐっては、これまでさまざまな議論が展開されてきた。それらの議論には二つの流れがある。一つは、消去主義の代表的な論者であるP・M・チャーチランドの議論（Churchland [1981] [1989]）とそれに対する反論である。また、もう一つの流れは、素朴心理学に関する理論説（theory-theory）とシミュレーション説（simulation-theory）の論争である。この論争は直接には消去主義を問題とする議論ではないが、しばしば、この論争の結論が消去主義の妥当性を左右すると考えられてきた。本章では、これらの議論を振り返りながら、解釈主義による命題的態度の実在性の擁護可能性について考察していく。

1　チャーチランドの消去主義

消去主義をめぐる近年の議論は、チャーチランドの議論（Churchland [1981]）をその発端としている。ここではまず、そのチャーチランドの議論を振り返ることから始めよう。チャーチランドは、素朴心理学を一つの経験的理論として理解する。(2)チャーチランドによれば、素朴心理学は根本的な欠陥を抱えた経験的理論であり、それゆえ、最終的に脳科学へと還元されるのでなく、むしろ脳科学にとって代わられる運命にある（Churchland [1981] p. 1）。そして、欲求や信念などの命題的態度は、この誤った経験的理論の理論的措定物である以上、その実在性を認めることができない。チャーチランドは、素朴心理学の根本的欠陥として以下の三つの点を指摘する（Churchland [1981] pp. 6-9）。

第一に、チャーチランドは、素朴心理学が説明することのできないもの、あるいは着目することすらできないものに注意を向けると、そこに非常に多くの心的現象が含まれることがわかると言う（Churchland [1981] pp. 6-7）。チャーチランドによれば、たとえば、精神疾患の本性やメカニズム、知性の個人差、睡眠の本性や機能、それに外野フライを走りながら捕ったり、走っている自動車に雪玉を当てたりする能力などは素朴心理学によってほとんど説明されていない。

第二に、素朴心理学は少なくとも二、三千年もの間停滞してきた。原始的文化におけるアニミズムを見ればわかるように、素朴心理学の文字通りの対象を高等動物の領域に限定するようになったのは、ようやくここ二、三百年のことにすぎない。さらに、この望ましい領域においてさえ、素朴心理学の内容とその成功度は、二、三千年の間ほとんど進歩しておらず、古代ギリシアの時代とほぼ同じである。チャーチランドによれば、素朴心理学はいわば「退行的なリサーチ・プログラム」（Lakatos [1978]）なのである。

第三に、素朴心理学の理論的措定物のカテゴリーは、物理科学の理論的措定物のカテゴリーと折り合いが悪いように思われる。素朴心理学が、隣接する問題領域を扱う他の物理科学的理論とうまく適合する唯一の理論であったり、より包括的な問題領域を扱う背景的な物理科学的理論に還元される見込みのある唯一の理論であったりするならば、素朴心理学は信用に値する理論であると言えるかもしれない。しかし、素朴心理学は、志向性を持つ命題的態度を扱うがゆえに、より大きい背景的な物理科学的理論へと還元される見込みがほとんどない。チャーチランドによれば、素朴心理学が置かれている状況は、かつて、錬金術やアリストテレスの宇宙論、生気論が置かれていた状況と同じなのである。

これらの点に基づいてチャーチランドは、素朴心理学は消去される運命にある、あるいは少なくともその可能性を真剣に受けとめる必要があると結論する。それゆえ、チャーチランドによれば、欲求や信念などの命題的態度は、その実在性を否定されなければならない。しかし、これらの欠陥は、本当に素朴心理学を消去し、命題的態度の実在性を否定する根拠になるのだろうか。

まず、第一の指摘に対しては、素朴心理学が説明を与えていないものとしてチャーチランドが挙げた事例はみな、そもそも素朴心理学が説明すべき対象ではないのではないかという反論が考えられるだろう（cf. Wilkes [1984] pp. 353-4）。素朴心理学は主に命題的態度や行為の間の合理化関係に関する日常的知識の総体である。したがって、素朴心理学が説明の対象とする主な現象は合理性の観点から理解されるべき現象である。しかし、精神疾患や睡眠といった現象は、合理的とも不合理とも言えない現象であり、そもそも合理性の観点から理解されるべき現象であるとは考えられない(3)。したがって、少なくとも第一の指摘は、素朴心理学を消去し、命題的態度の実在性を否定すべき根拠にはならないと言うことができる。

また、第二の指摘に対する反論は、第一の指摘に対する反論と関係する。つまり、素朴心理学が古代ギリシアの時代以来これまで進歩してこなかったのは、そもそも素朴心理学が、もはや進歩すべき余地がないほどに説明に成功しているからではないかという反論である（cf. Wilkes [1984] p. 356）。仮に、第一の指摘で素朴心理学が説明していないものとして挙げられた現象が、素朴心理学の説明すべき主な対象であるとするならば、素朴心理学には進歩すべき余地があるということになるだろう。しかし、それらは素朴心理学が説明すべき主な対象ではない。それゆえ、第二の指摘もまた、素朴心理学を消去し、命題的態度の実在性を否定すべき根拠になるとは考えられない。

　第三の指摘に対しては、理論的（あるいは概念的）還元可能性と存在論的還元可能性の区別に基づく反論が考えられる。チャーチランドが念頭においている還元可能性は、素朴心理学という理論と物理科学的理論との間の還元可能性であると考えられる。しかし、非法則的一元論によれば、心的なものの非法則性のゆえに素朴心理学を物理科学的理論に還元することができないとしても、それは、個々の命題的態度と個々の脳状態の刹那的トークン同一性を否定することにはならない。つまり、素朴心理学を物理科学へと理論的に還元することができないということから、個々の命題的態度を個々の脳状態へと存在論的に還元することができないということは帰結しないのである。そして、個々の命題的態度を個々の脳状態に存在論的に還元する余地があるのだとしたら、たとえ素朴心理学が物理科学的理論に還元不可能だとしても、命題的態度の実在性を否定すべき理由はなく、また命題的態度を理論的措定物とする素朴心理学を消去すべき理由もないということにならないだろうか。

　しかし、これに対してチャーチランドは、現在の認知科学や脳科学において最も有力な認知モデルと考えられているコネクショニズムに訴えて再反論する（Churchland [1994] p. 312）。チャーチランドによれば、脳状態がコネクショニズムという認知モデルによって捉えられるべきものであるとすれば、それは構文論的構造を持つ「思考の言語」を実装するようなものとしては理解することができず、それゆえ、心脳同一説や機能主義だけではなく、非法則的一元論も含めた広義の心脳同一説全般が考えるように命題的態度と脳状態との間の個別的な同一性を認めることはできない。[4] つまり、個々の命題的態度を個々の脳状態に存在論的に還元する可能性すらも認めることができないのである。この存在論的還元不可能性は、命題的態度の実在性を否定し、素朴心理学を消去する強い根拠とならないだろうか。同様の議論は、S・スティッチなどの他の消去主義者たちによっても展開されている（Ramsey, Stich and Garon [1991]）。

このような消去主義者たちの理解に対しては、異論の余地がないわけではない。「思考の言語」を認知モデルとする古典的計算主義者たちによれば、脳状態は、コネクショニズムによって捉えられるレベルよりも抽象度の高い高次レベルでは、「思考の言語」を実装するものとして理解することができる（cf. 美濃 [2003]; 戸田山 [2004]）。ここでこの論争を詳細に検討する余裕はないが、解釈主義にとっての問題は、仮に消去主義者たちの以上の理解が正しいとするならば、命題的態度の実在性を擁護することが不可能になってしまうのかどうかである。なぜなら、解釈主義は、まさに広義の心脳同一説と一線を画す立場であり、命題的態度と脳状態の間の個別的同一性を否定する立場だからである。それゆえ次節では、以上のような存在論的還元不可能性（命題的態度と脳状態の間の個別的同一性の否定）によって、命題的態度の実在性の否定が本当に導き出されるのかどうかを考えよう。[5]

2　還元主義の前提と実践的実在論

デネットによれば、個々の命題的態度を個々の脳状態へと存在論的に還元することができないということは素朴心理学を消去する理由にはならない。確かに、この存在論的還元不可能性は命題的態度の実在性を損なう。しかし、素朴心理学は行動を説明したり予測したりするための有効な道具であり、それゆえ消去される必要はないのではないか。このように論じるデネットは、自らの立場を「道具主義（instrumentalism）」と呼ぶ（Dennett [1981b] pp. 52-3）。道具主義によれば、命題的態度は単なる解釈上の概念的道具にすぎない。デネットが「概念的道具」として念頭に置いているのは、赤道や三角形の重心などである。赤道や三角形の重心は地理学や数学における概念的道具にすぎず、実在するとは考えられない。しかし、それらの概念的道具は地理学や数学の計算において非常に便利な役割を果たす。それゆえ、それらの概念的道具を用いた理論が消去されることはない。素朴心理学もまたそれらの理論と同様であるというのが道具主義の考え方である。(6)

このように、道具主義によれば、理論的措定物が物理科学の存在者に存在論的に還元可能であるかどうかは理論の消去可能性にとって本質的ではない。しかし、そうであるならば命題的態度の実在性を否定する必要もないのではないだろうか。道具主義は命題的態度をあくまでも概念的な道具と理解し、その実在性を認めない。それは、命題的態度と脳状態の間の個別的同一性を認めることができないからである。ここには、命題的態度が実在すると言えるためには、個々の命題的態度を個々の脳状態へと存在論的に還元することが可能でなければならないという前提がある。これを「還元主義の前提」と呼ぶとすれば、コネクショニズムに訴えて命題的態度の実在性を否定する道具主義と消去主義は、この還元主義の前提を共有していると言える。また還元主義の前提は、命題的態度と脳状態の間の個別的同一性を擁護することによって命題的態度を物的世界の中に実在者として位置づけようとする広義の心脳同一説全般の動機にもなっていると考えられる。

グレアムとホーガンは、以上のように消去主義、道具主義、広義の心脳同一説によって共有されている還元主義の前提は不当な前提であると言う（Graham and Horgan [1988] pp. 71-2; Horgan and Graham [1991] pp. 108-10）。また、ベイカーもこの前提を不当な前提として批判する(7)（Baker [1995] pp. 67-74）。

しかし、なぜ還元主義の前提は妥当な前提であると言うことができないのだろうか。消去主義者は、次のように還元主義の前提を擁護するかもしれない（cf. Ramsey, Stich and Garon [1991] p. 97）。まず、命題的態度の実在性を支持するということは、命題的態度による行為の生起の説明が妥当な説明であることを認めることに他ならない。そして、命題的態度によって行為の生起が説明されるということは、個々の命題的態度を、行為の原因である個々の脳状態へと存在論的に還元することが可能だということに等しい。

確かに、命題的態度の実在性を保証するには、命題的態度による行為の生起の説明が妥当な説明として認められる必要があるかもしれない。そしてもし、命題的態度による行為の生起の説明が妥当であるということから、命題的態度と脳状態の間の個別的同一性が帰結するとすれば、還元主義の前提は妥当な前提であると言えるだろう。しかし、第二章でも見たように、命題的態度による行為の生起の説明が妥当であるということから、命題的態度と脳状態の個別的同一性は帰結しない。命題的態度による行為の生起の説明が妥当な説明であるためには、「それらの命題的態度を持っていなかったとしたら、その行為は生起しなかっただろう」という反事実的条件文が正しいと認められることで十分である（cf. Horgan and Graham [1991] p. 127; Baker [1995] pp. 17-8, 27, 98-9, ch. 5）。

これに対しては、次のような反論があるかもしれない。命題的態度が実在すると主張するためには、それが何らかの理論の理論的措定物である必要がある。その理論の最も有力な候補は脳科学である。それゆえ、命題的態度の実在性を主張するためには、個々の命題的態度を、脳科学の理論的措定物である個々の脳状態へと存在論的に還元することを要求する還元主義の前提を認めなければならないのではないだろうか。

しかし、この反論も妥当ではない。ホーガンらは、素朴心理学が理論であることを否定しているわけではない。否定しているのは、あるものの実在性を主張するためにはそれが自然科学的な理論の理論的措定物でなければならないという考えにすぎない（Horgan and Graham [1991] pp. 110-1; Baker [1995] pp. 69-74）。ホーガンらによれば、日常的な説明や予測に使われる一群の反事実的条件文は、日常的な理論を構成している。日常的理論は、一群の反事実的条件文から構成されていると言える限り、自然科学的理論ではないとしても、十分に理論としての身分を持つと認められる。ホーガンらによれば、素朴心理学はまさにこのような日常的理論の一つに他ならない。そして、この日常的理論の理論的措定物は、自然科学的理論の理論的措定物に存在論的に還元可能でないとしても、その実在性を否定されないのである。このように、還元主義の前提を認めることなく、日常的理論の自律性に訴えることで、命題的態度の実在性を擁護する立場を「日常的実在論」と呼ぶことにしよう(8)。

これに対しては、素朴心理学が単に一つの理論であるだけでなく、実在者に言及する正しい理論であるためには、結局のところ何らかの自然科学的な理論でなければならないのではないかという疑問がさらに生じるかもしれない。しかし、日常的実在論によれば、ある理論が正しい理論であるということは、その理論を構成する一群の反事実的条件文が説明や予測において有効性を持つということにすぎない。したがって、たとえば「タクシーを止めたいという欲求と、タクシーの前で手を挙げればタクシーは止まるという信念を持っていなかったならば、龍一はタクシーの前で手を挙げなかっただろう」といった反事実的条件文が人々の行為の生起の説明や予測において有効である限り、素朴心理学は正しい理論であると認められる。つまり、消去主義があくまでも自然科学的理論の理論的措定物への存在論的還元可能性に基づいて実在性を理解するのに対して、日常的実在論は、そのような存在論的還元が可能であるかどうかにかかわらず、説明や予測などの実践の有効性に基づいて実在性を理解する立場なのである。このように、実践の有効性という観点から実在性を理解する日常的実在論は、「実践的実在論」と呼ぶこともできるだろう(9)。

さて、このような命題的態度に関する実践的実在論の可能性が認められる以上、一見する限り、解釈主義はこの実践的実在論に依拠することによって、消去主義に対して命題的態度の実在性を十分に擁護できるように思われるかもしれない。しかし、実践的実在論においても、十分な有効性を持たない理論はより有効な理論にとって代わられる運命にあると考えられる(10)。したがって、素朴心理学の説明や予測、すなわち解釈が十分に有効な実践であるということが否定され、より有効な他の実践の存在が示されるとしたら、仮に実践的実在論を採用しているとしても、素朴心理学は消去され、命題的態度の実在性は否定されることになる。ホーガンら日常的実在論者は、解釈が有効な実践であることを自明視しているように思われるが、解釈が有効であるというのはそれほど自明なことだろうか。消去主義には、このように解釈という実践の有効性を否定する余地が残されている。解釈主義が実践的実在論に依拠することによって命題的態度の実在性を擁護するためには、このような消去主義の批判にも答える必要があるのである。以下では、このような実践的な観点から素朴心理学を消去しようとする消去主義を「実践的消去主義」と呼ぶことにしよう。

3　理論説とシミュレーション説

チャーチランドの消去主義をめぐる以上の議論では、素朴心理学はあくまでも理論として理解されていた。しかし、この理解に議論の余地はないのだろうか。この問題をめぐっては、一九八〇年代中頃以来、素朴心理学の説明や予測、すなわち解釈を理論に基づく実践として理解する理論説と、それらを一種のシミュレーションとして理解するシミュレーション説の間で論争が繰り広げられてきた。そして、この理論説とシミュレーション説の論争の行方が、消去主義の妥当性を決める一つの鍵になるとしばしば論じられる。それは、素朴心理学が理論であるということが、チャーチランドの議論の不可欠の前提であると考えられるからである（cf. Goldman [1989] p. 93; Stich and Nichols [1992] pp. 124-5）。この考えによれば、解釈が理論的実践ではなく、一種のシミュレーションであるとすると、チャーチランドの議論は妥当でないことになる。しかし、この論争の帰結は消去主義そのものの妥当性に関して決定的な論点たりうるのだろうか。ここでの問題は、この論争の決着の行方を検討することではなく、あくまでも、論争の帰結と消去主義の妥当性の関係を明らかにすることである。しかし、この問題に取り組むためにも、まずは理論説とシミュレーション説との論争を概観することにしよう。

3・1　論争の発端

そもそもこの論争は、消去主義をめぐる哲学的な議論とは独立に、認知科学の領域にそのきっかけを持つ(11)。その発端は、心的状態を主体に帰属させることによって主体の行為を説明したり予測したりする能力がチンパンジーにあるかどうかを問題にした一九七〇年代末の研究にある（Premack and Woodruff [1978]）。この能力の有無をめぐる研究は、その後、幼児や自閉症児も対象とするようになり、さまざまな経験的事実が明らかになった。

たとえば、それらの認知科学の実験の一つに「誤信念課題」と呼ばれるものがある。これは、被験者である幼児に「晴臣くんは、チョコレートを引き出しにしまってから部屋の外へ遊びに行きました。晴臣くんが外で遊んでいる間に、顕子さんがチョコレートを引き出しから出して棚の上に隠してしまいました。部屋に戻ってきた晴臣くんは、チョコレートを食べようとしてどこを探しますか？」といった質問をして、正しく答えることができるかどうかを確認する実験である。ここでは実験結果の詳細を記すことはできないが、興味深いことに、幼児は四歳前後になるまでこの課題に正しく答えることができない（Wimmer and Perner [1983]）。つまり、「引き出し」と答えることができず、たとえば「棚の上」などと答えてしまうのである。また、自閉症児に関する研究によれば、自閉症児もまた一般に、この課題に正しく答えることができない（Baron-Cohen, Leslie and Frith [1985]）。四歳未満の幼児や自閉症児がこのような能力の欠如を示すのは、一体どうしてなのだろうか。

このように、さまざまな経験的事実が明らかになるにつれて、誤信念課題に正しく答えるというこの能力がいかなる能力であるのかが問題となった。ところで、誤信念課題で要求されているのは、偽とみなされる信念を主体に帰属させることによって主体の行為を予測するということである。これは解釈の一つに他ならない。このように、上記の一連の経験的研究で問題となっているのは、解釈という実践がそもそもいかなる実践であるのかという問題に他ならないのである。認知科学では、この能力の所有を指して「心の理論を持っている」という表現が使用された

(Premack and Woodruff [1978] p. 515) こともあり、素朴心理学に基づく実践は理論的実践として理解される傾向にあった[12]。それに対して、一九八〇年代中頃から、シミュレーション説を唱える論者たちが現れてきた。このシミュレーション説の登場によって、論争の端緒が開かれたのである。それでは、理論説とシミュレーション説はより詳しくはどのような立場であるのか。以下ではそれらを順に見ることにしよう。

3・2　理論説

理論説によれば、素朴心理学は物理学などの理論と同様の経験的な理論である。理論説が「理論」ということで強調するのは、それが、一群の法則からなる演繹的構造を持ち、理論的措定物からなる存在論を持つという点である。まず理論説によれば、物理学の理論のように、素朴心理学は一群の法則からなる演繹的構造を持つ。たとえば、チャーチランドは、次のような一群の法則が素朴心理学を構成していると言う[13] (Churchland [1981] p. 5)。

すべてのｘｐｑに関して［((ｘはｐと信じている) かつ (ｘはｐならばｑと信じている)) ならば (妨げるものがなければ、ｘはｑと信じている)］

すべてのｘｐｑに関して［((ｘはｐということを欲している) かつ (ｘはｑならばｐと信じている)) ならば (妨げるものがなければ、ｘはｑということを為す)］

また理論説によれば、物理学の理論が素粒子などの理論的措定物からなる存在論を持つように、素朴心理学は命題的態度という理論的措定物からなる存在論を持っている。このように、素朴心理学はまさに経験的理論の一つであり、それゆえ、それに基づく解釈は理論的実践なのである。

理論説によれば、誤信念課題の実験結果は、理論的知識の有無によって説明される。たとえば、四歳未満の幼児の多くが誤信念課題に正しく答えることができないのは、彼らがまだ素朴心理学の理論的知識を獲得していないからである。同様に、自閉症児が誤信念課題に正しく答えることができないのも、何らかの原因で彼らがその理論的知識を獲得することができないためであると説明される。

3・3　シミュレーション説

以上のように、理論説によれば、素朴心理学に基づく解釈という実践は理論的実践として理解される。しかし、シミュレーション説を唱えるR・M・ゴードンやA・I・ゴールドマンは、われわれがそのような理論的実践を行っているとは考えられないと言う。それでは、シミュレーション説とはどのような立場なのだろうか。

シミュレーション説によれば、解釈とは、自分が説明や予測の対象と同じ心の状況にあったらどうするかを想像する心的シミュレーションに他ならない。たとえば、龍一が何をするかを素朴心理学に基づいて予測するということは、自分が龍一と同じ心の状況にあったらどうするかをシミュレーションすることなのである。この心的シミュレーションとは、自らの実践的推論の過程をいわば「オフライン」の状態で使用することに他ならない（Gordon [1986] p. 70; cf. Stich and Nichols [1992] p. 127）。行為者は、ある一群の欲求・信念を前提とする実践的推論を通してある行為を為すと解釈されるが、この実践的推論の過程を「オフライン」で使用するということは、仮想的な欲求・信念を実践的推論の前提とするということである。仮想的な欲求・信念ではなく、自らの実際の欲求・信念を入力して、実践的推論を「オンライン」で遂行してしまったら、それは単に自らの行為を実際に為すだけのことになってしまう。シミュレーション説によれば、われわれは、他者の欲求・信念を仮想的に入力する「オフライン」の実践的推論から出力される仮想的な行為（あるいは仮想的な意図）に基づいて、他者の行為を予測しているのである。

したがって、心的シミュレーションをうまく遂行するためには、他者の欲求・信念と同一の欲求・信念を仮想的に入力しなければならない。たとえば、囲碁の相手が次にいかなる手を指してくるかをシミュレーションするためには、相手がそのときに何を信じているか、また何を欲しているかを適切に判断しなければならない。もし相手が自分よりも囲碁が下手だとしたら、定石に関する自分の知識をすべて入力すべきではないだろう。このように、適切な心的シミュレーションを行うためには、欲求や信念の個人差を考慮に入れなければならない。しかし、個人差をあらかじめ完全に把握することはできない。したがって、とりあえずは、違いが明らかになっている欲求・信念のみを考慮して、それ以外は自分と同じ欲求・信念を持っているものとしてシミュレーションを行うという方針をとることになる（Gordon [1986] p. 65; Goldman [1989] p. 90）。シミュレーション説によれば、解釈とは、そのようなシミュレーションの試行錯誤を繰り返して、適切なシミュレーションを探り当てることに他ならないのである[14]。

シミュレーション説では、行為の予測のみならず、行為の説明もまた、以上のような心的シミュレーションによって理解される。行為を説明するときには、まず、説明すべき行為と同一の行為を仮想的出力とするシミュレーションを求めて試行錯誤する。そして、そのようなシミュレーションが見出されたときに、そこで仮想的に入力された欲求・信念によって、その行為は説明される（Goldman [1989] p. 82; Gordon [1992] p. 115）。このように、シミュレーション説では、行為の説明は心的シミュレーションの逆算的利用として理解されるのである[15]。また、行為を出力する実践的推論だけではなく、命題的態度を出力する理論的推論を「オフライン」で使用することによっても心的シミュレーションを行うことができる。この場合には、他者の命題的態度を予測することができ、またそれを逆算的に利用すれば、他者がどうしてその命題的態度を持っているのかを説明することもできる。

それでは、誤信念課題の実験結果はどのように説明されるのだろうか。シミュレーション説によれば、四歳未満の幼児が誤信念課題に正しく答えることができないのは、彼らがまだ心的シミュレーションの能力を獲得していないからに他ならない。同様に、自閉症児が誤信念課題に正しく答えることができないのも、彼らが何らかの原因で心的シミュレーションの能力を獲得することができないためであると説明される。シミュレーション説によれば、この点は、自閉症児が一種のシミュレーションである「ごっこ遊び」を苦手としているという実験結果とも符合する（Gordon [1986] p. 70; Goldman [1989] p. 87）。

4　論争の帰結と消去主義の妥当性

それでは、理論説とシミュレーション説のどちらが正しいのだろうか。結論だけを言えば、現時点では、決定的な論点が示されているようには思われない[16]（cf. 鈴木 [2002]）。しかし、先に述べたように、ここでの問題はこの論争に決着をつけることではない。問題はむしろ、仮にシミュレーション説の正しさが示されたとして、それによって消去主義が否定されることになるのかどうかである。以下ではこの点について考えることにしよう。

しかしその前に、そもそもシミュレーション説は、理論説にとって代わりうるだけの明確な代案となっているのだろうか。まず、この点を考える必要がある。そうでなければ、解釈が理論的実践であるかという問題にはそもそも実質がないことになってしまうからである。前節での特徴づけを見る限りでは、シミュレーション説と理論説の間には明確な対比があるように思われる。しかし、シミュレーション説を唱える論者が理論説に対して提示する批判が理論説を否定するに十分なものであるかどうかを検討してみると、以下に示すように、この対比はそれほど自明なものではなくなってしまうようにも思われる。

シミュレーション説を唱える論者は、いかなる点で理論説が不適切だと考えているのだろうか。ゴードンやゴールドマンによれば、まず、他者とのコミュニケーションにおいてわれわれが理論的知識を明示的に利用しているようには思われない（Gordon [1986] pp. 61-3; Goldman [1989] pp. 79-80）。また、理論説は、仮説形成や演繹といったあまりに高度な認知能力を幼児に対して要求することになる（Goldman [1989] pp. 80-1）。ゴードンやゴールドマンは、これらの論点が理論説の説得力を奪うことになると考える。

この批判は、理論説を否定するに十分だろうか。確かに、日常的直観に照らしてみても、少なくとも他者とのコミュニケーションが円滑に為されている限り、理論的知識は何ら明示化されているようには思われない。しかし、スティッチらによれば、そのことから、いかなる意味でも理論的知識を利用していないということが帰結するわけではない。素朴心理学の理論的知識は、むしろ、暗黙的な知識（tacit knowledge）として理解されるべきものなのである（Stich and Nichols [1992] pp. 134-5）。スティッチらは、暗黙的な理論的知識のその他の例として、文法の知識を挙げる。文法の知識は、通常、理論的知識として理解されるが、われわれは、文法の知識を明示的に利用せずに言語を使用している。しかし、それは、われわれがその文法の知識を持っていないということを意味しない。文法の知識は、主体にとって明示的である必要のない、暗黙的な理論的知識なのである。スティッチらによれば、幼児に対してあまりに高度な認知能力を課すことになるということも、同様に、暗黙的な理論的知識に訴えることで説明可能であり（Stich and Nichols [1992] pp. 136-7）、また、自閉症児が「ごっこ遊び」を苦手としているということも、それを可能にする暗黙的な理論的知識の欠如として説明可能である（Stich and Nichols [1992] pp. 144-6）。

理論的知識がつねに明示的に利用されていると考える立場として理論説を理解することは、確かに、理論説の不当な矮小化に他ならないだろう。それゆえ、仮に、多くの日常的なコミュニケーションが理論的知識を明示的に利用することなく行われているとしても、この点では、理論説とシミュレーション説に優劣をつけることはできない。

しかし、このように暗黙的な理論的知識を認めるということは、理論的知識を実現する脳状態が、構文論的構造を持つ「思考の言語」を実装していると認めることに等しく、理論説は消去主義の前提となるどころか、消去主義の論拠となるコネクショニズムによって逆に否定されてしまうことにならないだろうか。

このような反論に対して、スティッチらは、暗黙的な理論的知識に訴えて理論説を擁護することによって「思考の言語」の存在が含意されるわけではないと言う。なぜなら、暗黙的な理論的知識が、コネクショニズムを認知モデルとして理解されるような脳状態によって実現されていると考えることもできるからである（Stich and Nichols [1992] p. 133: cf. Churchland [1994] pp. 313-5）。したがって、「思考の言語」仮説が誤りであるということが明らかになったとしても、それによって理論説が否定されるわけではない。

これに対しては、暗黙的な理論的知識をこのようにコネクショニズムと両立可能なものとして理解することは、理論説とシミュレーション説の境界を曖昧にしてしまうという反論が思い浮かぶかもしれない（cf. Davies and Stone [1995] p. 7: Goldman [1989] p. 89）。なぜなら、このように理解することは、素朴心理学の知識が脳のいかなるメカニズムによって実現されているかに関しては両者を区別することができないということを意味するように思われるからである。しかし、この反論はこの限りでは不十分である。素朴心理学の知識が脳のいかなるメカニズムによって実現されているかを問うサブパーソナル・レベルにおいて両者を区別することができないというだけでは、素朴心理学の実践において主体が実際にどのようなことを為しているかを問うパーソナル・レベルにおいても両者を区別することができないということにはならないからである。そして、理論説とシミュレーション説の区別は、まさにパーソナル・レベルでの区別として理解されるべきである。

先に見たように、多くの日常的なコミュニケーションが理論的知識を明示的に利用することなく行われているということを認める点では、理論説とシミュレーション説を区別することはできない。それゆえ、パーソナル・レベルにおいて両者を区別することができるかどうかは、われわれが他者とのコミュニケーションの中で明示的に素朴心理学の知識を利用する際に、主体が実際にどのようなことを為していると考えられるかによって決まると言えるだろう(17)。

しかし、理論説に対するもう一つの批判について考えると、このパーソナル・レベルでの区別も微妙な問題となるように思われる。それは、心的なものの非法則性の議論によって理論説は否定されてしまうのではないかという批判である（cf. Wilkes [1981] p. 151: [1984] pp. 346-7）。心的なものの非法則性の議論によれば、チャーチランドが想定するような心理法則は成立しない。それは、第二章でも確認したように、命題的態度や行為の構成原理である合理性が文脈依存的な全体論的性格を持つため、さまざまな命題的態度をどのように組み合わせるかによって、命題的態度や行為の間の合理化関係そのものが変化してしまうからである。

この批判に対して理論説はどのように答えることができるだろうか。一見すると、この批判によって理論説は否定されてしまうように思われるかもしれない。しかし、心的なものの法則性が成り立つかどうかで理論説とシミュレーション説の論争の決着がついてしまうと考えるのもやはり、理論説の不当な矮小化ではないだろうか。ここはむしろ、理論説にとって重要なのは、解釈が、文脈独立的な法則的一般化であれ、文脈依存的な大まかな一般化であれ、何らかの一般化に従った実践であるということにすぎないと考えるべきではないだろうか。つまり、理論説の言う「法則」を文脈独立的な厳密法則として理解する必要はないということである（cf. Churchland [1994] p. 310）。

しかし他方では、このように考えることは、理論説とシミュレーション説とのパーソナル・レベルでの区別をも微妙なものにしてしまうように思われる。その大まかな一般化が文脈依存的なものであるがゆえに、実際の解釈では実質上、命題的態度や行為の間の合理化関係をその場その場で判断しなければならないのだとしたら、その実践は、その場その場の心的シミュレーションからどのように区別されるのだろうか。もちろん、以上の考察は両者の区別が見出されえないということを示してはいない。しかし、この限りでは、理論説とシミュレーション説が明確に区別される立場であると言い切ることはできないように思われる。

そして、さらに問題なのは、仮に両者を明確に区別することができ、またシミュレーション説が正しい立場であることが示されたとしても、それによって消去主義が否定されるのかどうかには議論の余地がまだあるということである。一見すると、シミュレーション説が正しいとしたら、消去主義は否定されてしまうように思われる。なぜなら、素朴心理学がいかなる理論でもないのであれば、それはそもそも消去の対象になりえないように思われるからである。しかし、それは、素朴心理学が理論であるということが消去主義にとって不可欠な前提であるとすれば、の話である。そして、消去主義はそのような前提を持つ必要がない。それは、理論に基づかない実践もまた別の実践にとって代わられうるものだからである（cf. Churchland [1994] p. 312）。つまり、解釈が（シミュレーションであれ何であれ）非理論的な実践であるとしても、それだけでは、解釈が別の実践にとって代わられ、それゆえ解釈という実践の中で存在の意味を与えられる命題的態度の実在性が否定される可能性は、何ら排除されないのである。ある実践が他の実践にとって代わられるのは、他の実践の方がその実践よりも有効な実践である場合である。したがって、実践的消去主義が考えるように、解釈の有効性を否定し、解釈は他のより有効な実践にとって代わられるべきであると主張する議論が成立するのだとしたら、命題的態度の実在性を擁護しようとする論者は、それに答えなければならないのである。

このように、シミュレーション説によって命題的態度の実在性を擁護することができるかという問題もまた、解釈という実践が有効な実践であるかという第2節の最後に提起された問題に行き着く。つまり、解釈が理論的実践であろうがなかろうが、命題的態度の実在性を擁護するためには、実践的消去主義の懐疑に答えなければならないのである。以下では、この実践的消去主義が提示する議論について考察し、素朴心理学の消去可能性と命題的態度の実在性について結論を示したいと思う。

5　実践的消去主義の議論

素朴心理学は消去されるべきものなのか、また命題的態度はその実在性を否定されるべきものなのか。結局のところ、これらの問題は、解釈という実践が有効な実践であると言えるかどうかにかかっている。解釈が有効な実践ではなく、より有効な他の実践があると言えるのならば、解釈が理論的な実践であろうがなかろうが、それは他の実践にとって代わられ、命題的態度の実在性は否定されてしまう。とはいえ、ホーガンらが自明視しているように、解釈は有効な実践であるというのがわれわれの日常的な直観だろう。したがって、挙証責任は実践的消去主義者の側にあると言える。それゆえ、まずは解釈という実践の有効性に対して疑念を示す実践的消去主義の議論を提示し、その懐疑に対してどのように答えるべきかを考えていくことにしよう。

実践的消去主義によれば、解釈という実践は有効な実践ではないがゆえに素朴心理学は消去され、命題的態度の実在性も否定される。信原は、このような実践的消去主義の議論を具体的に提示している（信原[1999] pp. 71-4; [2000] pp. 195-200）。

信原は習慣的行為に注目する。習慣的行為は、典型的な解釈の対象である。たとえば、晴臣は毎朝野菜ジュースを飲むという習慣を持っていたとしよう。そして、晴臣のこの習慣的行為は、つねに健康でいたいという欲求と、毎朝野菜ジュースを飲めばつねに健康でいられるという信念を理由として説明されるとしよう。ここで信原は、何らかのきっかけで晴臣が、毎朝野菜ジュースを飲めばつねに健康でいられるとは信じなくなり、晴臣には、毎朝野菜ジュースを飲むべき理由がなくなったとしたらどうだろうかと問う。命題的態度と行為の間の合理化関係に従えば、晴臣は、毎朝野菜ジュースを飲むべき理由がなくなったのだから、野菜ジュースを飲まなくなると予測されるだろう。しかし、習慣的行為がどのようなものであるかを振り返ってみれば、晴臣がこれまでの習慣に基づいて、なおも毎朝野菜ジュースを飲んでしまうという可能性は否定できないだろう。これは一体どういうことだろうか。

信原によれば、晴臣は、毎朝野菜ジュースを飲むべき理由を持っていないのだから、なおも毎朝野菜ジュースを飲んでしまうという晴臣のふるまいを、解釈では予測することができない。それでは、晴臣のこのふるまいはどのように予測されるべきなのか。信原によれば、それは、適当な行動解発機構によって、より具体的に言えばコネクショニズムが示す脳のメカニズムによって因果的に予測されるべきである（信原 [1999] p. 73; [2000] p. 198）。しかし、晴臣のこの習慣的行為が欲求や信念によってではなく、コネクショニズムが示す脳のメカニズムによって予測されるべきであるとすれば、習慣的行為は一般に、コネクショニズムが示す脳のメカニズムによって説明・予測されるべきなのではないだろうか。晴臣の問題の行為とそれまでの習慣的な行為との間には、その生起に関して何の違いも生じていないように思われるからである。

このように、解釈における行為の生起の説明・予測が、典型的な解釈の対象である習慣的行為に関して全く有効ではなく、それらはむしろコネクショニズムが示す脳のメカニズムによって説明・予測されるべきであるとするならば、解釈という実践の有効性が自明視されていた範囲のかなりの部分においてその有効性が否定されることになるだろう。しかし、残りの範囲においてさえもそれは有効なのだろうか。習慣的行為の生起の説明・予測としての有効性が否定されるとすると、解釈の有効性はより一般的に疑わしいものになるように思われる。解釈はいかなる行為の説明・予測にも有効ではなく、より有効な実践、すなわちコネクショニズムに基づく説明・予測に完全にとって代わられるべきなのではないだろうか。このようにして信原は、素朴心理学は消去されるべきであると結論する（信原 [1999] pp. 79-80; [2000] p. 200）。さて、信原の以上の議論に対して解釈の有効性を擁護することはできるだろうか。

以上のような実践的消去主義の議論に対しては、解釈はそもそも原理的に放棄不可能ではないかと反論する論者がいるかもしれない。たとえば、グレアムとホーガンは、解釈という実践を放棄することは、実践的に不可能であると主張する（Graham and Horgan [1988] pp. 72-3）。その理由は、解釈という素朴心理学に基づく実践を放棄すべきであると主張する消去主義者自身が、まさに素朴心理学の実践を行っているという点にある。たとえば、ある消去主義者が「命題的態度に関する実在論者は命題的態度が実在すると信じているが、実際には命題的態度は実在しないと考えるべきである」と主張するとしよう。グレアムとホーガンによれば、その消去主義者は、このような主張を行うことにおいて素朴心理学にコミットしてしまっている（つまり、その真理性を引き受けている）のである。グレアムとホーガンは、消去主義がア・プリオリな矛盾を主張しているとは言わない。しかし、グレアムとホーガンによれば、ここには実践的な矛盾があり、それは、解釈という素朴心理学の実践を放棄することが不可能であることを示唆するのである（Horgan and Graham [1991] pp. 122-3; cf. Baker [1995] p. 235）。

しかし、この実践的矛盾に訴える議論は妥当であるとは言えない。チャーチランドも言うように（Churchland [1994] p. 311）、消去主義者が素朴心理学にコミットする形で自説を唱えるということとは独立に、将来において実際に素朴心理学の実践が放棄され、それに代わって、素朴心理学の概念を使用しない何らかの認知科学の実践が採用されるとすれば、そのことにおいて、消去主義が主張しようとしたことは成立していることになる。消去主義の主張に見出された素朴心理学へのコミットメントは、いわば「登り終えた後に投げ捨てられるべき梯子」の役割を果たすのである。実践的矛盾に訴える以上の議論は、このような反論に対して効力を持っていないように思われる。またこの議論は、解釈という実践の有効性を実際に否定しようとする実践的消去主義に対して、積極的にその有効性を示す反論としても効力を持たない。それは、せいぜい、われわれの実践の中に素朴心理学の実践が深く浸透しているということを示すにすぎず、その実践が有効であるということを保証するわけではないからである。

6　実践の有効性と実践の眼目

ベイカーによれば、素朴心理学と認知科学などの自然科学は、両者の説明対象が異なるがゆえに、フロギストンによる燃焼理論とそれにとって代わった酸素による燃焼理論の関係と同様の関係にあるとは考えられない（Baker [1995] pp. 134-5）。素朴心理学の説明対象である行為や命題的態度は、素朴心理学の概念体系においてはじめて意味を持つ。それゆえ、素朴心理学の概念体系を利用しない認知科学では、行為はそもそも説明対象ではありえない。このように、素朴心理学と認知科学が説明対象を共有していないのだとしたら、いかにして、素朴心理学の実践すなわち解釈と、認知科学の実践の有効性を比較できるのだろうか。ある実践が他の実践にとって代わりうるのは、それらの実践が説明対象を共有する場合に限られるのではないだろうか。このような説明対象の同一性に訴える議論が妥当であるとすれば、そもそも、認知科学の実践は解釈にとって代わるべき実践ではありえないということになる。それゆえ、この議論が妥当であるならば、信原の議論によっては、解釈という実践よりも認知科学の実践の方がより有効であるということは示されていないことになる。確かに、一見する限り、フロギストンによる燃焼理論とそれにとって代わった酸素による燃焼理論は、燃焼現象という説明対象を共有しているように思われる。

しかし、この説明対象の同一性に訴える議論は一般的に妥当な議論であるとは言えない。たとえば、チャーチランドは、古典力学とそれにとって代わった特殊相対性理論の間でも説明対象は共有されていないと指摘する（Churchland [1988] pp. 117-8）。特殊相対性理論における「時間的持続」や「空間的長さ」、「速度」、「質量」といった観察的概念は、まさに特殊相対性理論においてはじめてその意味を与えられるからである。しかし、この事実は、古典力学が特殊相対性理論にとって代わられたという事実を何らくつがえすことはないだろう。また、いかなる観察においても主体が何を観察するのかはその主体が背景にいかなる理論的知識を持っているかに依存するという「観察の理論負荷性」を認めれば、フロギストンと酸素の場合も同様に説明対象は共有されていないことになる。このように、単に二つの実践の間で説明対象が共有されていないと言うだけでは、それらの一方が他方にとって代わるべきだという主張を退けることはできないのである。

それでは、説明対象が異なるにもかかわらず、なぜ一方の実践は他方の実践によってとって代わられるのだろうか。両者の実践の有効性はいかにして比較されるのだろうか。それは、二つの実践が、実践の成功・不成功を評価する尺度、つまり実践の眼目を共有しているからである。たとえば古典力学と特殊相対性理論の実践は説明対象を異にするが、共通の実践の眼目に照らして前者よりも後者の方が成功度の高い実践であると言えるがゆえに、後者が前者にとって代わるということが生じえたのである。したがって、解釈という素朴心理学の実践と自然科学的な認知科学の実践が説明対象を異にするとしても、両者が実践の眼目を共有していると言えるのならば、後者が前者にとって代わるということは十分に理解可能なことである。

結局のところ問題は、解釈という実践が、認知科学の実践に比べて、同一の実践の眼目の下でより有効性の欠ける実践であると言えるかどうかということになる。しかし、そもそも解釈という実践と認知科学などの自然科学の実践は一般に、眼目を共有しているのだろうか。実践的消去主義の議論から命題的態度の実在性を擁護する鍵はまさにこの点にある。最後に、以下ではこの点を検討してみよう。

自然科学の実践は一般に、文脈独立的に成立する諸法則の体系に基づいて為される。これは、その実践の眼目が、出来事の制御可能性にあるからではないだろうか[18]。ある出来事を制御するということは、その出来事を人為的に生起させたり、その出来事が生起するのを阻止したりすることである。それゆえ、出来事を制御するためには、その出来事がどのようなときに生起するのかを個々の文脈に依存せずにあらかじめ適切に予測することが求められる。文脈独立的な法則の体系に基づく予測は、まさにこのような目的に適う実践である。自然科学の実践は、このような出来事の制御を眼目としているからこそ、文脈独立的な法則の体系に基づいて為されるのである。

たとえば、われわれは、運動の法則が文脈から独立に成立するからこそ、質量ｍの物体に力ｆが加わったときにその物体がどれくらいの加速度で運動するかを個々の文脈に依存することなく適切に予測することができ、それに従ってその物体の運動を制御することができる。もちろん、通常の条件下では摩擦が生じるので、運動の法則だけでは物体の運動を適切に予測し、制御することはできない。しかし、その場合にも、摩擦が物体の加速度に及ぼす影響は、個々の文脈から独立に成立する法則に基づいて予測することができる。もちろん、さらに予測できない事態が生じる場合には、物体の運動を適切に制御することができないかもしれない。しかし、そのような場合にも、物体の運動は、その不測の事態に関する文脈独立的な法則に基づいて事後的に説明される。これは、仮にその不測の事態が予測できるときには物体の運動を文脈独立的に予測し、制御することができるということを目的としているからに他ならないだろう。このように、自然科学の実践が個々の要因に関する法則を体系的に随時加算していく形で為されるのは、それが、出来事を予測し、制御するという点に眼目を置く実践だからであると考えられる(19)。

このような実践の眼目に照らして考えれば、確かに、解釈という実践は有効な実践とは言えないだろう。なぜなら、解釈において示される命題的態度や行為の間の合理化関係は、第二章で見たように、文脈から独立に成立する法則的関係であるとは言えないように思われるからである。

解釈が先の晴臣の習慣的行為に関する予測として有効でないように思われたのも、このためである。晴臣の欲求や信念と習慣的行為の間に合理化関係が成り立つならば、「それらの欲求や信念を持っていなかったとしたら、晴臣はその習慣的行為を為さなかっただろう」という反事実的条件文が成り立つ。信原の議論において、解釈が晴臣の習慣的行為の生起の予測として有効であるように思われなかったのは、単に晴臣が、この反事実的条件文に基づく予測に反して、問題の習慣的行為を為してしまうと考えられるからではない。そう考えられるのが単に例外的要因のためであるとすれば、この反事実的条件文が文脈独立的に成立しているという可能性は排除されない。その場合、晴臣の行為は、物体の加速度のように、例外的要因に関する法則を加算することで文脈独立的に予測することができる。そうであるならば、その予測は、出来事の制御に対しても利用することが可能であり、自然科学の実践の眼目に照らして有効でないということにはならない。解釈が晴臣の習慣的行為に関する予測として有効でないように思われたのは、むしろ、解釈において示される反事実的条件文、すなわち命題的態度や行為の間の合理化関係が、そもそも文脈独立的な法則的関係として理解できるものではなく、それゆえ解釈が、出来事の制御という眼目に適う実践であるとは考えられないからなのである。

しかし、そもそも解釈という実践は、そのような出来事の制御に眼目を置く実践なのだろうか。その眼目はむしろ、さまざまな命題的態度や行為の間に成立する合理性の秩序を見てとり、その秩序のうちに個々の命題的態度や行為を位置づけることにあるのではないだろうか。もしこの秩序が文脈独立的な法則的関係であるとしたら、解釈は結果として、出来事の予測や制御においても十分に有効性を発揮するだろう。しかし、それは解釈という実践にとって本質的なことではない。解釈という実践の眼目は、あくまでも、命題的態度や行為の間に成立する合理性の秩序を見てとることにあるように思われる。この限りでは、その秩序が文脈依存的な秩序であるために、その秩序の理解を出来事の予測や制御に十分には利用できないとしても、それは何ら、解釈という実践の眼目に反することではないのである。[20]

このような観点から見るならば、解釈が習慣的行為の生起の説明として有効でないということには必ずしもならないように思われる。先に見たように、信原の議論では、晴臣が信念を変える前と後で、晴臣の習慣的行為の生起に関しては何の違いもないと前提されていた。しかし、この前提は不当であるように思われる。晴臣の問題の「行為」は、晴臣が信念を変える前と後で、それが位置づけられる文脈が全く異なるからである。晴臣の問題の「行為」は、晴臣が信念を変える前の段階では、つねに健康でいたいという欲求と、毎朝野菜ジュースを飲めばつねに健康でいられるという信念とともに合理性の秩序をなすある文脈のうちに位置づけられるのに対して、晴臣が信念を変えた後の段階では、それらの欲求・信念とは異なる欲求・信念とともに合理性の秩序をなす別の文脈のうちに位置づけられる（もしくは、いかなる理由づけもできないとすれば、解釈の対象ではない単なる物理的身体運動として理解され、合理性の秩序をなすいかなる文脈のうちにも位置づけられない）。そして、このように行為を合理性の秩序をなすさまざまな文脈のうちに位置づけることによってその生起を説明するという実践は、その行為が位置づけられる文脈とは異なる文脈でそのタイプの行為が生起するかどうかを予測可能にすることによってそのタイプの行為を制御することを眼目としているというわけではないのである。

このように解釈という実践は、自然科学の実践とは異なり、出来事を制御することにではなく、合理性の秩序をなす何らかの文脈のうちに命題的態度や行為を位置づけることにその眼目があると考えられる。個々の文脈に即して、その文脈において成立している合理性の秩序を見てとることを「理解」と呼ぶとすれば、解釈という実践の眼目はこの理解にあるのである[21]。

自然科学の実践の眼目と解釈という実践の眼目は、前者の出来事の制御という眼目が未来志向的な眼目であるのに対して、後者の理解という眼目は過去志向的な眼目であるという点でもその違いを表現することができる。解釈という実践が、過去志向的な眼目を持つことは、解釈という実践が責任帰属という実践と密接に結びついていることによっても示唆される。責任帰属とは、主体を、その主体が過去に為した行為に関して賞賛したり非難したりする社会的実践である[22]。主体がそのような評価の対象となるためには、主体の問題の行為がまさに行為として理解される（つまり、その行為に主体の自律性や行為者性が見出される）必要がある。そして、主体の行為が行為として理解されるということは、主体の行為が解釈において合理性の秩序のうちに位置づけられるということに他ならない。解釈という実

践は、このように責任帰属という社会的実践の土台をなす本質的に過去志向的な実践なのである。(23)

以上のように、解釈という実践と自然科学の実践は眼目を共有する実践として理解することができない。したがって、両者の実践の有効性がいかにして比較されうるのかは決して明らかではない。それゆえ、実践的消去主義の以上の議論に基づく限りでは、解釈という実践が認知科学の実践にとって代わられるべきだということは何ら示されていないのである。

行為や命題的態度の制御が解釈という実践の眼目であると考えて、心理法則が成立すると主張する機能主義者や、命題的態度や行為の予測をそれらの説明と同列に扱う解釈主義者もいるかもしれない（デネットはその一人として理解することができるかもしれない）。しかし、それらの論者たちは解釈という実践の眼目を取り違えているのである。またこの眼目の取り違えは解釈という実践についてのわれわれの日常的な理解の中にも浸透していて、解釈という実践は日常的に、部分的に取り違えられた形で遂行されているとも言えるかもしれない。そして、第二章で見たように心理法則が成立しないと考えられる以上、そのように命題的態度や行為の制御を眼目とするものとして取り違えられた解釈は有効な実践とは言えず、認知科学の実践にとって代わられる運命にあると考えられる。しかし、解釈という実践の本来の眼目は、そのような行為や命題的態度の制御にあるわけではない。それはあくまでも命題的態度や行為の理解にある。そして、そのような眼目の下で実践される解釈は有効な実践であり、認知科学の実践にとって代わられるべきだと考える理由はないのである。

さらに、理解という解釈の眼目はそれ自体として有効性を欠いた眼目なのではないかという反論もあるかもしれない。しかし、もしこれが、自然科学の実践の眼目を絶対視し、出来事の制御が可能であるかどうかを基準にしてすべての実践の眼目を評価すべきだとする反論であるとしたら、それは論点先取である。もちろん、異なる眼目を持つ実践の有効性を比較するための包括的な眼目がありえないということは示されていない。また、自然科学の実践の眼目がその包括的な眼目である、あるいはそうなるという可能性も原理的に排除することはできない。その意味では、素朴心理学が消去される原理的な可能性は排除されない。しかし、これまでの議論では、解釈という素朴心理学の実践の有効性を否定すべき実質的な議論は提示されていない。この限りで、素朴心理学を消去し、命題的態度の実在性を否定すべき実質的な理由は何ら示されてはいない。解釈主義は、実践的実在論に依拠することによって命題的態度の実在性を擁護することができるのである。

第五章　解釈の不確定性

解釈主義によれば、主体がどのような命題的態度を持っているかという問題や、主体が言語的行為において使用する言語がどのような意味を持っているかという問題は、その主体の行為や文がどのように解釈されるかという問題に他ならない。したがって、それらの解釈が一意に確定するならば、その主体の命題的態度や言語の意味に関する問題は確定した答えを持っていることになる。しかし、クワインの見解からは、それらの解釈は一意に確定しないということが帰結するように思われる。クワインによれば、「ある言語を別の言語に翻訳するためのマニュアルは、さまざまな異なる仕方で、しかもそのいずれもが発話傾向の全体と両立するが、互いには両立しないような仕方でつくることができる」(Quine [1960] p. 27)。これは「翻訳の不確定性」と呼ばれるテーゼであり、正確に言えば、解釈が不確定であるという主張ではない。しかし、翻訳と文の解釈の関係、および言語と命題的態度の関係を考慮すれば、翻訳の不確定性テーゼからは、解釈が一般に不確定であるということが容易に帰結するように思われるのである。

しかし、解釈の不確定性は本当に成立するのだろうか。さらに、それが成立するとしたら、それは命題的態度の実在性に関していかなる含意を持つことになるのだろうか。解釈の不確定性の問題は、命題的態度とは何かという問いに対して回答を試みる解釈主義にとって、非常に重要な問題であると考えられる。本章では、これらの疑問に答えるべく、解釈の不確定性とは一体何なのかについて考察する。

1　翻訳の不確定性

本節では、まず翻訳の不確定性についてのクワインの議論（Quine [1960] ch. 2）を簡潔に紹介する。クワインは、根元的翻訳（radical translation）という観点から翻訳の不確定性テーゼを導き出す（Quine [1960] pp. 28-30）。根元的翻訳とは、第一章で紹介した根元的解釈と同様に、全く未知なる言語を対象とする翻訳である。たとえば、われわれが言語学者として未知の集落を訪れ、現地語の各文をわれわれの言語の各文に対応させる翻訳マニュアルを作成しようとしている状況を考えればよい。このような状況では、われわれが頼ることのできる手掛かりは、現地人がいかなる状況で文を発話するか、あるいは、いかなる状況で文に同意したりしなかったりするのかといったデータに限られる。このようなデータをもとに、われわれはいかにして翻訳マニュアルを作成することができるのだろうか。

1・1　場面文・定常文・観察文

クワインはまず、現地語のさまざまな文を場面文（occasion sentence）と定常文（standing sentence）に分ける（Quine [1960] pp. 35-40）。場面文とは、状況によって話者が同意したりしなかったりするような文である。たとえば、「ウサギがいる」、「雪が降っている」、「新聞が届いた」といった文が場面文に含められる。それに対して、定常文とは、話者がいかなる状況においてもつねに同意する文や、逆につねに同意しない文のことである。たとえば、「2＋2＝4」、「ウサギは動物である」、「雪は黒い」といった文が定常文に含められる。

さらにクワインは、同一の状況においてすべての話者が一律に同意したりしなかったりする場面文に注目する（Quine [1960] pp. 40-6）。これは「観察文（observation sentence）」と呼ばれる。場面文のすべてが観察文であるわけではない。それは、それぞれの話者が持つ付随的情報に違いがあるからである。たとえば、仮に、現地語の「ガヴァガイ」という文が「ウサギがいる」という文に翻訳されるとしよう。また、現地人たちの一部には、ウサギ蠅という蠅がしばしばウサギのいる場所で飛んでいることが知られているとしよう。そうすると、現地人たちの間では、このウサギ蠅の知識という付随的情報を持っているかどうかによって、「ガヴァガイ」に同意する状況が異なってくるだろう。ウサギ蠅の知識を持っている人は、ウサギが目の前にいるときだけではなく、ウサギは見えないがウサギ蠅が目の前で飛んでいるときにも「ガヴァガイ」に同意するのに対して、その知識を持っていない人にはそのようなことはないと考えられるからである。ほとんどの場面文は、このように、話者がどのような付随的情報を持つかによって同一の状況における話者の同意・不同意に差異が生じるような文であると考えられる。これに対して、観察文とは、同意・不同意に対する付随的情報の影響がない文のことである。

観察文は、「その刺激意味（stimulus meaning）に付随的情報が影響を与えない文」として定義することができる（Quine [1960] p. 42）。文の刺激意味とは、その文に対する同意を促す刺激（各感覚器官への物理的刺激）の集合とその文に対する不同意を促す刺激の集合の対を意味する（Quine [1960] pp. 32-3）。観察文の場合は、刺激意味に付随的情報が影響しないがゆえに、すべての話者は同一の状況において（つまり同一の刺激に対して）一律に文に同意したりしなかったりするのである。

さて、以上のような文の諸タイプを考慮すると、観察文についてはその文の刺激意味を考慮するだけで容易に翻訳を行うことができ、またその翻訳は一意に確定すると考えられる（Quine [1960] pp. 45-6）。われわれは、現地語の任意の観察文を同一の刺激意味を持つ自分の言語の文に対応させればよいからである。しかし、観察文以外の場面文や定常文はどのように翻訳すればよいのだろうか。観察文以外の場面文の場合には、付随的情報が刺激意味に影響してしまうがゆえに、対応する自分の言語の文を特定するためには、現地語の文にどのような付随的情報が関係しているのかを明らかにしなければならない。しかし、これは文の刺激意味を考慮するだけでは明らかにならない。また、つねに同意されるか、つねに同意されない文である定常文の場合は、すべての定常文が同一の刺激意味を持つことになってしまい、刺激意味のみを頼りにする限りでは翻訳を行うことができない。

1・2　真理関数的結合子・刺激同義的な文・刺激分析的な文

以上のように、観察文以外の場面文と定常文は、その文の刺激意味を頼りにする限りでは翻訳を行うことができない。しかし、それらの翻訳の手掛かりが全く得られないわけではないとクワインは考える。

まず、クワインによれば、「……でない」、「……かつ……」、「……または……」、「……ならば……」といった真理関数的結合子を翻訳することができる（Quine [1960] pp. 57-61）。たとえば、真とみなされる（つまり、同意される）文に表現Nを付加すると、その付加によって新たに形成される文は偽とみなされ（つまり、同意されず）、逆にその表現を偽とみなされる文に付加すると、その付加によって新たに形成される文は真とみなされるという場合には、Nは否定であると言うことができるだろう。同様に、表現Aで結合される二つの文がともに真とみなされるときかつそのときに限り、その結合によって新たに形成される文も真とみなされるという場合には、Aは連言であると言うことができるだろう。その他の結合子に関しても同様である。一般化して言えば、論理に関してわれわれが真とみなす信念に一致する現地人の言語的ふるまいを見出すことによって、真理関数的結合子の翻訳は可能となるのである。

しかし、われわれが真とみなす信念を現地人が真とみなさないという可能性も十分に考えられないだろうか。たとえば、現地人は矛盾を認めるような人々であるかもしれない。このような現地人に対して、われわれの信念を押しつけることはできないだろう。このような可能性がある限り、真理関数的結合子を翻訳することができるとは言えないように思われる。以上のような批判に対して、クワインは、翻訳の結果、論理に関してわれわれが真とみなす信念を現地人が否定していることになるような場合には、むしろ翻訳が失敗していると考えるべきであると言う（Quine [1960] p. 59）。これはつまり、チャリティーの原理において話者に課せられるところの真理性の要請が、論理に関する信念に適用されるということである。

さらに、観察文以外の場面文であっても、刺激意味が同一であるものとして社会的に認められている文の集合を特定することはできる（Quine [1960] pp. 46-51）。それらの文は「刺激同義的な文」と呼ばれる。たとえば、「この部屋には独身の人がいる」という文と「この部屋には結婚していない人がいる」という文は、ともに観察文ではない場面文であるが、刺激同義的な文の対であると考えられる。これらは観察文ではない（刺激意味に付随的情報が関係する）ため、人々がどのような状況でこれらの文に同意するか、あるいは同意しないかは異なる。しかし、どの人も、これらの一方に同意する、あるいは同意しない状況では、他方にも同様に同意する、あるいは同意しないと考えられる。これが、これらの文の対が刺激同義的だということの意味である。

また、定常文を翻訳することができないとしても、定常文の中から、現地人がつねに同意する文（これを「刺激分析的な文」と呼ぶ）と、現地人がつねに同意しない文（これを「刺激矛盾的な文」と呼ぶ）を特定することはできる（Quine [1960] pp. 65-7）。この刺激分析的な文には、通常の「分析的な」文だけでなく、常識的に真とみなされている文も含まれる。同様に、刺激矛盾的な文には、通常の「矛盾的な」文のみならず、常識的に偽とみなされている文も含まれる。

1・3　分析仮説と翻訳の不確定性

ここまでで確認されているのは以下の四点である。

(1)観察文は翻訳可能である。
(2)真理関数的結合子は翻訳可能である。
(3)刺激同義的な文の集合は特定可能である。
(4)刺激分析的な文と刺激矛盾的な文は特定可能である。

さて、ここから翻訳をどのように進めていけばよいのだろうか。クワインによれば、われわれはここで、観察文と観察文以外の場面文、定常文が共有している部分的表現を特定し、文を語へと分節化し、それらの語の翻訳に基づいて文の翻訳を特定する分析仮説（analytical hypothesis）をつくらねばならない（Quine [1960] pp. 68-72）。翻訳マニュアルの実質は、辞書と文法を与えるこの分析仮説にある。分析仮説の正しさは、その仮説が、すでに確認されている上記の四点と適合するかどうかによってチェックされる。つまり分析仮説は、上記の四点と適合するようにつくられなければならないのである。

クワインによれば、上記の四点と適合するということは、理想的には以下のようなこととして理解される（Quine [1960] p. 68）。まず、(1)によって、現地語の観察文は同じ刺激意味を持つわれわれの言語の観察文に翻訳される。また、(2)により、現地語の何らかの語は真理関数的結合子として翻訳される。最後に、(3)と(4)に基づいて、刺激同義的な文の集合はわれわれの言語の何らかの刺激同義的な文の集合に翻訳され、刺激分析的な文と刺激矛盾的な文もまたわれわれの言語の何らかの刺激分析的な文と刺激矛盾的な文に翻訳される。

最後の(3)と(4)に関しては、異論があるかもしれない。たとえば、現地語の刺激分析的な文には、ウサギは宇宙人であるといった信念を表明する文が含まれているかもしれない。しかし、われわれはそのようなことを真とはみなしていない以上、われわれの言語の刺激分析的な文に、そのような信念を表明する文は含まれていない。このような場合に、現地語の刺激分析的な文をわれわれの言語の何らかの刺激分析的な文に対応づけてしまったら、その翻訳は失敗していることになるのではないだろうか。これに対して、クワインは、現地人に帰属させる信念が愚かで奇妙なものになればなるほど、われわれが行っていることは翻訳として認め難くなると言う（Quine [1960] p. 69）。つまりクワインによれば、真理性の要請は、根元的翻訳において、論理に関する信念のみならず、状況に依存しない信念一般に対しても適用されるのである。

それでは、以上のような形で四つの確認事項と適合する分析仮説は一つに絞り込むことができるだろうか。クワインは、われわれが手にすることのできる証拠によっては複数の両立不可能な分析仮説が認められ、分析仮説を一つに決定することができないかもしれないと言う（Quine [1960] p. 72）。つまり、分析仮説は、翻訳においてわれわれが利用できる証拠を「超えて」いるのである。クワインは、このようにして、翻訳は不確定であるという結論を引き出す。

2　翻訳の不確定性から解釈の不確定性へ

さて、以上の翻訳の不確定性テーゼからいかにして解釈の不確定性テーゼが導かれるのだろうか。翻訳の不確定性テーゼから解釈の不確定性テーゼを導出する過程は、翻訳の不確定性テーゼから文の解釈の不確定性テーゼを導出する過程と、文の解釈の不確定性テーゼから解釈一般の不確定性テーゼを導出する過程からなる。以下ではまず、第一の導出過程を確認するために、クワインにおける翻訳と文の解釈の関係について考察することにしよう。

クワインにおける翻訳と本書で考察してきた文の解釈にはいくつかの相違点がある。まず、原理的には、翻訳では翻訳者のメタ言語（使用言語）が翻訳言語として使用される必要がないのに対して、文の解釈ではまさに解釈者のメタ言語によって対象言語の意味理論を与えなければならない。これは、翻訳では翻訳言語の各文と被翻訳言語の各文の間の対応関係さえ提示できれば十分であり、翻訳者自身が被翻訳言語の意味理論を理解する必要がないのに対して、文の解釈とはまさに解釈者が対象言語の意味理論を理解しようとする営みだからである（cf. Davidson [1973b] pp. 129-30)。たとえば、翻訳者である龍一が日本語の使用者であり、英語とフランス語を知らなかったとしても、龍一は英語とフランス語の間の翻訳マニュアルを理解し、使用することができるだろう。それに対して、龍一が英語を解釈しようとしたら、龍一は英語をメタ言語である日本語で解釈しなければならないのである。(1)

もっとも、この相違点は、翻訳の不確定性テーゼから文の解釈の不確定性テーゼを導出する際には全く障害にならないように思われる。それは、文の解釈もまた、翻訳と同様に、ある言語の各文をメタ言語という別の言語の各文に対応づけるという営みであり、この限りでは、翻訳マニュアルと、文の解釈で必要となる意味理論との間に実質的な相違はないからである。したがって、この限りでは、翻訳が不確定であれば文の解釈もまた不確定であると言うことができる。

しかし、クワインの翻訳と文の解釈の間の相違はそれだけにはとどまらない。それはデータに含まれる「状況」の理解に関する相違である。クワインの翻訳とは異なり、文の解釈においては、刺激意味という概念は何の役割も果たしていない。文の解釈において、文に対する同意・不同意を促すものとしてみなされているのは、各感覚器官への物理的刺激ではなく、日常的に捉えられる世界の中のさまざまな事態である（cf. Davidson [1979] pp. 230-1)。たとえば、「雪が降っている」という文に対する同意を促しているのは、各感覚器官への物理的刺激ではなく、まさに、雪が降っているという事態であると考えられているのである。

とはいえ、刺激意味の概念を用いなければ文の解釈の不確定性テーゼを導くことはできないと考える必要もない。それは、文の解釈のデータが、日常的に理解される限りでの事態と対象言語の文に対する同意・不同意からなるとしても、たとえば、定常文の解釈はそれらのデータによっては具体的に特定されないといった点では同様であり、意味理論もまたこれらのデータを超えた仮説としてつくられると考えられるからである。この限りでは、翻訳が不確定であるならば、文の解釈もまた不確定であると考えられるのである。

さらにもう一点、翻訳と文の解釈の相違に関わることではないが考慮すべきことがある。それは、観察の理論負荷性である。観察の理論負荷性が成り立つとすれば、何ら付随的情報からの影響なしに主体が何かを観察するということはありえない。それゆえ、主体が特定の事態の観察において、付随的情報からの影響なしに同意したりしなかったりするような文、すなわち観察文が存在するとは考えられないのである。

それでは、観察文が存在しないとしたら、文の解釈はより確定的になるのだろうか。むしろ、文の解釈はより不確定になると考えられる（cf. 丹治 [1997] pp. 156-9）。そもそも、観察文は翻訳が確定するタイプの文であり、不確定性は、より観察的でない文、つまりより理論的な文において生じるのだった。したがって、すべての文に何らかの理論的な要素が含まれているのだとしたら、すべての文に関して解釈の不確定性が生じうるということになる。もちろん、純粋な観察文が存在しないとしても、観察性の程度が高い場面文であれば、同意・不同意を促す状況に基づいて解釈をある程度確定させることはできるだろう。しかし、このように観察性の高い場面文であっても、その同意・不同意が何らかの付随的情報に依存している以上は、解釈が完全に一意に定まるとは限らない。このように、観察の理論負荷性が成り立つということは、文の解釈をますます不確定なものにすると考えられるのである。

さて、以上のように文の解釈が不確定であるということが言えるのならば、命題的態度を主体に帰属させる解釈一般もまた不確定であるということは容易に導出することができる。第三章で確認したように、まず、命題的態度を帰属させうる主体は言語使用者であり、また、主体の命題的態度はすべて、その主体の言語によって表現可能であると考えられる(2)。それゆえ、その主体によって発話される文の意味が不確定であるとするならば、その発話によって表明される命題的態度の内容もまた不確定であるということになる。たとえば、ある現地人が「ガヴァガイ」という発話によって自らの信念を表明するとしよう。現地人が発話したこの「ガヴァガイ」という文が何を意味するのかが不確定であるとするならば、現地人がその発話でいかなる信念を表明しているのかもまた不確定であるということになる。これは、この現地人にいかなる信念を帰属させるべきであるかが不確定であるということに他ならない。そして、第三章で見たように、信念がさまざまな命題的態度や行為からなる合理的ネットワークにおいて中心的役割を果たしているとすれば、いかなる信念を主体に帰属させるべきであるかが不確定であるということは、その主体にいかなる（信念以外の）命題的態度を帰属させるべきなのかもまた不確定であるということを意味するだろう。このように、翻訳が不確定であるならば、一般に、解釈においていかなる命題的態度を主体に帰属させるべきであるかもまた不確定であるということになる。つまり、解釈は一般に不確定であることになるのである。

以上のように、翻訳と文の解釈の関係、および言語と命題的態度の関係を理解する限りでは、翻訳の不確定性が成立するならば解釈の不確定性もまた成立すると言うことができる。しかし、本当に翻訳や解釈は不確定なのだろうか。翻訳の不確定性に関するクワインの議論を見る限りでは、翻訳や解釈が本当に不確定であるのかどうかは必ずしも明らかではないように思われる。次節以降では、解釈は本当に不確定になるのか、そして、そもそも解釈の不確定性とは何であるのかをより明らかにすることを試みる。なお、本節で確認した通り、翻訳と解釈の関係を理解する限りでは、翻訳の不確定性と解釈の不確定性は表裏一体の関係にあると言うことができる。したがって、以下では、翻訳の不確定性テーゼに関するいくつかの解釈および反論を手掛かりに翻訳の不確定性とは何かを考察し、その考察を通して、解釈の不確定性とは何かを明らかにしていきたいと思う。

3　発話傾向の一致と合理性の要請

先に確認したように、クワインは、翻訳が不確定になる理由として、分析仮説がわれわれの手にすることのできる証拠を超えているという点を挙げる。しかし、本当に分析仮説は証拠を超えているのだろうか。この点を考察するにはまず、クワインの議論において、何が分析仮説の証拠、つまり翻訳マニュアルのデータとして理解されていたかを改めて確認する必要がある。

この「翻訳のデータ」は、クワインの議論において、しばしば「発話傾向」と表現されていた。たとえば、本章の冒頭で示したように、翻訳が不確定であるということは、「ある言語を別の言語に翻訳するためのマニュアルは、さまざまな異なる仕方で、しかもそのいずれもが発話傾向の全体と両立するが、互いには両立しないような仕方でつくることができる」(Quine [1960] p. 27. 傍点による強調は引用者) ということとして表現されていた。したがって問題は、クワインの議論において、「発話傾向」がどのようなものとして理解されていたか、また、そもそも「発話傾向」はどのようなものとして理解されるべきかという点にあることになる。本節では、この問題に関する議論を手掛かりとして翻訳の不確定性についての考察を進める。

3・1　状況相関的な発話傾向と真理性の要請

クワインは、「発話傾向」ということで状況相関的な発話傾向を意味していたと考えられる (cf. 信原 [1999] pp. 241-2, n. 3)。つまり、現地語の文がいかなる状況で同意され（ないし発話され）、いかなる状況で同意されない（ないし発話されない）傾向にあるかに関するデータに一致するように翻訳文を選択しなければならないということである。観察の理論負荷性によって純粋な観察文の存在が否定されるとしても、より観察的な場面文に関しては、同意・不同意を促す事態をある程度は特定することができるだろう。したがって、このような状況相関的な発話傾向に従って、より観察的な場面文の翻訳をある程度は確定させることができる。また、それらの場面文を使って、真理関数的結合子を翻訳することもできるだろう。しかし、定常文に関しては、同意・不同意を促す事態によって区別することができない。それらはつねに同意される傾向にあるか、同意されない傾向にあるかのどちらかだからである。この限りでは、定常文の翻訳は全く制約されていないように思われる。このように、「発話傾向」ということで状況相関的な発話傾向を意味するのだとしたら、発話傾向によっては定常文の翻訳を制約することができず、それゆえ、定常文の全く恣意的な翻訳も認められてしまうように思われる。

しかし、分析仮説が証拠を超えているということは、以上のように、文の状況相関的発話傾向によっては定常文の翻訳を全く制約することができないということなのだろうか。確かに、クワインの論述の中には、「証拠を超えている」ということに関するこの解釈を支持するような部分がある（Quine [1960] p. 63）。この限りでは、クワインは翻訳の不確定性を、以上のような定常文の恣意的な翻訳の可能性に基づくものとして理解しているように思われる。C・フックウェイによれば、この点でクワインは、真理性の要請に関してチャリティーの原理を翻訳一般の構成原理として使用しているとは言えない（Hookway [1988] pp. 136, 143-4）。状況に依存しない信念は、定常文を発話することによって表明される。したがって、定常文の恣意的な翻訳を認めるということは、状況に依存しない信念の全く恣意的な帰属を認めるということに他ならない。恣意的に帰属可能な信念には、雪は黒いという信念のように、われわれが偽とみなす信念も含まれる。したがって、定常文の恣意的な翻訳が全く排除されないということは、われわれが偽とみなす信念の帰属が全く排除されないということである。これは明らかに真理性の要請に関してチャリティーの原理を無視することである。以上のフックウェイの理解によれば、翻訳の違いを信念の違いによっていくらでもつじつま合わせることができるがゆえに、翻訳は不確定であるということになるだろう。

同様に、デイヴィドソンによれば、クワインの根元的翻訳とデイヴィドソンの根元的解釈の違いは、真理性の要請が、前者では論理に関する信念にのみ適用されているのに対して、後者ではより広範に信念一般に適用されているという点にある（Davidson [1973b] p. 136, n. 16; [1974c] p. 153; [1979] p. 228）。真理性の要請は信念の本質を捉えたものであり、確かにデイヴィドソンの言う通り、より広範に適用されるべきだろう。それでは、このように真理性の要請をより広範に適用するならば、翻訳は確定するだろうか。一見したところでは、定常文の恣意的な翻訳が排除され、翻訳は確定するように思われる。

しかし実際には、事態はそのように単純に捉えられるようなものではない。第一に、クワインについてのフックウェイやデイヴィドソンの理解は適切であるとは言えない。第1節で見たように、クワインは、状況相関的発話傾向によっては定常文の翻訳を全く制約することができないと考えていたわけではない。たとえば、刺激分析的な文は、少なくとも、いかなる状況においても同意される（発話される）という傾向を持ち、刺激矛盾的な文はその逆の傾向を持っている。クワインによれば、刺激分析的な文や刺激矛盾的な文は、このような発話傾向に一致するように翻訳されなければならない。つまり、刺激分析的な文は刺激分析的な文に、刺激矛盾的な文は刺激矛盾的な文に翻訳されなければならないのである。このように、「発話傾向」を状況相関的な発話傾向として理解するとしても、定常文の全く恣意的な翻訳が認められるわけではない。したがって、現地人が状況に関わりなく真とみなす信念は、われわれが状況に関わりなく真とみなす信念と一致する。つまり、クワインにおいても、真理性の要請は状況に依存しない信念に対して一般的に適用されているのである。

さらに言えば、そもそも真理性の要請は、より観察的な場面文（あるいは観察文）の翻訳においてすでに適用されている。たとえば、現地語の「ガヴァガイ」という文が、目の前にウサギがいるという事態において発話される（ないし同意される）傾向を持つとしよう。これを証拠に、「ガヴァガイ」という文を「ウサギがいる」という文に翻訳することができると言うためには、われわれが真とみなすところの、ウサギがいるという信念を現地人がそのとき持っていると前提しなければならない。たとえば、もし現地人が、ウサギを目の前にしていながら、われわれが偽とみなすところの、宇宙人がいるという信念を持っているとしたら、その文を「ウサギがいる」という文に翻訳することはできないだろう。これを暗黙のうちに排除することができたのは、真理性の要請が以上のような状況依存的な信念についても適用されていたからに他ならない。

このように、クワインの議論においても、真理性の要請は広範に適用されているのである。したがって、クワインは、真理性の要請を広範に適用することを考慮に入れた上で、翻訳の不確定性が成立すると考えていたということになる。翻訳や解釈の不確定性とは、恣意的な信念帰属による単なるつじつま合わせではないのである。この点に関しては、デイヴィドソンもまた、翻訳や解釈の不確定性についての自身の理解を表明する中で、同様の見解を示している。デイヴィドソンによれば、真理性の要請をより広範に適用すれば、恣意的な信念帰属による単なるつじつま合わせは排除され、不確定性の程度は小さくなる。しかし、それでもなお翻訳や解釈の不確定性は残るのである（Davidson [1974c] p. 153; [1979] p. 228）。それでは、なぜ不確定性は残るのだろうか。

それは、真理性の要請を広範に適用するという限りでは、個々の定常文を具体的にどの定常文に翻訳すべきかが十分には制約されていないからではないだろうか。第1節で見たように、クワインが定常文の翻訳の条件として挙げているのは、たとえば、刺激分析的な文（および刺激矛盾的な文）を何らかの刺激分析的な文（および刺激矛盾的な文）に翻訳するということにすぎない。この限りでは、適当な入れ替え調整をすれば、真理性の要請に関してチャリティーの原理に反することなく、個々の定常文の翻訳に関して複数のマニュアルをつくることが可能であるように思われる。「分析仮説が証拠を超えている」とは、このようなことを意味しているのではないだろうか。

３・２　推論的な発話傾向と合理性の要請[3]

クワインの議論を見ても、クワインが翻訳に対してこれ以上の制約を課しているようには思われない。しかし、これは、これ以上は翻訳を制約することができないということではなく、単に、合理性の要請を十分に適用していないということにすぎないのではないだろうか。恣意的な信念の帰属を排除することができるのは、翻訳の際に真理性の要請に関してチャリティーの原理を適用しているからである。しかし、チャリティーの原理において主体に課せられる合理性の要請の中には、真理性の要請の他にもさまざまな要請・原理が含まれる。たとえば、われわれが合理的とみなす推論の遂行を要求するさまざまな推論の合理性の要請（演繹的推論の原理や帰納的推論のための全体証拠の要請、自制の原理など）もまた合理性の要請に含まれる。

主体がいかなる推論を遂行する傾向を持っているかは、主体が自らの信念を表明する文の推論的な発話傾向によって示される。文の推論的な発話傾向とは、文がどのような文をその前提や結論にする傾向にあるかということに他ならない。たとえば、「Ｘ社は不正をしている」という文は、「Ｘ社とＹ社のどちらかは不正をしている」という文と「Ｙ社は不正をしていない」という文の連言を前提とする傾向や、「Ｘ社が不正をしているならば、Ｚ社も不正をしている」という文とともに「Ｚ社は不正をしている」という文を結論とする傾向を持つ[4]。このような文の推論的発話傾向によって、主体がいかなる推論を遂行する傾向にあるかが示されるのである。したがって、翻訳の際に上記のような推論の合理性の要請に関してチャリティーの原理を適用するということは、現地語の各文の推論的発話傾向がわれわれに合理的とみなされる推論傾向を示すように翻訳を行わなければならないということを意味する。

そして、現地語の各文の推論的発話傾向がわれわれに合理的とみなされる推論傾向を示すように翻訳を行うということは、現地語の各文の推論的発話傾向とわれわれの言語による各翻訳文の推論的発話傾向を一致させるということに他ならない。なぜなら、われわれが合理的とみなす推論傾向とは、翻訳文であるわれわれの言語の各文が持つ推論的発話傾向によって示されるものだからである。たとえば、現地語のある文Sが文T、Uの連言から帰結するという推論的発話傾向を持っているとしよう。それにもかかわらず、文S、T、Uがそれぞれ、われわれの言語の文「人間は動物である」、「動物はみな死すべきものである」、「人間はみな死すべきものである」に翻訳されるとしたら、現地語の各文は、われわれが合理的とみなす推論傾向を示していないことになってしまう。それは、「動物はみな死すべきものである」と「人間はみな死すべきものである」の連言から「人間は動物である」が帰結するという推論的発話傾向をそれらの文が持っていないからである。われわれが合理的とみなす推論傾向を現地語の文S、T、Uが示すためには、それらはそれぞれ、同一の推論的発話傾向を持つわれわれの言語の文「人間はみな死すべきものである」、「人間は動物である」、「動物はみな死すべきものである」に翻訳されなければならないのである。

クワインの議論では、このような推論の合理性の要請が見落とされているように思われる。それはまさに、クワインの言う「発話傾向」の中に推論的な発話傾向が含められていない（cf. 信原 [1999] pp. 241-2, n. 3）ということによって示される。[5] しかし、「発話傾向」を翻訳マニュアルのデータとして理解するのならば、「発話傾向」にはこの推論的な発話傾向もまた含められるべきだろう。そして、そのように「発話傾向」を理解し、合理性の要請に関してチャリティーの原理を十分に適用するならば、翻訳は十分に制約され、翻訳は確定することになるのではないだろうか。現地語の文はすべて特定の発話傾向によって識別され、それと同じ発話傾向を持つ文に翻訳されることになるからである。[6]

3・3　発話傾向の不一致と翻訳の不確定性

このように「発話傾向」を理解するならば、一見したところでは、複数の翻訳マニュアルを認める余地はないように思われる。クワインの翻訳の不確定性テーゼに対しては、以上のような議論が決定的な反論になるのではないだろうか。しかし、その議論において、翻訳が確定するということが明らかなのは、現地語の各文の発話傾向が翻訳言語であるわれわれの言語の各文の発話傾向と完全に一致する限りでの話である。現地語の各文の発話傾向とわれわれの言語の各文の発話傾向が完全に一致する場合には、同一の発話傾向を持つ文の対は一意に決まると考えられる。それゆえ、確かに翻訳は確定するだろう。しかし、両者の発話傾向が完全には一致していないとしたら、翻訳は必ずしも一意に定まらないのではないだろうか。

これに対しては、両者の発話傾向に完全な一致が成立していないときにはそもそも翻訳を行うことが不可能であり、したがって可能な翻訳はすべて確定するという反論が返ってくるかもしれない。たとえば、言語Lの話者は、われわれの多くとは異なり、「蛇は虫である」と発話する傾向を持っているとしよう。言語Lの話者は「蛇」という語や「虫」という語をわれわれとは異なる仕方で使用しているのであり、一見したところ、これは、言語Lの話者の蛇概念や虫概念がわれわれの蛇概念や虫概念とは微妙に異なるということを示唆する。つまり、言語Lにおける「蛇」と「虫」はわれわれの言語におけるそれらの語とは異なる意味を持っており、したがって、厳密には、言語Lのその文をわれわれの言語で翻訳することはできないように思われるのである。

しかし、翻訳が可能となるために必要な発話傾向の一致とは、完全な一致ではなく、概ねの一致にすぎない。それは、発話傾向が概ね一致していれば、互いに類似した発話傾向を持つ二つの文を翻訳関係で対応づけることができ、それに基づいて、局所的な発話傾向の不一致を概念や言語の意味の不一致としてではなく、単なる事実認識の不一致として理解することができるからである（cf. 信原[1999] pp. 168-71）。たとえば、先の言語Lの話者が、「蛇は虫である」と発話する傾向を持つ他に、われわれと同じように「蛇は脚を持っていない」とか「虫は肺を持っていない」といった発話をする傾向を持っていたり、また「蛇は虫である」という発話から「蛇は爬虫類ではない」とか「蛇はクワガタと同類である」といった発話を導き出すような傾向を持っていたりするならばどうだろうか[7]。発話傾向が部分的に一致していないとしても、このように、残りの大部分で発話傾向が一致していれば、概念や言語の意味が一致していないと考える必要はなく、言語Lにおける「蛇は虫である」という文は、われわれの言語における「蛇は虫である」という文と同じ意味を持つと考えることができる（したがって、互いの諸概念の間に不一致があるという考えは否定される）。しかし、それでは、言語Lの話者の発話傾向がわれわれの発話傾向と一致していないのはどうしてなのだろうか。それは、言語Lの話者が、われわれとは異なり、蛇は虫であるという（誤った）信念を持っていたからである。つまり、発話傾向の部分的な不一致は、単なる事実認識すなわち信念の不一致として理解することができるのである。

このように、発話傾向の完全な一致が成立していない場合でも、概ねの一致が成立していれば、翻訳は可能となる[8]。これは決して、近似的な翻訳でよしとするということではない。二つの言語の間の発話傾向の局所的な不一致をそれぞれの言語使用者の事実認識すなわち信念の不一致として理解することによって、二つの言語の間の意味の同一性が文字通り保証されるのである。また事実としても、通常、翻訳関係にあると理解される言語の間で発話傾向の完全な一致が成立しているとは考えられない。したがって、発話傾向の完全な一致がなければ翻訳が成立しないとしたら、事実として翻訳は全く成立していないということになってしまう。これはわれわれの直観に大いに反するだろう。このように、発話傾向が完全に一致していないとしても、概ね一致している限りは、両言語間の翻訳は可能であると考えるべきなのである。

したがって、翻訳とは、対応づけられる各文の発話傾向の類似性を全体として最適化する作業であると言うべきだろう。そして、二つの言語の各文の発話傾向が全体として完全には一致しないときに、対応づけられる各文の発話傾向の類似性を全体として最適化する方法は必ずしも一通りに定まるとは限らないだろう。たとえば、文Sの翻訳としてそれと発話傾向が最も類似している文を選択するような分析仮説では、文Tの翻訳としてそれと発話傾向が最も類似している文を選択することができなくなり、逆に、文Tの翻訳としてそれと発話傾向が最も類似している文を選択するような分析仮説では、文Sの翻訳としてそれと発話傾向が最も類似している文を選択することができなくなる、というようなことは考えられる。しかもその場合に、全体として見れば、どちらの分析仮説もともに、対応づけられる各文の発話傾向の類似性を最適化しているということは十分にありうるだろう。翻訳が不確定であるということは、このように、対応づけられる各文の発話傾向の類似性を全体として最適化する方法が複数ありうるということなのではないだろうか（cf. 信原 [1999] pp. 163-7; 鈴木 [2000] pp. 117-8）。

4　「上からの論証」と述語の再解釈

クワインはしばしば、理論の決定不全性（underdetermination of theory）を根拠として翻訳の不確定性を論証することができると言う（Quine [1970] pp. 178-81）。理論の決定不全性とは、経験的に等値である（つまり、経験的な証拠をともにうまく説明することができる）が、論理的には両立不可能な複数の物理学理論が存在しうるということである。クワインは、理論の決定不全性から翻訳の不確定性を導くこの論証を「上からの論証（pressing from above）」と呼ぶ(9)（Quine [1970] p. 183）。本節では、この「上からの論証」に関する議論や反論を手掛かりに翻訳の不確定性についての考察を進める。

4・1　理論の決定不全性と翻訳の不確定性

理論の決定不全性テーゼが妥当なものであるかどうかは議論の余地があるが、クワインはそれを自明のものとみなした上で、翻訳の不確定性を以下のように論証しようとする（Quine [1970] pp. 178-81）。まず、ともに証拠をうまく説明することができるが、論理的に両立不可能であるような物理学の理論Aと理論Bが存在するということがわれわれに知られているとしよう。さらに、われわれは現地人の物理学の理論Cを翻訳しようとしているとする。理論Aと理論Bは、ともに証拠をうまく説明すると前提されている以上、それらからは、証拠に一致する同一の観察文が帰結すると考えられる（ここでは、議論の便宜上、観察の理論負荷性は無視する）(10)。したがって、理論Cから帰結する観察文は、翻訳可能であるならば、理論Aと理論Bの両方から帰結するそれらの観察文に翻訳される。問題は、理論を構成しているその他の文の翻訳である。理論Aと理論Bは、両立不可能である以上、それぞれ異なる定常文によって構成されている。しかし、それらの理論からはともに、理論Cの観察文と翻訳関係にあるそれぞれの観察文が帰結する。したがって、理論Aと理論Cの間の翻訳マニュアルM1と、理論Bと理論Cの間の翻訳マニュアルM2はともに、理論Cの翻訳マニュアルとしての条件を満たしている。つまり、理論Cを構成する各文は、理論Aの各文に翻訳することもできるし、理論Bの各文に翻訳することもできるのである。それゆえ、理論Cの翻訳は不確定であると言うことができる。さらに、クワインによれば、言語全体もまた一つの理論と考えることができる。したがって、理論の決定不全性が成立するならば、翻訳は一般に不確定であるということになるのである。

しかし、この論証に対しては容易に疑問を呈することができる。それは、理論Aと理論Bに関して理論の決定不全性が成立するとしても、それらの理論を構成する各文が、ともに、理論Cを構成する各文と同様の（推論的発話傾向を含む）発話傾向を持っているとは限らないように思われるからである。たとえば、理論Aと理論Bがともに証拠をうまく説明するとしても、理論Cを構成する各文と全体として同様の発話傾向を持つのが理論Aを構成する各文のみであるとするならば、理論Cは理論Bには翻訳されるべきではなく、理論Aにのみ翻訳されるべきであるということになるだろう。なぜこのようなことが生じうるかと言えば、それは、理論形成に関しては、証拠との一致という制約がはたらくだけであるのに対して、翻訳に関しては、観察文の発話傾向との一致のみならず、その他のすべての文の発話傾向との一致というさらなる制約がはたらくからである。[11] クワインが翻訳マニュアルの証拠となる「発話傾向」に推論的な発話傾向を含めていなかったことと符合する。

以上のように、理論の決定不全性が成立するというだけでは、翻訳の不確定性は帰結しない。翻訳の不確定性が帰結するためには、それぞれの理論を構成する各文がともに、現地語の理論の各文と翻訳関係に立つのに十分な発話傾向を持つにもかかわらず、それらの理論が論理的に両立不可能でありうることが示される必要がある。しかし、仮にそのような複数の理論が存在しうるとしてもなお、以上の「上からの論証」には困難が待ち受けているように思われる。次では、その困難について考察する。

4・2　理論の同一性と述語の再解釈

理論の決定不全性テーゼによれば、経験的に等値でありながら、論理的に両立不可能な複数の理論が存在しうる。しかし、そもそも理論の同一性はどのようにして決まるのだろうか。もし、理論の決定不全性で言及される複数の理論が同一の理論の異なる定式化にすぎないとしたら、理論の決定不全性テーゼはトリヴィアルなものとなるだろう。そして、その場合、理論の決定不全性から帰結する翻訳の不確定性もまたトリヴィアルなテーゼということになる。

そのトリヴィアルな事例としては、ある理論の中に出てくる「電子」という表現と「分子」という表現をすべて互いに入れ換えて別の理論をつくるという事例がしばしば引き合いに出される（cf. Quine [1975] p. 319）。これらの理論のどちらからも、証拠と一致する同一の観察文が帰結する（「電子」や「分子」は観察文には含まれない）。しかし、たとえば、一方の理論Aには「原子核のまわりを電子が回っている」という文が含まれるのに対して、他方の理論Bには「原子核のまわりを分子が回っている」という文が含まれる。それゆえ、両者は論理的に両立不可能であるということになる。しかし、このような二つの理論を複数の理論として数えてしまうと、理論の決定不全性はトリヴィアルなテーゼになってしまうだろう。

そこでクワインは、このようなトリヴィアルな事例を排除するために、理論の決定不全性テーゼを以下のように再定式化する。

〔理論の〕決定不全性とは、いかなる理論の定式化に対しても、それと経験的に等値であるが、論理的には両立不可能であり、しかも、述語のいかなる再解釈によってもその定式化と論理的に等値なものにすることのできないようなもう一つの定式化が存在するということである。(Quine [1975] p. 322)

つまり、述語を再解釈することによって論理的に等値なものとすることのできる二つの理論とは、結局のところ、同一理論の異なる言語による二つの定式化にすぎないのである。たとえば、理論Aの「電子」と「分子」をすべて互いに読み替えることによって理論Bと論理的に等値な理論がつくられるのであれば、両者は同一理論の異なる定式化にすぎないということになる。「電子」と「分子」の事例のようにトリヴィアルな事例は、明らかに、以上の再定式化によって排除されることになるだろう。

しかし、W・ベクテルによれば、理論の決定不全性を以上のように再定式化してしまうことは、理論の決定不全性から翻訳の不確定性を導く論証にとっては致命的な帰結をもたらすことになる(Bechtel [1980] pp. 315-8)。より具体的に言えば、理論の決定不全性から翻訳の不確定性が導かれるとすると、理論の決定不全性は成立しえないことになってしまうということである。たとえば、理論Aと理論Bは、経験的に等値であるが、論理的に両立不可能な二つの理論であるとする。ここで、理論Aと理論Bの各文がともに、全体として理論Cの各文とほぼ同様の発話傾向を持っているとしたら、「上からの論証」により、理論Cに対する論理的に両立不可能な二つの翻訳マニュアルが存在するということになる。しかし、このように理論の決定不全性から翻訳の不確定性が導かれるとすると、理論Cと理論Aの間の翻訳マニュアルM1と、理論Cと理論Bの間の翻訳マニュアルM2を組み合わせることによって、理論Aと理論Bの間の翻訳マニュアルM3を手に入れることができる。問題は、このM3によって、理論Aの各文と理論Bの各文を互いに読み替えることができるという点である。と言うのも、これは、理論Aの各述語と理論Bの各述語を互いに体系的に再解釈することができるということであり、したがって、理論Aと理論Bは同一理論の二つの定式化にすぎないということになってしまうからである。ベクテルは、以上のようにして、理論の決定不全性から翻訳の不確定性が帰結するならば、理論の決定不全性が成立しないことになってしまうと言う。

以上のベクテルの反論が妥当なものであるとすると、理論の決定不全性を根拠に翻訳の不確定性を正当化することはできなくなるだろう。これは、翻訳の不確定性テーゼそのものにとってどのような意味を持っているのだろうか。ベクテルは、トリヴィアルな事例が理論の決定不全性や翻訳の不確定性にとって不適切な事例であると考えること自体を否定する[12]（Bechtel [1980] p. 318）。これは、翻訳の不確定性を否定することではない。しかし、これは翻訳の不確定性をとるに足らないテーゼとして理解することに等しい。次のように、デイヴィドソンもまた、自身の理解するところの翻訳の不確定性（および解釈の不確定性）についてベクテルと同様の見解を示す。

> 意味や翻訳の不確定性は、重要な区別を捉えることができないということを表現しているわけではない。それは、ある見かけ上の区別が重要な区別ではないという事実を指摘しているのである。もし不確定性が存在するとしたら、それは、すべての証拠に照らしてもなお事実を述べる方法が複数残されているからである。（Davidson [1974c] p. 154）

クワインが翻訳の不確定性と呼ぶこの主張は、神秘的なものとしても驚くべきものとしてもみなされるべきではない。それは、気温が摂氏でも華氏でも……計測することができるという事実以上に何ら神秘的なものではない。と言うのも、不確定性の程度を明らかにする手続きそのものが同時に、われわれの必要とするものが確定したものだけであるということを明らかにしているからである。(Davidson [1983] p. 145)

翻訳の不確定性の事例がすべてデイヴィドソンの挙げる事例のようなものだとしたら、翻訳の不確定性とは、論理的に等値な複数の表現方法の存在を主張するにすぎない、とるに足らぬテーゼであることになるだろう。しかし、本当に翻訳の不確定性はとるに足らないテーゼでしかないのだろうか。ベクテルの反論は本当に妥当なものなのだろうか。

4・3　述語の再解釈可能性と発話傾向の不一致

問題は、そもそもM3によって理論Aを理論Bに再解釈することができるのかどうかである。再解釈可能であるということが、単に一方の理論（ないし言語）の各文を全面的に他方の理論（ないし言語）の各文に読み替えることができるということにすぎないのだとしたら、理論Aを理論Bに再解釈することは明らかに可能だろう。しかし、これでは、同一の理論（ないし言語）と翻訳関係にある複数の理論（ないし言語）が互いに再解釈不可能であるということはありえないことになり、「再解釈可能である」と言うことがあまりに空虚なことになってしまう[13]。再解釈可能であるということは、あくまでもトリヴィアルな事例にのみあてはまることとして理解されるべきではないだろうか。

それでは、再解釈可能性はどのように理解されるべきなのか。それを明らかにするには、「電子」と「分子」の事例に即して考えるのがよい。「電子」と「分子」を互いに再解釈することが適切であると考えられたのは、二つの理論の違いが単なる表記上の違いにすぎないと考えられたからではないだろうか。二つの表現が表記上の違いにすぎないということは、それらの表現を互いに入れ換えただけの二つの文が全く同じ発話傾向を持っているということである。つまり、「電子」と「分子」を互いに再解釈することが適切であると考えられるのは、それらの表現を互いに入れ換えただけの二つの文が全く同じ発話傾向を持つと考えられたからなのである。それゆえ、発話傾向が異なり、単なる表記上の違い以上の違いを持つ二つの文を再解釈によって互いに読み替えることには抵抗を感じるはずである。たとえば、現地語の理論Cのある文Sが、翻訳マニュアルM1によって理論Aの文T1に翻訳され、翻訳マニュアルM2によっては理論Bの文T2に翻訳されるとしよう。ここで仮に、T1とT2がともに文T3、T4と推論関係にあるとしたら、それらは単に表記上の違いにすぎないと考えられ、再解釈が可能であると考えられるだろう。しかしもし、T1はT3、T4と推論関係にあるのに対して、T2は文T5、T6と推論関係にあるとしたら、再解釈が可能であるとは考えられないだろう（もちろん、T3、T4の発話傾向とT5、T6の発話傾向は異なるものとする）。

このように、二つの文が再解釈可能であるということは、それらの文の発話傾向が全く同一であるということとして理解されるべきなのである。したがって、M3によって理論Aを理論Bに再解釈することは必ずしも可能ではない。二つの理論を構成する各文の発話傾向が完全に一致している場合には、再解釈が可能である。この場合には、理論の決定不全性は成立せず、それゆえ翻訳の不確定性も帰結しない。しかし、それらの発話傾向が完全に一致しているわけではない場合には、再解釈は不可能なのである。したがって、経験的に等値な二つの理論を構成している各文の発話傾向が完全には一致していない場合には、理論の決定不全性が成立すると言うことができる。それゆえ、それらの理論がともに現地語の理論と翻訳可能であるときには、翻訳の不確定性が成立すると言うことができるのである。このように、各文の発話傾向が完全には一致しない二つの翻訳言語がともに一つの被翻訳言語と翻訳関係に立ちうるということは、それぞれの翻訳で同一の被翻訳言語の文に対応づけられる二つの翻訳言語の各文の発話傾向が互いに概ね一致しているが完全には一致しないということを意味する。これは、要するに、被翻訳言語と翻訳言語の各文の発話傾向が概ね一致しているが完全には一致しないということに他ならないのである。

このように本節の議論においても、前節での議論と同様に、翻訳の不確定性が成立するのは、結局のところ被翻訳言語と翻訳言語の各文の発話傾向が概ね一致しているが完全には一致していない場合であるということがわかった。それは前節で確認したように、そのような場合に、対応づけられる各文の発話傾向の類似性を全体として最適化する方法が複数ありうるからである。[14] したがって、解釈が不確定であるということもまた、対象言語とメタ言語の各文の発話傾向の類似性を全体として最適化する方法が複数ありうるということに帰着する。しかし、なぜ最適化の方法は複数ありうるのだろうか。次節では、この点をさらに明らかにすることを試みる。

5　解釈の不確定性と合理性の不確定性

前節で確認したように、解釈の不確定性とは、対象言語とメタ言語の各文の発話傾向が完全には一致していない場合に、対応づけられる各文の発話傾向の類似性を全体として最適化する方法が複数ありうるということに他ならない。しかし、なぜ最適化の方法は複数ありうるのだろうか。そもそも、発話傾向の類似性を全体として最適化するとはどのようなことなのだろうか。

まず第3節の議論から、解釈において対応づけられる各文の発話傾向が完全に一致するということは、合理性の要請が被解釈者の主体によって完全に満たされる傾向にあるということに他ならないと言える。たとえば、発話傾向を完全に一致させることができる場合、被解釈者によってつねに同意される傾向にある定常文は、必ず、われわれ解釈者にとって同一の傾向を持つ定常文として解釈され、われわれが偽とみなす信念を帰属させるような恣意的な解釈は排除される。これは、真理性の要請が完全に満たされる傾向にあるということである。また、すべての文は全く同じ推論的な発話傾向を持つ文によって解釈され、われわれが不合理とみなす推論傾向を示すような解釈は排除される。これは、さまざまな推論の合理性の要請が完全に満たされる傾向にあるということである。[15] したがって、発話傾向を完全に一致させることができないということは、これらの合理性の要請が完全には満たされない傾向があるということを意味するだろう。

しかし、それは、合理性の要請を満たすような解釈が全くできないということではない。対応づけられる各文の発話傾向の類似性を全体として最適化するということは、合理性の要請ができるだけ満たされるように解釈するということを意味する。たとえば、発話傾向が概ね一致しているときには、事実認識の部分的不一致を認めることによって、類似した発話傾向を持つ二つの文を解釈関係で対応づけることができる。したがって、被解釈者によってつねに真とみなされる傾向にある定常文は、一部を除き、われわれがつねに真とみなす傾向にある定常文によって解釈されることになる。これはつまり、われわれが偽とみなす信念を部分的に帰属させることによって、われわれが真とみなす多くの信念を帰属させるということに他ならない。したがって、発話傾向の類似性が全体として最適化されればされるほど、真理性の要請を満たすような解釈がなされる。また、推論の合理性の要請も、発話傾向の類似性が全体として最適化されればされるほど満たされると考えられる。このように、発話傾向の類似性を全体として最適化するということは、合理性の要請ができるだけ満たされるように解釈するということに他ならないのである。

したがって、解釈が不確定であるということは、合理性の要請をできるだけ満たす方法が複数ありうるということに他ならない（cf. Davidson [1967] p. 27; [1985a] p. 245; Hookway [1988] pp. 178-9; Lewis [1974] p. 118）。それでは、なぜ、合理性の要請をできるだけ満たす方法は複数ありうるのだろうか。それは、合理性の要請に含まれるさまざまな要請や原理のどれを優先するべきかが必ずしも一意に確定しないこと、そして、それらの個々の要請や原理を適用する際にどの命題的態度の帰属を優先するべきかもまた必ずしも一意に確定しないことによると考えられる。第二章で確認したように、それらの優先関係が文脈依存的であるということが、心的なものの非法則性の内実であり、それが合理性の本質であった。そして、それらの優先関係は、文脈依存的であるのみならず、個々の文脈において必ずしも一意に確定するとは限らないようなものでもあるのである。このように、解釈の不確定性は、まさに命題的態度の本質が合理性にあるということから帰結することなのである。

これまでの結論を確認しよう。解釈の不確定性の内実は、合理性の要請に含まれるさまざまな要請や原理のどれを優先するべきかが個々の文脈において必ずしも一意に確定しないということ、そして、それらの個々の要請や原理を適用する際にどの命題的態度の帰属を優先するべきかもまた個々の文脈において必ずしも一意に確定しないということにある。つまり、解釈の不確定性は、命題的態度の本質が合理性にあるということから帰結することなのである。しかし、このような不確定性が命題的態度の本質であるとしたら、それは命題的態度という存在の理解に関していかなる含意を持つことになるのだろうか。特にそれは、命題的態度の実在性を脅かすことにならないのだろうか。最後に次節では、この点を考察することにしよう。

6　解釈の不確定性と命題的態度の実践的実在性

解釈の不確定性は命題的態度という存在の理解に関していかなる含意を持つのだろうか。第四章では、実践という観点から実在性を理解する実践的実在論をとることによって、解釈主義の下でも命題的態度の実在性を認めることができると論じた。しかし、結局のところ命題的態度の実在性は、以下に示すように、解釈の不確定性のために脅かされてしまうのではないだろうか[16]。たとえば、鯨は魚であるという信念とイルカは哺乳類であるという信念を晴臣に帰属させる解釈1と、鯨は哺乳類であるという信念とイルカは魚であるという信念を晴臣に帰属させる解釈2がともに成立するとしよう。解釈が不確定であるということは、「晴臣の本当の信念はどちらなのか」という問いには一つの答えがないということである。しかし、これはわれわれの日常的直観に大いに反するのではないだろうか。晴臣は、事実としては、鯨は魚であるという信念とイルカは哺乳類であるという信念を持っているか、鯨は哺乳類であるという信念とイルカは魚であるという信念を持っているかのどちらかではないだろうか。このような問いに答えがないということは、そもそも主体が命題的態度を持っているということが何ら事実ではないことを意味するように思われる。つまり、解釈という観点から命題的態度を理解する限り、命題的態度の実在性を認めることができなくなるように思われるのである。以上のように、解釈の不確定性から命題的態度の非実在性が帰結するとしたら、解釈主義の説得力は損なわれてしまうだろう。特に、命題的態度の実在性にコミットする論者にとって、解釈主義はやはり選択可能な立場ではないことになる。しかし、本当に解釈の不確定性から命題的態度の非実在性が帰結するのだろうか。

　解釈の不確定性から命題的態度の非実在性が帰結すると考える論者によれば、どの解釈が本当の解釈であるかという問いに対して一つの答えがないとすると、主体がいかなる命題的態度を持っているのかという問題は事実に関する問題ではないことになってしまう。それゆえ、命題的態度の実在性が否定されるのである。しかし、どの解釈が本当の解釈であるかという問いに一つの答えがないということから、主体がいかなる命題的態度を持っているのかという問題が事実に関する問題ではないということが本当に帰結するのだろうか。もちろん、解釈主義には、命題的態度を反実在論的に理解するという選択肢もある。しかし、結論から言えば、どの解釈が本当の解釈であるかという問いに一つの答えがないということから、命題的態度に関する問題が事実に関する問題ではないということが帰結するわけではない。なぜなら、主体がいかなる命題的態度を所有しているかということが解釈独立的な事実ではないとしても、それはむしろ解釈相対的な事実であると考える余地が残されているからである。先の晴臣の事例に関してこの考え方に従うならば、解釈1の下で、鯨は魚であるという信念とイルカは哺乳類であるという信念を持っているということと、解釈2の下で、鯨は哺乳類であるという信念とイルカは魚であるという信念を持っているということは、ともに、晴臣の命題的態度に関する事実なのである。

クワインによれば、どの翻訳が本当の翻訳であるのかと問いたくなるのは、個々の文とその翻訳文が同一の観念を表していると考える心理主義的な観念説がその背後にあるためである（Quine [1960] p. 74）。心理主義的な観念説においては、文の意味は観念として理解され、それに従って翻訳が一意に確定すると考えられている。この心理主義的な観念説は、まさに、主体がいかなる命題的態度を持っているのかを解釈とは独立に理解しようとする立場の一つであると言えるだろう。

解釈の不確定性は、このような命題的態度の理解を否定する。しかし、それは、主体がある命題的態度を持っているということがいかなる意味でも事実ではないと認めることではない。命題的態度に関する事実は、むしろ解釈相対的なものであると考える余地が残されているからである。それゆえ、解釈の不確定性から命題的態度の非実在性が帰結するわけではない。解釈の不確定性が意味しているのは、仮に命題的態度の実在性が認められるべきであるとしたら、それは解釈相対的な実在性であるということなのである。

これに対してはさらに、解釈相対的な実在性など本当の意味での実在性とは言えないのではないかという疑念が生じるかもしれない。しかし、その「本当の意味での実在性」とはどのようなものなのだろうか。そのような実在性とは、いかなる認識や実践からも独立のものとして理解される形而上学的実在性であると考えられる。このような形而上学的実在性こそが本当の意味での実在性であると考える形而上学的実在論の観点から見れば、確かに、上で示されたような解釈相対的な実在性は本来「実在性」と呼ぶべきものではないということになる。そして、このような批判は、解釈の不確定性を認めるまでもなく、実践という観点から実在性を理解する実践的実在論をとる時点で、解釈主義に対して向けられるはずのものである。

しかし、解釈主義がこの批判に屈する必要はないように思われる。なぜなら、形而上学的実在性こそが本当の意味での実在性であると考える必要はなく、さらに言えば、われわれが日常的直観によって捉えている命題的態度の実在性は、決して形而上学的実在性ではないように思われるからである。われわれは日常的に、解釈という実践の中で命題的態度の実在性に対する直観を形成している。その直観によって捉えられている実在性はむしろ、実践的実在論において捉えられる実践的実在性に他ならないように思われる。以上の限りにおいて、解釈の不確定性が成立するとしても、解釈主義の下で、日常的直観において捉えられている命題的態度の実在性を認めることは可能なのである。[17]

第六章　解釈主義と自己知

われわれは通常、自分がどのような心的状態にあるかを知ることができるだけでなく、他者がどのような心的状態にあるかも知ることができると考えられる。しかし同時に、自分の心的状態についての知識（自己知）ないし認識[1]（自己認識）には、他者の心的状態についての知識（他者知）ないし認識（他者認識）にはない、いくつかの特殊性があるとも考えられる[2]。まず、主体がどのような心的状態にあるかは主体自身が最もよく知っている、という意味での「一人称権威（first-person authority）」が認められる。つまり自己認識には、他者認識にない特別な確実性があるということである。そして、このように自己認識に他者認識にない確実性があるのは、自己認識には他者認識にない直接性という特徴もあるからだと考えられる。他者認識の場合には、まず他者の行動（行為）を観察する必要がある。そしてわれわれは、この観察に基づいて、他者がどのような心的状態にあるのかを推論することによって他者認識を得る。それゆえ、他者認識には確実性が認められない。それに対して、自己認識は、自分の行動（行為）の観察とそれに基づく推論を介することなく直接的に得ることができ、そのような場合には確実性も有していると考えられるのである。

このようにわれわれは、他者知の可能性と自己知の特殊性の両方を認めているが、両者がなぜ認められるのかを同時に説明することは、必ずしも容易なことではない。たとえば、デカルト主義的二元論は、自己知を、内的で非物理的な心的世界についての唯一のそして絶対確実な認識である面識（acquaintance）として理解することで自己知の特殊性を説明しようとしたが、そのために他者の心的状態が不可知の存在になり、他我問題に直面することになった。他方、論理的行動主義は、他者認識を行動の観察とそれに基づく推論を介して得られるものとして位置づけることによって、他者知の可能性を説明することができる一方で、自己認識をも他者認識と同様に、行動の観察とそれに基づく推論を介す必要があるものとして位置づけたため、自己知の特殊性の説明を放棄することになった（cf. Ryle [1949] pp. 155-6, 169-70, 179-81）。自分の行動は必ずしも自分が最もよく観察できるとは考えられないからである。このように、他者知の可能性と自己知の特殊性の両方を同時に説明することは必ずしも容易なことではないのである。

それでは、解釈主義は他者知の可能性と自己知の特殊性の両方を説明することができるのだろうか。第二章において全体論的行動主義として位置づけられたことからは、解釈主義は論理的行動主義と同様に、他者知の可能性を説明できるが、自己知の特殊性は説明できないということが示唆されるだろう。しかし、本当に、解釈主義は自己知の特殊性を説明することができないのだろうか。結論を先取りするならば、解釈主義は他者知の可能性だけでなく自己知の特殊性も説明することができる。その説明で鍵を握るのは、合理性やコミットメントといった、従来の自己知論ではあまり光を当てられることがなかった自己知の側面である。本章では、これらの側面に焦点を当てることによって、解釈主義による自己知の説明を試みる。しかし、まずは次節において、自己知の特殊性とはどのようなものかをもう少し詳しく見ることから始めよう。

1　自己知の特殊性

本章の冒頭で見たように、自己知には他者知にないいくつかの特殊性があると考えられる。本節では、この自己知の特殊性についてもう少し詳しく見ていこう。

1・1　自己帰属判断と自己帰属信念

しかし、そのための準備として、まず以下のことを確認しておきたい。人は、自分に自己知（自己認識）があることを、たとえば「自分は夕方に雨が降ると信じている」というように、自らに心的状態を帰属させる判断（自己帰属判断）を表明することによって示すことができる。この自己帰属判断の表明は、その判断主体が、自分は夕方に雨が降ると信じているという内容の信念を持っていることを示していて、このような自らに心的状態を帰属させる信念（自己帰属信念）が知識として認められる場合には、その判断主体に自己知があると認められるのである。これは、他者知（他者認識）に関しても同様である。人は、他者Xについて「Xは夕方に雨が降ると信じている」といった他者帰属判断を表明することによって、自分が、Xは夕方に雨が降ると信じているという内容の他者帰属信念を持っていることを示すことができ、その他者帰属信念が知識として認められる場合には、その人に他者知があると認められるのである。

これは、人が自己帰属判断や他者帰属判断を実際に表明したときにのみ、自己知や他者知が認められるということではない。人に自己知や他者知があると言えるために最低限求められるのは、問われれば（あるいは自問すれば）適切な自己帰属判断や他者帰属判断を表明することができるということにすぎない[3]。このように判断を表明することができるのであれば、適切な自己帰属信念や他者帰属信念が形成されていると言うことができるからである。そして、自己認識に他者認識にはない直接性や確実性があるとは、人は自己帰属信念を直接的に確実に形成することができるが、他者帰属信念を直接的に確実に形成することはできないということに他ならない。それでは、自己帰属信念を直接的に確実に形成することができるとは、そして他者帰属信念を直接的に確実に形成することができないとは、どういうことなのだろうか。

1・2　直接性と確実性

まず、他者帰属信念を直接的に形成することができないということから見ていこう。先に見たように、他者認識の場合には、まず他者の行動（行為）を観察する必要がある。それは、他者の心的状態は直には観察できないと考えられるからである。そしてわれわれは、この観察に基づいて、他者がどのような心的状態にあるのかを推論することによって他者認識を得る。他者帰属信念を直接的に形成することができないとは、他者帰属信念を形成するには、このような観察と推論を介すことが必要だということである。[4] それゆえ、解釈を介した他者帰属信念の形成はどれもまさに間接的だということになる。それに対して、自己帰属信念を直接的に形成することができるということは、自分の行動の観察とそれに基づく推論を介さずに自己帰属信念を形成することができるということに他ならない。これが、自己認識に他者認識にはない直接性があるということである。

これは、人が間接的に自己帰属信念を形成することはできないということを意味するわけではない。現にわれわれは、自分の過去の心的状態を認識するときには、あるいは、まれにではあるが自分の現在の心的状態を認識するときにも自己解釈を行うことがあるだろう。そして、そのような自己解釈を介した間接的な自己認識には他者認識と同程度の確実性しかないと考えられる。しかし、自己解釈を介さない直接的な自己認識には、他者認識にない確実性があると考えられる。つまり、直接的に形成される自己帰属信念は間接的に形成される他者帰属信念よりも確実だと考えられるのである。

それでは、直接的に形成される自己帰属判断が確実であるとはどういうことなのだろうか。それには二つの側面があると考えられる。まず、ある主体が自分は心的状態Mを持っているという自己帰属信念を直接的に形成するならば、その主体は実際にMを持つと考えられる。たとえば、ある主体が自分は夕方に雨が降ると信じているという自己帰属信念を直接的に形成するならば、その主体は実際に夕方に雨が降ると信じていると考えられる。このようにどの自己帰属信念にも誤りがないという特徴を「不可謬性（infallibility）」と呼ぶことにしよう。また逆に、ある主体がMを持つときには、その主体は問われれば（あるいは自問すれば）、自分がMを持っているという自己帰属信念を直接的に形成できるとも考えられる。たとえば、ある主体が夕方に雨が降ると信じているときには、その主体は問われれば、自分がそのような信念を持つという自己帰属信念を直接的に形成できると考えられる。このように自己帰属信念がどの心的状態についても漏れなく形成されるという特徴を「網羅性（exhaustiveness）」と呼ぶことにしよう。このように直接的に形成される自己帰属信念に認められる不可謬性と網羅性はどちらも、間接的に形成される他者帰属信念には認められない。ある主体が、他者Xが心的状態Mを持っているという他者帰属信念を間接的に形成するとしても、XがMを持っていないということはよくあることである。同様に、XがMを持つときに、別の主体がXのことをうまく解釈できずに、XがMを持つという他者帰属信念を形成できないということも当然のことながら、よくあることである。このように、直接的に形成される自己帰属信念にだけ以上のような不可謬性と網羅性があるということが、直接的な自己認識に他者認識にはない確実性があるということの内実である。

ただし、自己解釈を介さない直接的な自己認識においても、確実性が完全なものだとは考えられない。ごく常識的なこととして、たとえば人はときに自分が何を欲しているのかを正しく認識できないことがある。これは、自分の欲求についての自己帰属信念を直接的に形成する場合においても同様であるように思われる。しかし、人は自分がどのような心的状態にあるのかをたいていは正しく認識できているとは言えるだろう。自己認識の一人称権威にとって本質的なのは、完全な確実性があることではなく、他者認識よりも確実性に関して劣ることは概ねないということ、つまり、自己認識と他者認識の確実性の間に非対称性があるということなのである。

自己認識に他者認識にはない直接性や確実性があるということは、人は自己帰属信念を以上のような意味で直接的に確実に形成することができるが、他者帰属信念をそのように直接的に確実に形成することはできないということに他ならない。それでは、自己知にはなぜこのような特殊性があるのだろうか。解釈主義は、これを説明することができるのだろうか。先にも触れたように、一見すると、解釈主義は自己知の特殊性を説明できないように思われる。それは、われわれが自分の命題的態度を、他者の命題的態度を知るのと同様に解釈を介して知るのだとしたら、自己認識に直接性はなく、またその確実性も他者認識と同程度であることになってしまうと考えられるからである。しかし、本当に、解釈主義は自己知の特殊性を説明することができないのだろうか。

2　解釈の前提としての自己知——デイヴィドソンの説明

さて、ここからは解釈主義による自己知の説明の試みを見ていくことにしよう。その出発点として、デイヴィドソンの議論を足掛かりにしたい。デイヴィドソンは、本節の以下で示すように、命題的態度の自己認識の確実性（厳密に言えば、不可謬性のみ）を説明するために、文の解釈に着目する（Davidson [1984b] pp. 10-4; [1987] pp. 37-8）。つまり、文を解釈する際に話者に帰属させられる信念に関して、話者自身の自己認識に確実性があることを説明するのである。しかし、解釈には文の解釈だけではなく行為の解釈もある。また、文の解釈で主体に帰属させられるのは信念だけであるが、行為の解釈においては、行為の理由として欲求などその他の命題的態度も主体に帰属させられる。このように、「文の解釈で主体に帰属させられる信念に関する主体自身の自己知」という限定された文脈でのデイヴィドソンの説明は、そのままでは、命題的態度全般の自己知の説明としては不十分であると言わざるをえない。(5) また、デイヴィドソンが説明しているのは自己認識の確実性（厳密に言えば、不可謬性）だけであり、この点でも、デイヴィドソンの説明は自己知の特殊性の説明として不十分である。しかし、デイヴィドソンの説明には、以下（第4節以降）で見る、解釈主義による他の説明の試みに共通して見られるある考え方が示されている。それゆえ、まずはデイヴィドソンの説明を見ることから始めたい。

デイヴィドソンは、問題の自己知をどのように説明するのだろうか。まず、根元的解釈という観点から文の解釈を理解するデイヴィドソンによれば、主体によって発話された文「P」を解釈するということは、次の三つの知識を得ることに他ならない（Davidson [1984b] pp. 11-2)。

(1)話者が、ある状況Sで、文「P」を真とみなしていること。
(2)文「P」がQということを意味していること。
(3)話者が、ある状況Sで、Qと信じていること。

(1)の知識は、文の解釈のデータとして与えられる。また(2)の知識は、正確に言うと、

T（P）:「P」が真であるのは、Qであるときであり、かつそのときに限る。

というT文を意味理論において導出する過程の知識によって与えられる。そして、T（P）を導出する意味理論は、同時に任意の文のT文を導出することができるような意味理論であるから、(2)の知識は、その他のすべての文の意味の知識とともに与えられる。そして、自己知の特殊性が問題になるのは(3)の信念に関する知識である。それでは、なぜ(3)に関して自己認識の確実性が成り立つのか。

デイヴィドソンによれば、(1)と(2)の知識があれば(3)の知識もあると言える（Davidson [1984b] p. 11）。したがって、(3)に関して解釈者が持つ他者認識と話者本人の自己認識との間の非対称性は、(1)の知識か(2)の知識における非対称性に基づいていると考えられる。そして、(1)の知識は文の解釈のデータとして与えられるものであり、誰にでも容易に得られる。したがって、(1)の知識に関して解釈者と話者の間に非対称性は生じない。それゆえ、非対称性が生じるのは(2)に関する認識においてであるとデイヴィドソンは考える（Davidson [1984b] p. 12）。つまり、解釈者と話者がそれぞれ話者の言語に帰す意味理論の正しさがどのように保証されるのかという点において非対称性は生じるのである。解釈者が話者の言語に帰す意味理論が一般的に正しいという保証はない。解釈者が話者の言語に帰す意味理論では話者が発話する文をうまく解釈できないというときには、改めて意味理論を特定し直さなければならない。しかし、デイヴィドソンによれば、話者が自らの言語に帰す意味理論はその正しさが保証されている。それゆえ、三つの知識の関係により、(3)の信念に関する主体の自己認識には確実性があると言えるのである。

しかしなぜ、話者が自らの言語に帰す意味理論は正しさを保証されているのだろうか。デイヴィドソンは次のように言う。「［解釈者とは異なり、話者には自分の言葉が何を意味するのかについて正しさの保証があるという］この想定は、［文の］解釈の本性……にとって本質的である」（Davidson [1984b] p. 12）。つまり、話者自身が正しい意味理論を知っているということが、文の解釈という営みを成立させるためのそもそもの前提であるということである。

デイヴィドソンの説明はここで終わる。このように「話者自身が正しい意味理論を知っているということが、文の解釈という営みを成立させるためのそもそもの前提である」となぜ言えるのかは、それほど即座に理解できることではない。また、先にも確認したように、「文の解釈で主体に帰属させられる信念に関する主体自身の自己知」という限定された文脈でのデイヴィドソンの説明は、そのままでは、命題的態度全般の自己知の説明としては不十分であると言わざるをえない。しかし、デイヴィドソンの以上の説明の中には、以下（第4節以降）で見る、解釈主義による他の説明の試みにも共通して見られる論点を見出すことができる。それは、自己知の特殊性が成立するということが解釈という営みが成立するための前提であるという論点である。解釈が成立するということは、主体がさまざまな命題的態度を所有する主体として解釈可能だということである。したがってこれは、命題的態度の所有を解釈可能性によって理解する解釈主義の下では、自己知の特殊性が、主体が命題的態度を所有することが可能であるために要請される前提条件（すなわち、超越論的条件）として理解されているということに他ならない。

このように自己知の特殊性が命題的態度の所有の超越論的条件であるとすれば、自己知の特殊性は、命題的態度の所有者である主体にたまたま認められるようなものではなく、まさにその主体が命題的態度の所有者であるからこそ認められるようなものだと考えられる。つまり、自己知の特殊性は自己知の偶然的な特徴ではなく、あらゆる可能世界において成立する必然的な特徴であると考えられるのである。

しかし、自己知の特殊性をそのように必然的なものとして理解することはそもそも適切なのだろうか。この点は決して自明ではない。そこで次節では、解釈主義による他の説明の試みを見る前に、自己知の特殊性を解釈主義とは根本的に異なる仕方で理解する立場について見ることにしよう。それは「内的知覚説」とでも呼ぶべき立場である。

3　内的知覚説

内的知覚説（cf. Armstrong [1968] ch. 15; Lycan [1996] ch. 2）によれば、自己帰属信念は、心的状態を対象とするある種の知覚である内的知覚から直接的に生じる。これは、知覚的信念が知覚から直接的に生じるのと同様である。たとえば、公園に咲いている花を知覚して、公園に花が咲いているという知覚的信念を形成する場合、そこには自分の行動の観察に基づいて推論を行うという過程は含まれない。公園に咲いている花を知覚する以上、そこに観察が含まれているのは確かである。しかし、公園に花が咲いているという知覚的信念は、自分の行動の観察とそれに基づく推論の結果として形成されるわけではない。その知覚的信念はいわば知覚から自動的に形成されるのである。心的状態Mの自己帰属信念もこれと同様に、Mの内的知覚から自動的に形成される。そこには、自分の行動の観察に基づいて推論を行うという過程は含まれないと考えられる。それゆえ、内的知覚説によれば、自己認識には他者認識にない直接性があるのである。

それでは、自己認識に他者認識にない確実性があるということはどのように説明されるのだろうか。それは、自己帰属信念が内的知覚から自動的に形成される過程を、信頼可能な因果的過程として理解することによって説明される。つまり、この過程は、認識対象である心的状態に注意を向けるという状態が生じれば、たいていは、その結果としてその心的状態の自己帰属信念も形成されるような因果的過程になっているということである。内的知覚説によれば、これは、知覚的信念が生じる過程が、知覚対象に注意を向けるという状態が生じれば、たいていは、その結果としてその知覚的信念も形成されるような信頼可能な因果的過程になっているというのと同様である。そしてこの内的知覚の因果的過程は、内的知覚説において通常、脳の何らかのメカニズムによって実現されていると理解される。

もっとも、この内的知覚の信頼可能な因果的過程は、あくまでも因果的な媒介過程であるがゆえに、通常の知覚の場合と同様に、原因の状態と結果の認識状態のどちらか一方のみが生じるということがないわけではない。つまり、内的知覚の因果的過程を実現する脳のメカニズムに機能不全が生じていないとしても、自己認識に誤りや無知が生じることがあるのである。

しかしこれは、直接的な自己認識に他者認識と同程度の確実性しかないということではない。他者認識は、他者の行動の観察（知覚）に基づくだけでなく、さらに推論を介することによって得られる。それゆえ他者認識には、直接的な自己認識にはない推論の誤りの可能性がある。また、無知の可能性も同様にして直接的な自己認識の場合よりも多くなる。この限りにおいて内的知覚説は、直接的な自己認識に他者認識にない確実性があることを説明できると言えるだろう。

このように、内的知覚説は自己知の特殊性を説明することができるように思われる。しかし、内的知覚説に従えば、自己知の特殊性は、解釈主義が理解するところとは異なり、決して自己知の必然的な特徴ではなく、偶然的な特徴にすぎない。なぜなら、内的知覚説が訴える信頼可能な因果的過程は、あくまでも因果的な過程である限り、それが全く成立していないような可能世界を認めることができるからである。このような可能世界では、主体は、自分の心的状態を、自己解釈を介して認識しなければならない。これは、自己認識に直接性がないという可能性である。またこれは、自己認識に、解釈を介す他者認識と同程度の確実性しかないような可能世界が認められるということでもある。

さらに、内的知覚の因果的過程が脳のメカニズムによって実現されているとするならば、自分の脳を他者の脳と適切に接続させることによって他者の心的状態を内的に知覚できるようになるという可能性を、内的知覚説は認めることになるだろう。これは、他者認識が自己認識と同等の直接性や確実性を持つ可能性があるということである。このように、内的知覚説では、自己認識に他者認識にない直接性や確実性があるということは、偶然的なこととして理解されるのである。

それでは、このような内的知覚説の理解と解釈主義の理解のどちらが自己知の特殊性の理解として適切なのだろうか。これは非常に難しい問題である。なぜなら、これらの自己知の理解の根底には、心についての根本的に異なる見方がその土台としてあると考えられるからである。心的状態とその自己帰属信念の関係を内的知覚の因果的過程によって理解する内的知覚説は、第二章で見た広義の心脳同一説に親しい心の哲学であると言えるだろう。それに対して、解釈主義は、広義の心脳同一説とは根本的に異なる心の哲学である。このどちらに軍配が上がるかをここで簡単に結論づけることはできない。

しかし、もし解釈主義が自己知の特殊性を十分に説明できないのだとしたら、この点において解釈主義は広義の心脳同一説よりも妥当性に欠ける立場であるということになってしまうだろう。それゆえ本書では、解釈主義が自己知の特殊性を十分に説明できるのかどうかを考察する必要がある。前節で見たように、解釈主義によれば、自己知の特殊性は、解釈という営みが成立するため、すなわち主体が命題的態度を所有することが可能であるための超越論的条件であるがゆえに成立する。しかし、自己知の特殊性が成立しないとすると、本当に主体が命題的態度を所有することが可能でないことになるのだろうか。そうであるとするならば、それはなぜなのか。本章の以下では、自己知の特殊性を説明しようとする解釈主義の他の試みを見ることによって、この問いにどのように答えることができるのかを検討する。

4　合理性説

解釈主義の下で、以上の問いに対する説明を試みるものとして「合理性説」とでも呼ぶべき立場がある。以下では、この合理性説について見ることにしよう。[6]

4・1　自己知と合理性

合理性説によれば、われわれが命題的態度についての自己知を持つのは、以下のような概念的関係が成り立つからである。解釈主義の枠組みでは、まず解釈の構成原理であるチャリティーの原理により、主体が命題的態度を持っているためには主体は概ね合理的でなければならないと言える。そして、「合理的調整」の議論（cf. Shoemaker [1988] pp. 28-30; [1994] p. 240; McGinn [1997] pp. 21-2）によれば、合理的主体は、自分の命題的態度が合理性の基準に反しないように新たな命題的態度を形成したり命題的態度を変更したりする「合理的調整」ができなければならない。そしてそのためには、命題的態度の自己認識に確実性がなければならないのである。たとえばある探偵が、太郎が犯人であるならば次郎が共犯者だという信念Ｂ１と、実際に太郎は犯人だという信念Ｂ２を持っていたとする。ここで探偵が、次郎にアリバイがあることを知り、次郎は犯人でないという新たな信念Ｂ３を形成したとする。このままでは、探偵は矛盾した複数の信念を持つことになってしまう。合理性を維持するためには、探偵は、Ｂ１かＢ２のいずれかを放棄しなければならないのである。そのためには、自分がどのような信念を持っているかを正しく認識している必要がある。[7]それゆえ、主体が合理的であるためには、命題的態度の自己認識に確実性がなければならないのである。

もっとも、この確実性は完全なものである必要はない。第一章で見たように、命題的態度を持つ主体に要請される合理性は、概ねの合理性にすぎず、理解可能なものである限り、局所的に不合理性が生じる可能性は認められる。そして、そのような局所的な不合理性が認められるということは、その不合理な一部の命題的態度について主体が無知である可能性や、誤った自己認識が生じる可能性が認められるということに他ならない。

このように合理性説では、自己認識の確実性は、主体が命題的態度を持ちうるための超越論的条件として理解される。合理性説によれば、主体が命題的態度を持っているにもかかわらず、自己認識の確実性が成立しないという可能性はないのである。そしてこれは、解釈の構成原理であるチャリティーの原理によって主体に課せられる合理性の要請のうちに、主体に自己認識の確実性が成立することを求める要請が含まれているということでもある。以下では、この要請を「確実性の要請」と呼ぶことにしよう。合理性説は、このように確実性の要請が合理性の要請の一つであると考えることによって、自己認識の確実性の成立が、解釈という営みが成立するための前提であるということを説明しようとするのである。

それでは、自己認識の直接性はどのように説明されるのだろうか。一見する限り、以上の議論には、合理的調整に必要な自己認識が自己解釈を介さずに成立しなければならないという論点は含まれていないように思われる。そして、われわれがそのような自己解釈をつねに概ねうまく行うことができる卓越した自己解釈者であると想定することには何ら概念的困難はないように思われる。つまり、合理的調整の議論に従う限りでは、自己認識に確実性がなければならないと言えるとしても、直接性がなければならないとは言えないことになってしまい、自己認識の直接性を説明することができないように思われるのである。

4・2　合理性とコミットメント

しかし、合理性説によれば、合理的調整の議論をそのように理解することは、以下に説明するように誤りである。まず、主体が合理的調整の対象とする命題的態度とは、その主体にとってコミットメントのある命題的態度である。「コミットメントがある」とはどのようなことか。信念を例にしてこれを説明しよう。Pという内容の信念B(P)に主体のコミットメントがあるとは、主体が「P」の真理性を引き受けているということである。そして、「P」の真理性を引き受けているとは、「P」を前提とする理論的推論や実践的推論を行う用意があるということである。[8]たとえば、人間はみな死すべきものだという信念に主体のコミットメントがあるということは、主体に「人間はみな死すべきものだ」を前提とする理論的推論や実践的推論を行う用意があるということに他ならない[9]。さて先の例において、探偵が、次郎は犯人でないという新たな信念Ｂ３を形成したために、太郎が犯人であるならば次郎が共犯者だという信念Ｂ１か、実際に太郎は犯人だという信念Ｂ２のいずれかを放棄しなければならなかったのは、探偵が、それらの信念を、以上のような意味で自分のコミットメントのある信念として認識しているからに他ならない。探偵は「次郎は犯人でない」の真理性を引き受けている以上、「太郎が犯人であるならば次郎が共犯者だ」と「太郎は犯人だ」の両方を前提にして合理的な理論的推論や実践的推論を行うことができないということである。このように、主体が合理的調整の対象とする命題的態度とは、その主体自身のコミットメントのある命題的態度に他ならないのである。

それでは、主体が自己解釈を介して命題的態度を自己帰属させる場合、その命題的態度は、主体自身のコミットメントがある命題的態度だと言えるのだろうか。言えないように思われる。まず、主体が解釈を介してＢ(Ｐ)を他者に帰属させる場合、それにより主体自身が「Ｐ」そのものの真理性を引き受けていることにはならない。この場合に主体が引き受けなければならないのは、他者が「Ｐ」の真理性を引き受けていることの真理性だけであり、「Ｐ」そのものの真理性ではないからである。それゆえこの場合、Ｂ(Ｐ)に主体自身のコミットメントはないのである。そして、主体が自己解釈を介してＢ(Ｐ)を自己帰属させる場合も同様に、それにより主体自身が「Ｐ」そのものの真理性を引き受けていることにはならない。この場合のＢ(Ｐ)は、主体自身のコミットメントがないという点で他者の信念と同様に「自分の心的状態」とは呼べないものであり、その意味で、そこではいわば「自己疎外」ないし「主体の分裂」が生じているのである。

これに対しては、次のような疑問が生じるかもしれない。主体は、自己解釈を介してＢ(Ｐ)を自己帰属させるのだから、自分が「Ｐ」の真理性を引き受けていることの真理性を引き受けなければならないのではないか。そうであるならば、それにより主体は「P」そのものの真理性も引き受けていることになるのではないか。

しかし、それは誤解である。それを説明するためには、まずS・シューメイカーの「誤同定による誤りに対する免疫（immunity）」の議論（Shoemaker [1968]）を見る必要がある。この議論によると、観察に基づいて他者Xに何らかの身体状態Qを帰属させる他者帰属判断「XはQだ」（たとえば「Xは右手を挙げている」）には、Qの主体を同定し誤ることによる誤りの可能性がある。それは、この判断が、「誰かがQだ」という判断と「その誰かはXだ」という判断から導出されるものであり、後者の判断において、Qの主体を同定し誤る可能性があるからである。つまり他者Xは、他者帰属判断を生み出す過程で、観察や推論の対象として意識されているのである。それに対して、身体感覚に基づいて自らに何らかの身体状態Qを帰属させる自己帰属判断「私はQだ」（たとえば「私は右手を挙げている」）には、そのような誤りの可能性がない。それは、この判断が、「誰かがQだ」という判断と「その誰かは私だ」という判断に基づくことなく直接的に生み出されるものだからである。他者帰属判断において他者Xは対象として意識されているのに対して、自己帰属判断において私は対象としてではなく、私にとっていわば「透明」な、主体として意識されているのである。

先に確認したように、主体が合理的調整の対象とする命題的態度とは、その主体自身のコミットメントのある命題的態度に他ならない。これは、主体が合理的であるためには、主体が自己帰属させる命題的態度、たとえばB（P）に主体自身のコミットメントがなければならないということである。つまり、その主体はその場合、「P」そのものの真理性を引き受けていなければならないのである。しかし、主体がB（P）を自己帰属させるということは、文字通りには、その主体が、自分が「P」の真理性を引き受けていることの真理性を引き受けているということにすぎない。このときに同時に、主体自身が「P」そのものの真理性を引き受けていなければならないということは、B（P）を自分のコミットメントのある信念として自己帰属させるというときの自分が、主体にとっていわば「透明」な、主体としての自分になっていなければならないということに他ならない。それに対して、自己解釈での「自分」の把握には、他者を解釈する際の他者の把握と同様に誤同定の可能性がある。つまり、自己解釈で捉えられた自分は、まずは解釈において対象として捉えられた誰かであり、主体にとって「透明」な、主体としての自分ではない。それゆえこの場合、主体自身が「P」そのものの真理性を引き受けていることにはならないのである。

以上のようにして、合理性説は、なぜ命題的態度の自己認識が自己解釈を介したものであってはならないのかを説明することができる。合理的調整の議論によれば、主体が合理的であるためには、主体自身のコミットメントのある命題的態度について自己認識の確実性が成立しなければならない。そして、主体自身のコミットメントのある命題的態度について自己認識の確実性が成立するためには、その自己認識は自己解釈を介したものであってはならないのである。このように、自己認識の直接性もまた必然的なものとして説明される。これは、チャリティーの原理によって主体に課せられる合理性の要請のうちに、主体に自己認識の直接性が成立することを求める要請も含まれているということである。以下では、この要請と先の確実性の要請をまとめて「自己知の要請」と呼ぶことにしよう。合理性説は、このように自己知の要請が合理性の要請の一つであると考えることによって、自己知の特殊性を説明するのである。

しかし、以上の説明ではまだ、命題的態度の直接的な自己認識が主体においていかにして可能になっているのかということの内実は明らかでない。そして、これが説明可能でない限り、命題的態度の自己知が知識であることの実質はまだ十分に説明されたとは言えないように思われる。合理性説は、超越論的条件による自己知の特殊性の説明（すなわち、超越論的論証）に加えて、この内実の説明も与えることはできるのだろうか。最後に次節では、この説明の可能性についても考えてみよう。

5　透明性手続き——技能知に支えられた自己知

R・モランは、自己認識の直接性を説明するために、以下に引用するG・エヴァンズの見解に言及する（Moran [2001] p. 63）。

> 信念を自己帰属させる際、主体の眼はいわば、あるいはときには文字通りに、外界へと向けられる。「あなたは第三次世界大戦が生じると信じているか？」と問われたとき、私はそれに答えるために、「第三次世界大戦は生じるだろうか？」という問いに答えるために眼を向けるのと全く同じ外界の現象に、眼を向けるに違いない。私は、Pかという問いに答えるための手続きを遂行することによって、自分がPと信じているかという問いに答えようとするのである。（Evans [1982] p. 225）

この見解によれば、主体はまず、「あなたはPと信じているか」という問いを「Pか」という問いに変換する。次に主体は、「P」の真理性を引き受けるかどうかを判断するために、Pの証拠を求めて外界に眼を向ける。そしてその判断に基づいて、自分の信念に関する解釈を介することなく、B(P)を自己帰属させるかどうかを判断するのである。このように解釈を介すことなく信念を自己帰属させることができるのは、その信念が主体自身のコミットメントがある信念だからに他ならない。そして、主体がこのように「あなたはPと信じているか」という自分の信念に関する問いを、「Pか」という信念内容に関する問いに変換するということは、主体自身のコミットメントのある信念を自己帰属させるときには、「私」という主体だけでなく「〜と信じている」という態度もまた、対象としては捉えられておらず、主体にとっていわば「透明化」しているということである。そこで以下では、このような判断の手続きを「透明性手続き」と呼ぶことにしよう。合理性説は、この「透明性手続き」を命題的態度一般に適用することによって[10]、命題的態度の直接的な自己認識の内実を説明できるように思われる。

これに対しては、次のような疑問が生じるかもしれない。主体は透明性手続きにおいて、「P」という判断から直にB(P)を自己帰属させているのではなく、まず「P」という自分の発話ないし内語を観察し、この観察に基づく推論を介してB(P)を自己帰属させているのではないだろうか。しかしこれは、自己解釈を介した自己帰属に他ならない。つまり、透明性手続きでは直接的な自己認識の内実を説明できないのではないだろうか。

この疑問に対しては次のように答えたい。主体は、「P」という判断に加えて、自己解釈を介することによってB(P)を自己帰属させているわけではなく、あくまでも「P」という判断から直にB(P)を自己帰属させている。つまり主体は、透明性手続きを、自己認識の対象である命題的態度の内容に関する判断から端的に自己帰属判断を下すという一つの技能知（knowing how）に基づいて行っているのである[11]。

そして、主体がこの技能知に基づいて透明性手続きを行えるということは、主体が、自己帰属させる命題的態度の概念（つまり、「信念」や「欲求」といった概念）を持っているということを示している。実際、たとえばある主体が「P」と判断したにもかかわらず、「自分はPと信じていない」などと判断したとしたら、その主体が合理的で、自分のコミットメントのある命題的態度を持ちうる主体である限り、われわれはその主体が信念の概念を持つとは認めないだろう。つまり、透明性手続きを支えている技能知とは、命題的態度の概念の所有を（部分的に[12]）具現する技能知なのである。

以上の透明性手続きに対してはなおも次のような疑問が生じるかもしれない。本章の第1節で、人に自己知があるということは、問われれば適切な自己帰属判断を表明することができるということだと論じられた。合理性説の下では、これが、自己知を持つ人は問われればつねにその場で透明性手続きに基づいて自己帰属判断を下すということを意味するのだとしたら、それは自己知の説明として不適切ではないだろうか。人が透明性手続きに基づいて自己帰属判断を下すのは、自己帰属させる命題的態度を新たに形成する場合だけであり、すでに形成されている命題的態度を自己帰属させる場合には、その場で透明性手続きを行うまでもなく自己帰属判断を表明することができるように思われるからである。

確かに、すでに形成されている命題的態度を自己帰属させる場合には、命題的態度の内容に関する判断、たとえば「P」という判断を下すことなく、直にその命題的態度、たとえばB(P)の自己帰属判断を表明することができるように思われる。しかしこれは、自己帰属判断が透明性手続きに基づくものだということに反するわけではない。透明性手続きにおいてまず「P」という判断を下すことの意味は、それによって「P」の真理性を引き受け、自分のコミットメントを形成することにある。つまり、「P」という判断に基づいて直にB(P)を自己帰属させることができるということの眼目は、「P」と判断することによっていったん「P」の真理性を引き受け、自分のコミットメントを形成したならば、それに基づいて直にB(P)の自己帰属判断を表明することができるということなのである。すでに形成されているB(P)を自己帰属させる場合、そのB(P)が自分のコミットメントのある信念である限り、主体はすでに「P」の真理性を引き受けている。それゆえ、主体は改めて「P」と判断することなく、直にB(P)の自己帰属判断を表明することができるのである。このように透明性手続きの眼目は、ある命題的態度を自分のコミットメントのある命題的態度としていったん形成したならば、その自分のコミットメントに基づいて直にその命題的態度の自己帰属判断を表明することができるということにある。それゆえ、透明性手続きを支える技能知もこの観点から捉え直す必要がある。つまりそれは、自分のコミットメントに基づいて端的に自己帰属判断を表明するという技能知なのである。

まとめよう。一見すると、解釈主義は自己知の特殊性を説明することができないように思われた。それは、われわれが自分の命題的態度を、他者の命題的態度を知るのと同様に解釈を介して知るのだとしたら、自己認識に直接性はなく、またその確実性も他者認識と同程度であることになってしまうと考えられたからであった。しかし、このように考えてしまうのは、命題的態度についての解釈主義の存在論的主張と、命題的態度についてのわれわれの実際の知り方に関する認識論的主張を混同しているからに他ならない。解釈主義は、われわれが自分の命題的態度を知るときにつねに解釈を介していると考える必要はない。解釈主義は、「合理性」や「コミットメント」という概念に基づく超越論的論証によって自己知の特殊性を説明することができる。そして、解釈主義によれば、直接的な自己認識の内実は、主体がある命題的態度を自分のコミットメントのある命題的態度としていったん形成したならば、そこから、命題的態度の概念の所有を（部分的に）具現する技能知に基づいて、端的にその命題的態度の自己帰属判断を表明することができるということにあるのである。

第七章　解釈主義と不合理性

われわれはときに、「龍一のあの行為は不合理である」とか「晴臣のあの信念は不合理である」というように、不合理な行為や命題的態度について語ることがある。解釈主義は、これらの不合理な行為や命題的態度の存在を説明することができるだろうか。本章では、この問いに対する一つの回答を試みる。しかし、そもそもなぜ、不合理な行為や命題的態度の存在を説明することが解釈主義にとって問題になるのだろうか。

解釈主義によれば、主体がある命題的態度を持っているということは、その主体がその命題的態度を所有する主体として解釈可能であるということに他ならない。第一章で確認したように、解釈が成立するためには、解釈対象の主体が合理性の要請を満たしていると想定しなければならない。しかし、解釈主義の下で「不合理な行為」や「不合理な命題的態度」を文字通りに理解するならば、それらは、合理性の要請に反する行為や命題的態度であることになる。不合理性をそのようなものとして理解することは可能なのだろうか。解釈主義の下では、合理性の要請を満たさない行為や命題的態度はもはやその存在を理解することさえできないということになってしまうのではないだろうか。

しかし、そう簡単に結論づけてしまうのは誤りである。なぜなら、単にある合理性の要請に反するというだけでは、必ずしも、解釈主義においてその存在を理解することが困難になるわけではないからである。たとえば、第一章で見たように、真理性の要請に反する偽なる信念は、その存在が局所的である限りは、必ずしも理解不可能なものとして位置づけられるわけではない。真理性の要請は概ね満たされていればよいのである。解釈主義にとって問題だと考えられる不合理な行為や命題的態度の存在は、このような偽なる信念の局所的存在と何が違うのだろうか。それらの存在は本当に、解釈主義にとって理解することすら困難なものなのだろうか。本章では、この点について考察していく。

1　意志の弱い行為と自己欺瞞的な信念

解釈主義にとって問題だと考えられる不合理な行為や命題的態度とは、それぞれ「意志の弱い行為」や「自己欺瞞的な信念」と呼ばれるものである。本節では、これらの存在がなぜ解釈主義にとって問題になるのかを詳しく考察するための準備として、まずは、これらの行為や信念がどのようなものであるかを見ていこう。

意志の弱い行為の典型例は、禁煙中の人がタバコの誘惑に負けて目の前にあるタバコを吸ってしまう、というような行為である。しかし、厳密に言うと、意志の弱い行為とはどのように定義されるものなのだろうか。デイヴィドソンによると（Davidson [1969] pp. 39-41）、意志の弱い行為は、「最も望ましい行為についての行為の時点でのＡＴＣ判断に反する自由な（意図的）行為」として定義される。本書でもこの定義に従って、意志の弱い行為を理解する。この定義によると、上の例の行為者は、行為の時点で「（自らが考慮しうる）すべてを考慮する限り、目の前のタバコを吸わないことが最も望ましい」というＡＴＣ判断を下しているにもかかわらず、自由な行為として、目の前のタバコを吸ってしまったと解釈されるからこそ、意志の弱い行為を為したと解釈されるのである。

それでは、自己欺瞞的な信念とはどのようなものなのだろうか。自己欺瞞は、伝統的に次のように理解されてきた（cf. Davidson [1986a]）。自己欺瞞の主体は、「P」が偽であることを正当化する証拠をある程度所有していて、それゆえPでないという信念B（～P）を所有しているにもかかわらず、Pであってほしいという欲求D（P）を持つがゆえに意図的に自らを欺き、Pという内容の自己欺瞞的信念B（P）を形成する（そして、それを保持する）。[1]

この伝統的理解に従えば、次の例に出てくる花子という人は、自己欺瞞的信念を形成するに至ったと解釈される主体の一例である。花子は、最近、夫が浮気をしているのではないかと疑い始めていた。夫は最近、毎週土曜日の夜に「仕事上のつきあいで釣りに行く」と言って出かけ、日曜日の朝に帰宅する。しかし、釣り上げた魚を持ち帰ったことはこれまで一度もない。しかも、なぜか服に強い香水の香りをつけて帰宅する。夫はしばしば嘘をつく。これは疑わしい……。花子は以上のように考え、夫が浮気をしていると信じるようになった（ここではこの信念をB（～P）とする）。しかし、花子は夫を愛しており、夫が浮気をしているなどということは、花子には到底受け入れられないことだった（つまり、花子は夫が浮気をしていないことを強く欲していた）。そのため、花子は意図的に自らを欺こうとして、次第に次のように解釈するようになった。一夜を明かすのは、釣りに行くのだから不自然ではない。夫が魚を持ち帰ったことがないのは、夫が釣りの初心者だからだ。夫の上司は女性だと聞いている。服についている香水の香りは、一緒に釣りに行った上司の香水の香りに違いない。それに、夫は以前と変わらず自分に優しくしてくれる。自分の誕生日や結婚記念日にも忘れずにプレゼントしてくれる。こうして、花子はついに、夫は浮気をしていないという信念B（P）をも所有するに至った。しかし、現実には、夫はやはり浮気をしていたのだった。

このような伝統的な理解は、自己欺瞞における「欺瞞」を文字通りに受け取り、他者に対する欺瞞をモデルとして理解するものである。他者を欺いてPと信じさせるということは、欺く側はPでないと信じているということである。

また他者を欺くということは、「欺く」という語の意味からして、典型的には意図的に行われるものである。それゆえ伝統的枠組みでは、自己欺瞞的信念の主体は、B(P)を所有すると同時にB(~P)も所有し、また、意図的行為として自らを欺くと理解されるのである。

さて、以上のような意志の弱い行為と自己欺瞞的な信念は、なぜ解釈主義の下で説明することが困難なものであると考えられるのだろうか。これらの存在は、真理性の要請に反する偽なる信念の局所的な存在とは何が違うのだろうか。以下では、意志の弱い行為、自己欺瞞的な信念の順に、この点を詳しく見ていこう。

2　意志の弱い行為と行為の因果説

意志の弱い行為はいかなる意味で不合理なのだろうか。デイヴィドソンによれば（Davidson [1969] pp. 41-2）、意志の弱い行為の不合理性は、それが「（自らが考慮しうる）すべてを考慮する限り（つまり、自分のATC判断において）最も望ましいと判断される行為を為さなければならない」という自制の原理に反しているという点にある。つまり、意志の弱い行為は、合理性の要請の一つである自制の原理に反するがゆえに不合理な行為として解釈されるのである。しかし、自制の原理に反する行為の存在は、真理性の要請に反する偽なる信念の局所的存在と何が違うのだろうか。なぜ意志の弱い行為の存在は解釈主義にとって問題となるように思われるのだろうか。それは、解釈主義が意志の弱い行為の生起を説明できるかどうかを考えることを通してはじめて明確になる。以下で説明するように、一見すると、意志の弱い行為がなぜ生起したのかを説明するためには行為の因果説が必要であるように思われる。それに対して解釈主義は、第二章で見たように、行為の反因果説を唱える。したがって、意志の弱い行為の生起を説明するには行為の因果説が必要だとすれば、それは、解釈主義の下で意志の弱い行為の存在を理解することができないということを意味する。しかし、本当に意志の弱い行為の生起を説明するために、行為の因果説が必要なのだろうか。そして、行為の因果説が必要でないとしたら、意志の弱い行為の存在は解釈主義にとって問題ではないことになるのだろうか。本節と次節では、これらの問いについて詳しく検討することを通して、意志の弱い行為の存在に関わる解釈主義にとっての問題の核心がどこにあるのかを明らかにしたい。

なぜ意志の弱い行為は生じるのだろうか。行為者がATC判断を下しているにもかかわらず、なぜそれに反する行為が生じるのだろうか。デイヴィドソンはこの問いに対して明確な回答を示していない。それに対して、G・ワトソンやA・R・メレは、欲求（ないし価値判断）が持つ価値評価の側面と動機づけの強さの側面を区別し、最も高い価値評価を得た行為が最も強く動機づけられているとは限らないために、意志の弱い行為は生じると言う（Watson [1977] pp. 38-9; Mele [1987] pp. 38-9）。「ATC判断に反する行為」という定義に当てはめて言うならば、意志の弱い行為が生じるのは、ある行為がATC判断において最も望ましいと評価されたとしても、行為者のさまざまな欲求（ないし価値判断）によって最も強く動機づけられているのはその行為ではなく、別の行為（すなわち意志の弱い行為）だからなのである。たとえば、先のタバコの例で言えば、行為者は「すべてを考慮する限り、目の前のタバコを吸わないことが最も望ましい」というATC判断を下しているとしても、目の前のタバコを吸わないという行為が（たとえば、健康を維持したいという欲求によって）動機づけられるよりも、目の前のタバコを吸うという行為の方が（たとえば、快感を味わいたいという欲求によって）強く動機づけられているがゆえに、目の前のタバコを吸ってしまうということである。このようなワトソンやメレの説明が正しいとしたら、それは、意志の弱い行為の生起が、行為の因果説によってはじめて説明されるということを意味する。なぜならATC判断における価値評価は、実践的推論の合理性に従って導出されるのに対して、動機づけの強さは、意志の弱い行為においては、そのような価値評価によって完全には決定されない因果的な力として理解されるからである。

しかし、行為の生起が因果説によってはじめて説明されるという論点はこれにとどまらない。意志の弱い行為の生起が因果説で説明される必要があるのだとしたら、自制の原理に従った通常の行為である自制的行為の生起もまた因果説によって説明される必要があるように思われる。ワトソンやメレの説明では、自制的行為は、ATC判断において最も望ましいと評価された行為が、最も強く動機づけられることによって生じる。しかし、この行為が最も強く動機づけられるのは、その行為がATC判断において最も望ましい行為として評価されたからであるとは言えない。なぜなら、意志の弱い行為の場合に見たように、ATC判断における価値評価そのものには、動機づけの強さを決定する力がないからである。自制の原理に従った自制的行為においても、事情は同じはずである。自制的行為の生起もまた行為の因果説によってはじめて説明されるのである。このように、ワトソンやメレの説明は、デイヴィドソンの行為の因果説とは異なるが、個々の欲求（ないし価値判断）と行為の間の因果関係に訴える説明が必要であるとする点で、行為の因果説の一つとして数えることができるだろう。

以上のように、意志の弱い行為の生起を説明するには、意志の弱い行為だけでなく行為一般の生起を行為の因果説で説明する必要があるように思われる。しかし、そもそも行為の因果説は行為の生起の説明として適切なのだろうか。本節の後半では、行為の因果説に対して根本的に批判的な眼差しを向けてみたい。

行為の因果説に対する最大の疑問は、この説明では、行為者が因果的力の前に為す術もない受動的存在になってしまうように思われるという点である。この点は、行為の因果説の下では、通常の（意図的）行為と、薬物中毒や恐怖症などのために生じる心理的強制との違いが曖昧になってしまうということによって示唆される。たとえば、ある薬物中毒患者が、「すべてを考慮する限り、目の前の薬物を使用しないことが最も望ましい」というATC判断を下しているとする。しかし、この患者は薬物中毒になっているため、目の前の薬物を使用するという行為を動機づける欲求の因果的力の前に為す術もなく、目の前の薬物を使用してしまう。行為の因果説の下では、意志の弱い行為においても、行為者は同じく、意志の弱い行為を動機づける欲求の因果的力の前に為す術もなく、受動的に意志の弱い行為を為してしまうと理解されることになるのではないだろうか（cf. Watson [1977] pp. 44-6）。そして事情は、自制的な行為においても同じであるように思われる。

しかし、もし行為者がこのような受動的存在であるとするならば、行為者は自由な行為の主体ではありえないように思われる。なぜなら、ある行為が自由な行為であるためには、行為者はその行為の遂行を主体的に決定できていなければならないように思われるからである（cf. 成田 [2004]）。行為の因果説の下では、行為者は、欲求が持つ因果的力を自ら制御することができない。自分が実践的推論において合理的にいかなる価値判断を下していようとも、どの行為が生起するかは因果的な力のはたらきに任せる他ないのである。したがって、行為の因果説の下では、行為は一般に「自由な行為」とは言えなくなってしまう(2)。しかし、自制的行為はもちろん意志の弱い行為も含めて、行為が一般に自由な行為であるということは否定しがたいように思われる。なぜなら、われわれは意志の弱い行為についても、自分の行為であるという意味での責任を問うことができると考えられるからである。たとえば、ある人が、誘惑に負けて目の前のタバコを吸ってしまったことによって周囲の人々に迷惑を掛けてしまったとしたら、われわれは、その人の意志の弱さを非難するのとは別に、その人が周囲の人々に迷惑を掛けたことそれ自体を非難するだろう。これは、意志の弱い行為であっても、それが自由な行為として理解されているということを意味するように思われる(3)。それゆえ、行為の生起は一般に、行為の因果説によって説明されるべきではないのではないだろうか。

以上の議論に対しては反論が容易に思い浮かぶかもしれない。まず、自制的行為においても意志の弱い行為や心理的強制と事情は同じになってしまうという論点に対して、次のような反論が思い浮かぶだろう。事情が同じになると思われたのは、自制的行為における自己制御（self-control）のはたらきを無視しているからである。ここで言う「自己制御」とは、行為者自身が欲求の因果的力を制御して動機づけの強さをＡＴＣ判断における価値評価に一致させるはたらきのことである。たとえば、タバコの誘惑に負けそうになったときに、自分のＡＴＣ判断を何度も再確認することによって注意を目の前のタバコから別の対象へと逸らし、目の前のタバコを吸わずに済ませる、というようなはたらきが自己制御である。このような自己制御のはたらきを行為の生起の説明に含めることができれば、行為者の主体性、すなわち行為者による主体的決定の存在を認めることができるのではないだろうか。

確かに、このような自己制御のはたらきによって欲求の因果的力を実際に制御できているというのが自制的な行為についての一つの理解だろう。しかし、この反論は不十分であるように思われる。なぜなら、仮に以上のように自己制御のはたらきに訴えることで自制的行為と意志の弱い行為や心理的強制との区別が可能だとしても、意志の弱い行為が「自由な行為」と呼べないものになってしまうという点に変わりはないからである。自己制御の議論によれば、自制的行為には自己制御がはたらいているがゆえに行為者の主体性を見出すことができる。しかし、意志の弱い行為では何らかの原因で自己制御がうまくはたらいていない。この限りで、意志の弱い行為と心理的強制の区別は依然として曖昧なままである。

これに対しては、ワトソンによる次のような反論を挙げることができる。ワトソンは、教育や訓練で身につくような通常の自己制御の能力が仮にはたらいていたとすれば自制的行為を為すことができたかどうかによって、意志の弱い行為と心理的強制とを区別できると言う（Watson [1977] pp. 48-52; cf. Mele [1987] pp. 22-4）。つまり、意志の弱い行為と心理的強制はともに、実際には通常の自己制御をうまくはたらかせることができなかったケースであるが、心理的強制のケースでは、仮に通常の自己制御をうまくはたらかせることができたとしても欲求の因果的力の前に為す術もないという状況を打開できなかっただろうと理解されるのに対して、仮に通常の自己制御をうまくはたらかせることができたとすれば欲求の因果的力を制御できただろうと理解されるのが意志の弱い行為のケースだということである。

しかし、この反論も不十分であるように思われる。なぜなら、意志の弱い行為のケースでは、通常の自己制御が実際にはうまくはたらいていないために、行為者が欲求の因果的力に対して受動的になっているということに変わりはなく、それゆえ、以上の反論によって意志の弱い行為と心理的強制の区別が可能だとしても、意志の弱い行為において行為者の主体性は依然として回復されていないことになるからである。それゆえ、意志の弱い行為はやはり、その生起が行為の因果説で説明される限り、「自由な行為」とは呼べないものになってしまうように思われる。

このように、意志の弱い行為の生起を行為の因果説で説明することは適切ではないように思われる。しかしそれでは、解釈主義が支持する行為の反因果説であれば、それを説明することが可能なのだろうか。次節では、この点を検討することによって、意志の弱い行為の存在を説明することが本当に解釈主義にとって問題になるのか、そして、それが問題になるのだとしたら、その問題の核心はどこにあるのかを考察しよう。

3　ATC判断の二つの視点と主体の分裂

第二章で見たように、行為の反因果説は、実践的推論とは別に欲求・信念と行為の間の因果関係を考慮することなく、実践的三段論法からATC判断を経て全面的判断を導出する実践的推論の過程を考慮するだけで行為の生起を説明できるとする。それゆえ、行為の反因果説を唱える解釈主義の下で意志の弱い行為の生起を説明するためには、行為者は実践的推論において何らかの形で、意志の弱い行為を最も望ましい行為とするATC判断を下していると考える必要があるように思われる。つまり、意志の弱い行為は、それを為さないことを最も望ましい行為とするATC判断に反している一方で、それを為すことを最も望ましい行為とするATC判断を下しているが<u>ゆ</u>えに生じる行為として理解されなければならないということである。そして、このように理解することが可能であれば、解釈主義の下でも意志の弱い行為を主体性のある自由な行為として理解することも可能であるように思われる。自由な行為の主体性は、実践的推論による主体的決定として理解されるからである。

これに対しては、次のような反論が容易に思い浮かぶ（cf. Watson [1977] p. 55）。そのようなことがいかにして可能なのだろうか。それを為さないことを最も望ましい行為とするATC判断を下した行為者が、それを為すことを最も望ましい行為とするATC判断も下しているということは、内的不整合が生じているということである。したがってそれは、その行為者が二人の主体に分裂しているのでない限り、前者のATC判断を取り下げたということを意味するのではないだろうか。しかし、そうであるならば、その行為者は意志の弱い行為を為したのではなく、単に心変わりしただけである。

しかし、この反論が妥当であるのは、二つのATC判断を限定する、「すべて」についての考慮が、同じ種類のものであると前提している場合に限られるのではないか。それらの考慮が両立可能な異なる種類のものであるとするならば、上の反論は必ずしも妥当ではないように思われる。「すべて」についての考慮が異なる種類のものであるならば、二つのATC判断は全体として異なる種類の判断であることになり、両者の間に内的な不整合は生じないと考えられるからである。それでは、二つのATC判断はいかなる意味で異なる種類のものであると言えるのだろうか。

この難題を解く鍵は、価値判断における二つの視点を区別することである。この二つの視点の区別は、まさに意志の弱い行為において鮮明になる。通常、意志の弱い行為において行為者が誘惑されてしまう欲求の対象は、行為者にとって時間的にあるいは空間的に近接しているために、行為者が実際に強く注意を向けている対象である。たとえば、目の前のタバコを吸わないことを最も望ましい行為とするATC判断を下しているにもかかわらず目の前のタバコを吸ってしまうのは、そのタバコがまさに目の前にあり、注意の対象になっているからであると考えられる。それに対して、そこで行為者が背いているATC判断は、行為者が特定の欲求の対象に注意を集中させることなく、すべての欲求の対象をあたかも俯瞰的に眺望するかのようにして、比較考量した結果、下す判断であると考えられる。[4] このように、意志の弱い行為においては、行為者は一方で、特定の対象への注意集中を伴わない俯瞰的視点からATC判断を下しつつ、他方では、時空間的な近接性に左右される、特定の対象への注意集中を不可欠に伴う認知状況拘束的視点にも立って行為を遂行するに至ると言えるだろう。

通常、自制の原理において従うべきATC判断として理解されているのは、以上のように俯瞰的視点から下される判断である。しかし、行為の望ましさに関わる「すべて」を考慮できる視点は、俯瞰的視点だけではない。行為者は、自らが置かれている認知状況に拘束された視点から「すべて」を考慮することもできる。いやむしろ、行為者は、身体を持ち環境の中で行為を遂行する主体である以上、実際に行為を遂行する際にはいやでも必ず、自らが置かれている認知状況に拘束された視点からATC判断を下し、それに従うことになる（つまり、認知状況拘束的視点からのATC判断のゆえに行為することになる）ように思われる。もちろん、このように認知状況拘束的視点から行為の望ましさを判断するときには、まさに認知状況に拘束されているがゆえに、俯瞰的視点からATC判断を下すときよりも考慮できる観点の範囲が狭くなるかもしれない。しかし、それは、認知状況拘束的視点からできる限りすべてを考慮して望ましさを判断することができないということを意味するわけではない。行為の望ましさに関わる「すべて」が「自らが考慮しうるすべて」にすぎないという点では、俯瞰的視点からのATC判断と変わりはないのである。[5]

先に「異なる二種類の考慮によって限定される二つのATC判断」ということで指していたのは、以上のような俯瞰的視点からのATC判断と認知状況拘束的視点からのATC判断に他ならない。[6] 以下では、それらをそれぞれ「俯瞰的ATC判断」、「認知状況拘束的ATC判断」と呼ぶことにしよう。このように二種類のATC判断の区別を考えることができるとすれば、二つのATC判断が内的不整合を来していると考える必要はない。そして、意志の弱い行為とは、それを為さないことを最も望ましい行為とする俯瞰的ATC判断に（それゆえ自制の原理に）反している一方で、それを為すことを最も望ましい行為とする認知状況拘束的ATC判断を下しているがゆえに生じる行為として理解することができる[7]。また、この理解の下では、自制的行為を可能にする自己制御は、行為の因果説が考えるように行為者自身が欲求の因果的力を制御して動機づけの強さをATC判断における価値評価に一致させるはたらきのことではなく、俯瞰的ATC判断に認知状況拘束的ATC判断を一致させるはたらきのこととして理解される。この理解の下では、いずれの場合でも、なぜある自由な行為が生じたのかは、実践的推論においてその行為を最も望ましい行為とする認知状況拘束的ATC判断が下されたからであるという理由、すなわち実践的推論の合理性によって説明される（それに対して、単なる心理的強制にはいかなる認知状況拘束的ATC判断も伴っているとは考えられない）。そして、自由な行為の主体性は、実践的推論による主体的決定として理解される[8]。このように、自由な行為の生起を行為の反因果説で説明することも可能なのである。

しかし、これに対してはなおも、次のような疑問が生じるように思われる。俯瞰的視点と認知状況拘束的視点という二つの視点からであれ、行為者は互いに相反する二つのATC判断を下していることになる。このような二つのATC判断を下している主体を、一人の主体として理解することはできないのではないか。この状況を理解可能にするには、やはり、二つの視点のそれぞれに異なる主体を当てはめ、主体の分裂を認める他ないのではないだろうか。そして、俯瞰的ATC判断を下した主体と認知状況拘束的ATC判断を下した主体が異なる主体であるのならば、認知状況拘束的ATC判断に基づいて問題の行為を為した主体は、「自分のATC判断に反する行為を為した」とは言えず、意志の弱い行為の存在が理解できないことになってしまうのではないだろうか。

このように、解釈主義における意志の弱い行為の問題は、自制の原理という合理性の要請に反するという問題だけでなく、主体の分裂の問題へと行き着く。これに対して、真理性の要請に反する偽なる信念の局所的存在の場合には、このような主体の分裂の問題は生じないように思われる。この場合には単に、一人の主体が大部分の真なる信念の他に局所的に偽なる信念も所有していると理解されるだけである。意志の弱い行為の存在を説明することが、解釈主義にとって問題であるように思われるのは、このように、解釈主義の行為の反因果説の下で意志の弱い行為の生起を自由な行為の生起として説明するためには、主体が二つの異なる視点から同時に二つのＡＴＣ判断を下していると解釈する必要があり、これが一人の主体を二人の主体へと分裂させてしまうように思われるからなのである。

4　自己欺瞞の二つのパラドクス

ここからは、自己欺瞞的信念について考えていこう。自己欺瞞的信念の存在は、真理性の要請に反する偽なる信念の局所的存在と何が違うのだろうか。その存在を説明することが、なぜ解釈主義にとって問題となるのだろうか。

第1節で見たように、伝統的な理解によれば、自己欺瞞の主体はまず、自己欺瞞的な信念Ｂ(Ｐ)を所有すると同時に、それとは矛盾する内容を持つ信念Ｂ(～Ｐ)も所有する。このような内的不整合を生み出す（つまり、合理性の要請の一つである内的整合性の要請に反する）という点に、自己欺瞞的信念が不合理な信念であると考えられる理由の一つがある。また、伝統的理解によれば、自己欺瞞の主体は、意図的行為として自らを欺く。伝統的理解は、自己欺瞞をまさに以上のように理解するがゆえに、二つのパラドクスに直面してしまうとしばしば論じられる。以下では、メレ（Mele [1998] pp. 37-8; cf. [1987] pp. 121, 138）に従い、それらのパラドクスを「静的（static）パラドクス」と「動的（dynamic）パラドクス」と呼ぶことにする。なぜ解釈主義の下で自己欺瞞的信念の存在を理解することが困難であるように思われるのかは、伝統的理解がこれらのパラドクスを回避することができるかどうかを考えることを通してはじめて明確になる。それゆえ、以下ではまず、二つのパラドクスとはどのようなものなのかを見ていくことにしよう。

まず、静的パラドクスとは、互いに矛盾する内容を持つ信念B（P）とB（～P）を同時に所有しているということがいかにして可能なのかという問題である。通常の合理的な推論の能力を持つ主体がこれらの信念を同時に持つとすれば、その主体は矛盾命題を内容とする信念B（Pかつ～P）を持つことになるはずだと考えられる。しかし、そのような信念を持つことは不可能である。それゆえ、通常の合理的主体は、B（P）とB（～P）を同時に所有することはなく、それらのいずれかを放棄するはずである。しかし、伝統的枠組みでは、自己欺瞞の主体はいずれを放棄することもなくB（P）とB（～P）を同時に所有していると理解される。このようなことがいかにして可能なのだろうか。

これに対して、動的パラドクスとは、自己欺瞞という意図的行為をいかにしてやり遂げることができるのかという問題である。誰かを意図的に欺くためには、欺こうという自分の意図に気づいていなければならない。しかし、誰かがそれによって欺かれるためには、欺く側の意図に気づいてはならない。それゆえ、自らを意図的に欺くと同時に自らに欺かれる自己欺瞞の主体は、自らを欺くという意図に気づいていると同時に気づいていないのでなければならない。しかし、このようなことがいかにして可能だろうか。これはつまり、仮に自分を欺くという意図を形成することができるとしても、その意図を成就させることはできないのではないかという問題である。

ここで注意しておきたいのは、伝統的枠組みにおいて自己欺瞞の主体は、D（P）を持つがゆえに自らを意図的に欺き、B（P）を形成するに至ると理解されるが、これはD（P）から直接、意のままにB（P）を生み出すことができるということではないという点である（cf. Lazar [1998] p. 21）。伝統的理解の下であれ、その他の理解の下であれ、自己欺瞞は時間を要する過程として理解される。つまり、自己欺瞞の主体はまず、D（P）を持つがゆえに、「P」が真であることが正当化されるように証拠の操作M（P）を行い、操作された証拠に基づいてB（P）を形成すると理解されるのである。たとえば先の例の花子も、都合の良い証拠にだけ注意を集中させ都合の悪い証拠を無視したり（たとえば、夫からのプレゼントに注意を集中させ、逆に、夫がしばしば嘘をつくことには注意を向けないなど）、一見すると都合の悪い証拠を都合良く解釈したり（たとえば、先の例で示したような証拠の解釈など）することによって、夫は浮気をしていないという信念を形成したと考えられるだろう。伝統的理解において意図的行為として捉えられているのは、まさにこのような証拠の操作に他ならない[(9)]。自己欺瞞の主体が自らを欺くという意図でもって証拠を操作し、その結果、自らが欺かれることによって、その証拠の操作は「自己欺瞞」として再記述されるのである。そして、このような操作された証拠に基づいて形成されてしまうという点も、自己欺瞞的信念が不合理な信念とみなされる理由の一つである。

このような伝統的理解に対しては、それが動的パラドクスに直面することを指摘する以前に、次のような疑問を持つかもしれない。自己欺瞞が意図的行為であるとするならば、その実践的推論（実践的三段論法）の前提はどのような欲求・信念に対応するものとして理解されるのだろうか。証拠の操作M（P）はD（P）を理由としているので、その欲求と信念はそれぞれD（P）と、「P」が真であることを正当化すべく証拠の操作M（P）をすれば実際にPが成立するという信念B（M（P）ならばP）であると考えられるかもしれない。しかし、自己欺瞞の主体がすべて、そのような非常に楽観的な信念を所有しているとは考えられない（cf. Johnston [1988] pp. 69-70）。この時点で、そもそも自己欺瞞を意図的行為として理解することには無理があるのではないだろうか。

この疑問を解消する鍵は、D（P）は、自己欺瞞的にではあれPと信じたいという欲求D（B（P））を介してB（P）を生み出すと考えられるという点に目を向けることである（cf. Davidson [1986a] p. 209; Talbott [1995] *passim*）。D（P）を持つ主体にとって、B（~P）を所有していることは気分の良いことではないだろう。逆に言えば、そのような主体にとっては、自己欺瞞的にではあれB（P）を形成することは、心の安寧をもたらすという点で望ましいことであり、それゆえ、D（P）を持つ自己欺瞞の主体はD（B（P））も持つと考えられる。そうだとすれば、後者の欲求と組み合わさってM（P）を理由づける信念として、「P」が真であることを正当化すべく証拠の操作M（P）をすればB（P）が形成されるという、過度に楽観的なわけではない信念B(M(P)ならばB(P))を挙げることができるだろう。つまり、自己欺瞞の主体は、まずD(P)を理由としてD(B(P))を形成し、D(B(P))とB(M(P)ならばB(P))を理由としてM(P)を行い、それに基づいてB(P)を形成すると理解できるのである。

伝統的理解が自己欺瞞を意図的行為として理解するというのは、証拠の操作を以上のような欲求と信念を理由とする行為として理解するということに他ならない。その証拠の操作によって自らを欺くことがいかにして可能なのか、と問うのが動的パラドクスである。自らを意図的に欺くためには、自分が、自己欺瞞を意図して証拠を操作していると気づいていなければならない。しかし、自らが目にする証拠が自己欺瞞を意図して操作されたものだと気づいているのだとしたら、たとえそれが心の安寧をもたらすものだとしても、本心からPと信じることなど不可能ではないだろうか。

それでは、以上のようなパラドクスに対して、どのように対応すればよいのだろうか。近年の傾向として、静的パラドクスを解消するために、B(P)を所有するに至ったときにB(~P)も同時に所有しているという伝統的理解を否定する論者が増加している（cf. Mele [1987] [1998]; Talbott [1995]; Lazar [1998]; Bermúdez [2000]）。これには、元々はB(~P)を所有していたがB(P)を所有する前にそれを放棄したという考え方と、元々B(~P)を所有していなかったという考え方の二つがありうるが、いずれにせよそれは、B(P)と同時にB(~P)も所有しているというわけではないがゆえに、そもそも静的パラドクスは生じないとする考え方である。

他方、動的パラドクスに関しても、そもそも自己欺瞞が意図的なものであるという伝統的理解を否定することによってパラドクスを解消しようとする論者が増加しているというのが近年の傾向である（cf. Bach [1981]; Mele [1987] [1998]; Johnston [1988]; Lazar [1998]）。そう考える論者たちによれば、「欺く」という語の標準的な使用の一つは、単に偽なる信念を生じさせるということにすぎず、これは非意図的でもありうる（cf. Mele [1998] pp. 39-40, 51-2）。つまり、

Pと強く欲するあまりに、非意図的なふるまいとして、ついつい都合の良い証拠にばかり目が向くなどの証拠の操作をしてしまった結果、B(P)を形成してしまうのが自己欺瞞だということである。

しかし、われわれが「自己欺瞞」と呼ぶ現象のすべてが、そのように理解できるものなのだろうか。以下では、われわれが「自己欺瞞」と呼ぶ現象には、あくまでも伝統的枠組みで理解されるべきものがあると論じたい。しかし、以上で見たように、伝統的理解はパラドクスに直面してしまうように思われる。いかにして、パラドクスを回避することができるのだろうか。次節ではまず、あくまでも伝統的枠組みで理解されるべき自己欺瞞があると考えられるのはなぜかを見ることにしよう。

5　自己欺瞞と現実逃避

伝統的理解を否定する近年の傾向に従えば、自己欺瞞は希望的観測に等しい現象として理解されることになる。たとえば次のような状況が希望的観測の一例である。晴臣は大学教員であり、自分の授業に対して学生から高評価を得たいと望んでいた。晴臣はあまりに強くそう望むあまりに、ついつい都合の良い証拠にばかり目が向き、実際に自分の授業は学生から高評価を得ているのではないかと信じるようになってしまった。このように、われわれが「希望的観測」と呼ぶ現象は、D(P)のゆえに証拠を操作してしまった結果、B(P)を所有するに至る現象である。しかし、希望的観測の主体はB(P)と同時にB(~P)を所有しているわけでも、また希望的観測を意図して証拠を操作しているわけでもないように思われる。上の例で言えば、晴臣は、自分の授業が学生から高評価を得ていないと信じているわけではなく、また希望的観測を意図して都合の良い証拠ばかりに目を向けてしまったわけでもないと考えられる。それゆえ、自己欺瞞の主体も同様に、B(P)と同時にB(~P)を所有しているわけでも、また自己欺瞞を意図して証拠を操作したわけでもないとしたら、自己欺瞞は希望的観測に等しいことになるのである。

確かに、われわれが「自己欺瞞」と呼ぶ現象の中には、われわれが「希望的観測」と呼ぶ現象と等しく理解されるものもあるかもしれない。しかし、われわれが「自己欺瞞」と呼ぶ現象の中には、われわれが「希望的観測」と呼ぶ現象とは区別され、あくまでも伝統的枠組みで理解されるべきものもあるのではないだろうか。それは、自己欺瞞の主体がしばしば、自分が現実逃避をしていたことを恥じる、あるいは、他者によってその現実逃避を道徳的に非難されるという事実に示されているように思われる。以下では、この点がなぜ、伝統的枠組みで理解されるべき自己欺瞞の存在を示すのかを説明しよう。

まず、自らの現実逃避を恥じるということは、その主体が現実をある程度認識していたことを自ら認めているということである。自己欺瞞における現実の認識とは、「P」が偽であることを正当化する証拠をある程度手にしているということである。これは実質的に、その主体がB(～P)を所有しているということに等しい。それゆえ、自己欺瞞の主体は、B(P)だけでなくB(～P)も所有していると理解されるべきなのである。

これには次のような反論があるかもしれない。現実逃避であることに必要なのは、証拠の操作を開始する時点でB(～P)を所有していることだけであって、その結果、自己欺瞞の主体がB(P)を所有するに至った時点でB(～P)を所有している必要はないのではないだろうか。確かに、主体が途中で知らぬ間にB(～P)を放棄してしまったとしても、証拠の操作を開始したというだけで現実逃避という道徳的非難に値するかもしれない。しかし、現実逃避という道徳的非難の対象となる自己欺瞞の主体は、典型的には、単に現実逃避した主体であるというだけでなく、自己欺瞞に陥った後も現実逃避し続ける主体であるように思われる。現実逃避をし続けるということは、現実を認識し続けているということであり、それは自己欺瞞に陥った後もB(～P)を所有し続けているということに他ならない（cf. Davidson [1986a] p. 208）。現実逃避として道徳的に非難される自己欺瞞の主体はやはり、B(P)と同時にB(～P)も所有していると理解されるべきなのである。

また、道徳的非難の対象となる現実逃避とは一般に、意図せずに生じてしまったものではなく、あくまでも意図的な行為として理解されるものであるように思われる。そして、自己欺瞞において意図的行為として理解される現実逃避とは、B(~P)という現実の認識から逃れ、「P」が真であることを正当化すべく証拠を操作することであり、これは自らを欺こうとすることに他ならない。つまり、自己欺瞞の主体が現実逃避したことについて道徳的に非難されるということを認める限り、自己欺瞞は意図的なものとして理解される必要があるように思われるのである。

これには、次のような反論があるかもしれない。自己欺瞞を意図して証拠を操作していないとしても、証拠の偏りを認識し、回避する能力が主体にあったとすれば、その主体を非難することは可能ではないか（cf. Mele [1998] pp. 52-3)。これはつまり、一見すると現実逃避に対する道徳的非難であるように思われたものは、実は、意図的に現実逃避したことに対する道徳的非難ではなく、以上のような偏りを認識し、回避する能力を持ちながら、その能力を適切に発揮せずに、不合理な信念形成をしてしまったという認識的過失に対する非難だということである。確かに、そのような認識的非難が自己欺瞞の主体に向けられることもあるだろう。そして、そのような非難は希望的観測の主体に対して向けられるものでもあるだろう。しかし、それによって、同時に自己欺瞞の主体に現実逃避という道徳的非難が向けられることがないということが示されたわけではない。そして、現にわれわれは、自己欺瞞の主体に現実逃避という道徳的非難を向けることがあるように思われる。

以上のように、われわれが「自己欺瞞」と呼ぶ現象の中には、あくまでも伝統的枠組みで理解されるべきものが存在するように思われる。(10) それでは、伝統的理解の下で自己欺瞞のパラドクスを回避することはできるのだろうか。次節では、この点について考察する。

6　心の分割と主体の分裂

伝統的理解の下で、静的パラドクスを回避しようとする一つの考えは、自己欺瞞の理解の中に「心の分割」という考え方を導入することである（cf. Davidson [1982a] [1986a]; Pears [1984]）。この考えによれば、心の領域を分割する境界線は、欲求や信念などの命題的態度の合理的ネットワークの切れ目に引かれる。たとえば、Qという信念B（Q）とQならばRという信念B（QならばR）が同一主体に所有されているときには、両者によってRという信念B（R）が合理化され、生み出されると考えられる。同一主体に所有されているこれらの信念の間には合理的ネットワークが形成されているのである。しかし、B（Q）とB（QならばR）が異なる主体に所有されているときには、両者によってB（R）が合理化され、生み出されることはない。B（Q）とB（QならばR）の間に合理的ネットワークは形成されておらず、両者は同一の心の中には位置づけられない。両者が位置する心の間には境界線が引かれているのである。自己欺瞞の理解に心の分割を導入するということは、一人の主体の中で生じている合理的ネットワークの切れ目にも同様の境界線を引き、心の領域を分割するということである。自己欺瞞の主体は、心がB（P）を含む領域とB（～P）を含む領域に分割されている。そのため、B（P）とB（～P）を同時に所有しているにもかかわらず、B（Pかつ～P）という信念を形成せずに済むのである。B（P）とB（～P）を同時に所有することが問題なのは、主体に通常の推論能力がある限り、それらが矛盾命題を内容とする信念B（Pかつ～P）を生み出すと考えられるからである。しかし、心の分割により、それらがB（Pかつ～P）を生み出すことがないのだとしたら、B（P）とB（～P）を同時に所有すること自体に問題はないと考えられる。それらの個々の信念は矛盾命題を内容とするわけではないからである。それゆえ、B（P）とB（～P）のいずれか一方を放棄するということをせずに済むのである。

確かに、以上のように心の分割を導入することで、静的パラドクスが回避できるような心のあり方が描けるかもしれない。しかし、この限りでは、心の分割の議論は、なぜB（P）とB（～P）からB（Pかつ～P）が生じないのかという問いに答えていない。それは、「心がB（P）を含む領域とB（～P）を含む領域に分割されている」ということに、B（P）とB（～P）からB（Pかつ～P）が生じないということ以上の意味が与えられていないからである。なぜB（P）とB（～P）からB（Pかつ～P）が生じずに済むのかを説明するには、B（P）とB（～P）からB（Pかつ～P）が生じないということとは別に「分割」の意味が与えられる必要がある。

これに対して、なぜB（P）とB（～P）からB（Pかつ～P）が生じずに済むのかを説明する一つの考えは、B（～P）が、自己欺瞞に陥った主体から「隠されている」とするものである（cf. Pears [1984] p. 101; Bach [1981] p. 357）。自己欺瞞に陥った主体はB（～P）とともにB（P）を所有するに至る。しかし、主体がB（P）を所有するに至ったときには、B（～P）が主体から隠されてしまうため、B（Pかつ～P）は生じずに済むということである。「隠されている」とは、意識されてはいないが、問われれば自己解釈を介すことなく直接的に自己帰属可能であるという意味で無意識の状態にある、ということではない。自己欺瞞の主体が、そのように直接的にB（～P）を自己帰属させることが可能だとしたら、B（P）を形成する際に同時にB（～P）を意識せずにいられるとは考えられない。静的パラドクスを回避するためには、B（～P）は、問われても直接的に自己帰属させられることはないという意味で、主体から「隠されている」のでなければならない。つまり、自己欺瞞の主体にとって、B（～P）は直接的な自己知の対象ではなくなるがゆえに、B（Pかつ～P）は生じずに済むということである。

「心の分割」を心の、以上の意味で隠された領域と隠されていない領域への分割として理解することができるならば、心の分割の議論には説明力があると言えるだろう。それは、「心がB（P）を含む領域とB（～P）を含む領域に分割されている」ということに、B（P）は心の隠されていない領域に属し、B（～P）は心の隠された領域に属するという意味が与えられ、B（P）とB（～P）からB（Pかつ～P）が生じないということ以上の意味が与えられるからである。

伝統的理解の下で動的パラドクスを回避しようとする一つの考えも、この「隠されている」という考え方を利用する。つまり、自らを欺いてPと信じさせるという意図Ⅰ（B（P））[11]が主体から何らかの形で隠され、直接的自己知の対象でなくなることによって、自らを欺くという意図的行為をやり遂げることが可能になるということである（cf. Talbott [1995] pp. 33-4; Bermúdez [2000] pp. 313-5; 浅野 [2009] pp. 145-6, 149-50）。この考え方は、ある行為が意図的行為であるためには、主体が意図を直接的に自己帰属させることができなければならないという行為論の標準的な考え方を積極的に否定するものである。ここでも、「心の分割」を以上のような心の隠された領域と隠されていない領域への分割として理解することができるならば、動的パラドクスも静的パラドクスと同様に心の分割によって回避可能であるように思われる。

しかし、心の分割の議論に対しては、一般に、次のような批判が容易に思い浮かぶ。心の分割が生じた主体は、二人の主体に分裂していて、もはや一人の主体として認めることはできないのではないか。そして、二人の主体の間での欺瞞であれば、それはもはや「自己欺瞞」と呼べるものではないことになる。それゆえ、心の分割を導入することは、自己欺瞞の理解として不適切なのではないだろうか（cf. Mele [1998] p. 57）。

これに対しては次のように答えたくなるかもしれない。以上のように単に心の隠された領域と隠されていない領域への分割として理解された「心の分割」は、必ずしも主体の分裂を含意するわけではないのではないか。それが意味しているのは、心の中に主体にとって隠された領域と隠されていない領域があるということだけである。それらの領域は、同一の主体にとって隠された領域と隠されていない領域として理解可能であり、この筋書きに二人の主体を導入する必要はないのではないだろうか（cf. Talbott [1995]）。

確かに、以上のように理解された限りでは、心の分割は主体の分裂を含意するものではないように思われる。しかし、それは本当なのだろうか。「心の分割」を心の隠された領域と隠されていない領域への分割として理解するということは、先にも確認したように、心を直接的な自己知が成立する領域と成立しない領域に分割するということである。第六章で見たように、心の隠された領域に属する命題的態度に対して直接的な自己知が成立しないということは、主体が、それらの命題的態度に関して、自己知の要請を満たしていないということである。そしてこれは、それらの命題的態度を自己帰属させるには自己解釈を介す必要があり、それゆえ、それらの命題的態度には主体のコミットメントがないということを意味する。それゆえ、そのような命題的態度は、自己欺瞞に陥った主体にとって文字通り「自分の心的状態である」とは言えないものであるように思われる。

それでは、それらの命題的態度は誰に属する心的状態なのだろうか。それらはせいぜい、自己欺瞞において欺かれた側の主体とはあくまでも別の主体として捉えられる、欺いた側の主体に属すると考える他ないだろう。以上のような意味で、「心の分割」を心の隠された領域と隠されていない領域への分割として理解することは、自己欺瞞の主体を欺かれた側の主体と欺いた側の主体へと分裂させてしまう[12]。それゆえ、伝統的理解の下でパラドクスを回避しようとして心の分割を導入する限り、自己欺瞞はもはや文字通りの「自己欺瞞」としては理解できないことになってしまうように思われるのである。

自己欺瞞的な信念の存在を説明することが解釈主義にとって問題であるように思われるのは、以上のように、解釈主義の下で自己欺瞞的信念の二つのパラドクスを回避するために自己欺瞞の理解に心の分割を導入してしまうと、それは、自己知の要請に反し、自分のコミットメントのない信念の存在を認めることになり、それが一人の主体を二人の主体へと分裂させてしまうことになるように思われるからに他ならない。このような意味での主体の分裂は、意志の弱い行為における、ＡＴＣ判断を下す視点の分裂という意味での主体の分裂とは異なるものである。しかし、以上のような意味での主体の分裂は、偽なる信念の局所的存在の場合には生じないように思われるという点では、意志の弱い行為における主体の分裂と同様である。自己欺瞞的信念の存在が偽なる信念の局所的存在と異なり、解釈主義にとって問題であるように思われるのは、まさにこのためなのである。

7　自己の多面性

以上のように、意志の弱い行為と自己欺瞞的信念はともに、解釈主義の下ではその存在を理解することすら困難なものであるように思われる。意志の弱い行為の存在を解釈主義の下で説明しようとすると、主体は、認知状況拘束的ATC判断を下した主体と俯瞰的ATC判断を下した主体に分裂し、認知状況拘束的ATC判断に反する行為を為した主体は、「自分のATC判断に基づいて俯瞰的ATC判断に反する行為を為した」とは言えなくなってしまうように思われる。また、自己欺瞞的な信念の存在を解釈主義の下で説明しようとしても、B（P）という信念を所有するに至った欺かれた側の主体にとって、直接的な自己知の対象ではない信念B（〜P）や意図I（B（P））は、自分のコミットメントがないという意味で、「自分の心的状態である」とは言えず、それゆえ自己欺瞞の主体は欺かれた側の主体と欺いた側の主体に分裂し、自己欺瞞的信念を自分に欺かれた主体の信念として理解することができなくなってしまうように思われるのである。

しかし、それは本当なのだろうか。以上のような意味での主体の分裂を認めた上で、意志の弱い行為をあくまでも「自分のATC判断に反する行為」として理解する余地や、自己欺瞞的信念を「自分に欺かれた主体の信念」として理解する余地は全く残っていないのだろうか。最後に本節では、この可能性を探ってみたい。

まず、自己欺瞞的信念の場合から考えてみよう。以下では、説明を簡略化するため、欺かれた主体にとって心の隠された領域に属する心的状態として、信念B（〜P）に焦点を当てて考察を進める。果たして、「自分の心的状態」という概念は、主体のコミットメントという観点から捉えられるものに尽きているのだろうか。このように問うことは、B(~P)が、欺かれた主体にとって自分のコミットメントがないという意味で「自分の心的状態」と呼べるものではないという点を否定することではない。伝統的な枠組みで理解されるべきものである限り、われわれが「自己欺瞞」と呼ぶ現象には、もはやそれを文字通り「自己欺瞞」とは呼べないものにしてしまうような要素が入り込んでいるということは否定できないように思われる。この限りでは、自己欺瞞のパラドクスを完全に回避することはできないと認めざるをえない。しかし、自分のコミットメントがあるという意味とは別の意味において、B(~P)を「自分の心的状態」と呼べるような余地は残っていないのだろうか。以下では、「自己」という概念が、主体のコミットメントという観点だけでなく、その他の観点からも捉えることのできる多面的な概念であり、他のある観点から見れば、自己欺瞞を文字通り「自己欺瞞」と呼ぶことができるということ、つまりこの限りで、自己欺瞞のパラドクスを部分的には回避できるということを示したい。

自己欺瞞を文字通り「自己欺瞞」と呼べるような余地を求めて考えたとき、すぐに思いつくのは、欺かれた主体が欺いた主体と身体を共有しているという意味で、自己欺瞞を文字通り「自己欺瞞」として理解することができるのではないか、ということだろう。つまりB(~P)は、自分が身体を共有している主体に属しているという意味では、欺かれた主体にとっても「自分の心的状態である」と言えるのではないか、ということである。

しかし、身体を共有しているというだけでは、多重人格における複数の人格と自己欺瞞における分裂した複数の主体の区別がつかない。多重人格においても複数の人格が一つの身体を共有している。しかし、自己欺瞞における欺かれた主体と欺いた主体の関係は、多重人格における複数の人格の関係とは異なるように思われる。もし多重人格において ある人格が別の人格を欺いたとしたら、その状況は、自己欺瞞よりもむしろ他者による欺きに類似しているように思われるのである。(13) この理解が正しいとするならば、単に欺かれた主体と欺いた主体が身体を共有しているというだけでは、自己欺瞞を「自己欺瞞」として理解することができるとは言えないのである。自己欺瞞を文字通り「自己欺瞞」と呼べるような別の観点を見つけるための鍵は、主体の身体のあり方ではなく、以下のようにあくまでも主体の心的状態のあり方に目を向けることにあるように思われる。

自己欺瞞において欺かれた主体は、B(〜P)に対する直接的な自己知を欠いているがゆえに、自分を解釈している他者の指摘や自己解釈を介してはじめて、B(〜P)に元々自分のコミットメントがあったことを想起し、B(〜P)における自分のコミットメントを回復させる。欺かれた主体はなぜ、そのような他者の指摘や自己解釈を受けて、B(〜P)における自分のコミットメントを回復させるのだろうか。それは、他者の指摘や自己解釈を受けた結果、欺かれた主体が、自己欺瞞の生じていた間もB(〜P)が自分の他の心的状態と合理的ネットワークを形成していたということを、それゆえB(〜P)が本来ならば自分のコミットメントがあったはずの心的状態であるということを認めるからではないだろうか。

B(〜P)は、それを合理化する他の心的状態や、さらにそれらの心的状態を合理化する他の心的状態とともに合理的ネットワークを形成している。たとえば、本章冒頭の花子の例で言えば、夫は浮気をしているという信念は、夫は毎週土曜日の夜に出かけ日曜日の朝に帰宅するという信念や、夫は釣りに行くといつも服に強い香水の香りをつけて帰宅するといった信念など、それを合理化する他の心的状態と、さらにはそれらの心的状態を合理化する他の心的状態などと合理的ネットワークを形成している。B(〜P)を含むこの合理的ネットワークは、最終的には、主体の世界観を構成するような基本的信念や基本的欲求にも結びつくと考えられる。そして、それらの基本的信念や基本的欲求は、主体の世界観を構成するような心的状態である以上、B(P)を含む、自分のコミットメントのあるさまざまな心的状態が形成する合理的ネットワークにも含まれると考えられる。つまり、これら二つの合理的ネットワークには重複領域があるということである[14](cf. Davidson [1982a] [1986a])。もちろんB(〜P)は、B(P)やそれを合理化する他の心的状態と直に合理的ネットワークを形成しているわけではない。だからこそ、Ｂ（Ｐ）とＢ（～Ｐ）からＢ（Ｐかつ～Ｐ）が生じずに済むのである。しかし、以上のようにＢ（～Ｐ）は、重複領域を介して間接的にＢ（Ｐ）やそれを合理化する他の心的状態とも合理的ネットワークを形成している。そして、Ｂ（～Ｐ）がそれらの自分の他の心的状態と合理的ネットワークを形成していることを認めるならば、合理的な主体である限り、[15] Ｂ（～Ｐ）が本来は自分のコミットメントがあるはずの信念であることを認めなければならない。なぜなら、Ｂ（～Ｐ）が自分の他の心的状態と合理的ネットワークを形成しているということは、Ｂ（～Ｐ）が、自分のコミットメントのある他の信念によって最終的には合理化されるということであり、それは、主体がそれらの他の信念の内容を構成する命題の真理性を引き受けていて、それらの命題から、Ｂ（～Ｐ）の内容を構成する「～Ｐ」が、真理性を引き受けるべき命題として最終的には帰結するということだからである。[16]

Ｂ（～Ｐ）が文字通り「他者の心的状態」である場合には、Ｂ（～Ｐ）が、以上のように自分の心的状態と合理的ネットワークを形成するということはない。だからこそ、人は自分が、Ｂ（～Ｐ）という信念を持つ他者に欺かれてＰと信じていたことに気づいても、Ｂ（～Ｐ）における自分のコミットメントを回復させるのではなく、Ｂ（～Ｐ）を自分のコミットメントのある信念として新たに形成するのである。このような他者の心的状態とは異なり、自己欺瞞におけるＢ（～Ｐ）は、自己欺瞞が生じていた間も、自分の他の心的状態と合理的ネットワークを形成していたという意味では、欺かれた主体にとって「自分の心的状態であった」と言えるのではないだろうか。

自分の心的状態であるということの意味の一つに、自分の他の心的状態と合理的ネットワークを形成しているという意味があるということは、偽なる信念が真理性の要請に反するからといって他者の信念になってしまうわけではなく、あくまでも自分の信念の一つとして理解可能であるという点からも示唆される。偽なる信念が真理性の要請に反するにもかかわらず、あくまでも自分の信念の一つとして理解可能であるのは、その偽なる信念が、自分の他の心的状態と合理的ネットワークを形成しているからに他ならない。このように、自分の心的状態であるということの意味の一つには、自分の他の心的状態と合理的ネットワークを形成しているという意味があるのである。

以上のように、自己欺瞞が生じていた間もB（～P）は「自分の心的状態であった」と言えるということは、内的整合性の要請や自己知の要請も真理性の要請と同様に、概ね満たされていればよいということを意味している。これらの要請が満たされていないとしても、それが局所的なものであれば、問題の心的状態が理解不可能になるわけではないのである。そして、内的整合性の要請や自己知の要請は、それらをときに緩めることができるのは問題の心的状態が自分の他の心的状態と合理的ネットワークを形成しているからであるという点でも、真理性の要請と同様である。しかし、真理性の要請が満たされないとしても主体の分裂の問題が生じるわけではないのに対して、内的整合性の要請や自己知の要請が満たされない場合にはある観点から見ると主体の分裂の問題が生じてしまうという点で、これらの要請をときに緩めることができるということの内実には大きな違いがあるのである。これまでの考察は、以上の点を明らかにしようとしてきたものであると理解することもできる。

さて、以上のようにB（～P）は、欺かれた主体の他の心的状態と合理的ネットワークを形成していたという意味では、欺かれた主体にとって、自己欺瞞が生じていた間も文字通り「自分の心的状態であった」と言える。それゆえ、この意味では、伝統的理解の下で、自己欺瞞のパラドクスを回避しつつ、自己欺瞞を文字通り「自己欺瞞」と呼ぶことができるように思われる。伝統的枠組みで理解されるべき自己欺瞞は、主体のコミットメントという観点から見れば文字通り「自己欺瞞」と呼ぶことができないが、心的状態の合理的ネットワークという観点から見れば文字通り「自己欺瞞」と呼ぶことができるような現象なのである。このような自己概念の多面的なあり方をそのまま捉えることこそが、自己欺瞞の正しい理解なのではないだろうか。

同じようなことが、意志の弱い行為の場合にも言えるように思われる。認知状況拘束的ATC判断に基づいて俯瞰的ＡＴＣ判断に反する行為を為した主体にとって、その俯瞰的ＡＴＣ判断は、どの視点から下されたかという観点から見れば、異なるＡＴＣ判断の視点から下されたという意味で文字通り「自分のＡＴＣ判断である」とは言えない。しかし、俯瞰的ＡＴＣ判断と合理的ネットワークを形成する心的状態の中には、認知状況拘束的ＡＴＣ判断とも合理的ネットワークを形成するものが含まれていると考えられる。俯瞰的ＡＴＣ判断は、このように重複領域を介して間接的に認知状況拘束的ＡＴＣ判断とも合理的ネットワークを形成しているのである。このような心的状態の合理的ネットワークという観点から見れば、認知状況拘束的ＡＴＣ判断に基づいて俯瞰的ＡＴＣ判断に反する行為を為した主体は、文字通り「自分のＡＴＣ判断に反する行為を為した」と言うことができる。意志の弱い行為を正しく理解するためにも、このような自己概念の多面的なあり方をそのまま捉えることが必要なのである。

以上のように、自己概念は多面的なものである。そのため、ある観点から見ると、もはや一人の主体としては理解できず、二人の主体に分裂していると理解される他ないような主体が、別の観点から見れば、一人の主体として理解できるということがありうる。自己というものがこのように多面的なものであるからこそ、われわれは解釈主義の下で、意志の弱い行為や自己欺瞞的な信念の存在を理解することができるのである。

結　語

本書の目標は、解釈主義とは何かを明らかにし、解釈主義の妥当性を検討することを通して、命題的態度とは何か、命題的態度を持っているとはどのようなことなのかを明らかにすることだった。それでは、本書の考察を通して、どのようなことが明らかになったのだろうか。最後に、各章の内容を簡潔に振り返ることによって、本書で明らかになった点をまとめよう。

第I部では、解釈主義とはどのような立場であるのか、その基本的枠組みとはどのようなものであるかを明らかにすることを試みた。

まず第一章では、解釈主義の基本的枠組みを示すための準備として、解釈という営みがどのようなものであるかを明らかにした。解釈には、行為の理由となる欲求や信念を主体に帰属させることで行為の生起を説明する行為の解釈と、言語的行為において使用される文の意味を特定する文の解釈の二つがある。そして、どの解釈においても解釈者は、チャリティーの原理に基づいて解釈対象である主体が概ね合理的である（つまり合理性の要請を概ね満たす）と前提しなければならない。なぜなら、命題的態度や行為は、行為の解釈や文の解釈において、全体として合理的ネットワークを形成するものとして主体に帰属させられるものであり、合理性の要請に反する不合理な命題的態度の帰属は、それが理解可能な限りにおいて、局所的にのみ認められるものだからである。

続く第二章の前半ではまず、第一章で明らかになった「解釈」の理解に基づき、「主体がある命題的態度を所有しているということの構成条件は、その主体がその命題的態度を所有する主体として解釈可能だということである」という構成条件テーゼを、解釈主義の基本テーゼとして提示した。構成条件テーゼによれば、ある命題的態度を所有しているということは、まさにその命題的態度を所有する概ね合理的な主体として解釈可能だということ、つまり、その主体がそのように解釈可能であるような行動（行為）への傾向性を有しているということに他ならない。そして、第一章で明らかになったように、合理的ネットワークをなすさまざまな命題的態度は、さまざまな行為の解釈を通して、主体に全体論的に帰属させられる。したがって、解釈主義の下では、合理的ネットワークをなす命題的態度の全体を、さまざまな行動（行為）への傾向性を重ね合わせたものとして理解することになる。つまり、解釈主義とは、「全体論的行動（行為）主義」とでも呼ぶべき立場なのである。解釈主義がこのような行動主義として理解されるということは、解釈主義が機能主義や非法則的一元論のような広義の心脳同一説と一線を画す立場であることを意味する。そして、このように解釈主義が広義の心脳同一説と一線を画す立場であるのは、解釈主義が命題的態度や行為を、機能主義のように法則性の秩序の下で理解する立場でも、非法則的一元論のように因果性の秩序の下で理解する立場でもなく、それらを合理性の秩序の下で理解する立場だからである。このように、第二章の前半では、解釈主義が命題的態度や行為の本質を合理性に見出す心の哲学であることが示された。

第二章の後半では、解釈主義と機能主義や非法則的一元論の妥当性を比較することを通して、解釈主義がどのような立場であるかをさらに明確なものにすることを試みた。その結果まず、解釈主義の考える合理性が、文脈依存的な全体論的性格を持ち、それゆえ体系化不可能という意味で非法則的なものであることが明らかになった。また、解釈主義の考える行為の解釈、すなわち命題的態度による行為の合理化の説明は、それだけで（さらに個々の命題的態度と行為の間の因果関係に訴えることなく）行為の生起の説明にもなりうるものであるということが確認された。

第Ⅱ部では、第Ⅰ部で提示した基本的枠組みを土台にして、解釈主義が直面するいくつかの内在的問題について考察することを通して、解釈主義がどのような立場であるかをさらに明らかにすることを試みた。

まず第三章では、解釈可能な主体は言語を使用する主体である必要はあるのかという問題について考えた。その結果として、解釈可能であるためには、対象や関係、性質を仮想的に組み合わせることによって可能性の世界を想定する能力が必要であり、その能力とは言語使用能力に等しいということが明らかになった。これは、ある場面で行為の解釈が可能であるような主体は、何らかの場面で文の解釈の対象となるような言語的行為を行いうる主体でもなければならないということである。つまり、解釈主義は命題的態度と言語使用の本質的関係を主張する言語的解釈主義でなければならないのである。

続く第四章では、広義の心脳同一説と一線を画す解釈主義は命題的態度の実在性を認めることができないのではないかという消去主義からの疑念について考えた。その結果として、解釈主義は、実在性を実践における有効性という観点から捉える実践的実在論に依拠することによって命題的態度の実在性を認めることができるということが明らかになった。またその際、命題的態度の実在性を支える解釈実践とは、自然科学の実践のように出来事の制御を眼目とする実践ではなく、合理性の秩序をなす何らかの文脈のうちに命題的態度や行為を位置づける「理解」を眼目とするものだということも明らかになった。

第五章では、第四章に続いて命題的態度の実在性が問題となった。ここで問題になったのは、解釈の不確定性がその実在性を損なうのではないかという疑念である。第五章では、この疑念に回答するためにまず、解釈の不確定性とは何であるかを明らかにすることを試みた。その結果、解釈の不確定性の内実は、合理性の要請に含まれるさまざまな要請や原理の優先関係や、それらの個々の要請や原理を適用する際に主体に帰属させられる命題的態度の間の優先関係が一意に確定しないことにあるということが明らかになった。つまり、解釈の不確定性は合理性の不確定性に帰着するのである。また、そのことは命題的態度の非実在性を含意するわけではないことも明らかになった。命題的態度の実在性は、解釈という実践に相対的な実在性として理解することが可能だからである。

続く第六章では、解釈主義は確実性や直接性という自己知の特殊性を説明できるのかという問題について考えた。その結果としてまず、合理性の要請に、主体に自己認識の確実性や直接性が成立することを求める「自己知の要請」が含まれるがゆえに、解釈主義は自己知の特殊性を説明できるということが明らかになった。また、直接的な自己知の内実が、主体がある命題的態度を自分のコミットメントのある命題的態度としていったん形成したならば、そこから、命題的態度の概念の所有を具現する技能知に基づいて、端的にその命題的態度の自己帰属判断を表明できることにあるということが明らかになった。

最後の第七章では、解釈主義の下では、意志の弱い行為や自己欺瞞的な信念の存在を理解することさえできなくなるのではないかという疑念について考えた。その結果としてまず、そのような疑念が生じるのは、これらが単に合理性の要請に反する不合理なものだからではなく、解釈主義の下でそれらの存在を説明しようとすると主体の分裂が生じていると考えざるをえなくなることに基づいているということが明らかになった。これに対して、第七章では、自己概念が多面的なものであること、つまり、ある観点からは「自分の心的状態」として理解することができない命題的態度も、別の観点からは「自分の心的状態」として理解することが可能であるということが確認され、それに基づいて意志の弱い行為や自己欺瞞的な信念の存在が理解可能であるということが示された。

解釈主義とは、以上で振り返ったような心の哲学である。それでは、そのような解釈主義の下では、命題的態度とは何か、命題的態度を持っているとはどういうことなのかという問いに対してどのように答えられるのだろうか。以下で、その答えをまとめよう。

(1)命題的態度を持っているとは、それを所有する概ね合理的な主体として解釈可能であるような行動（行為）への傾向性を持っているということに他ならない。
(2)命題的態度は、他の命題的態度や行為とともに合理性の秩序の中に位置づけられることを本質とする心的状態であり、不合理な命題的態度の存在は、それが理解可能な限りにおいて、局所的にのみ認められる。
(3)命題的態度を持っている主体は、言語使用者でもなければならない。
(4)命題的態度の実在性は、解釈実践の有効性によって認めることができる。
(5)命題的態度の実在性は、解釈相対的なものである。
(6)命題的態度を持っている主体は、直接的で確実な自己知も持っていなければならない。
(7)命題的態度は、自己概念の多面性のゆえに、ある観点からは「自分の心的状態」として理解することができないとしても、別の観点からは「自分の心的状態」として理解することができるようなものである。

註

序

（1）命題的態度には通常、欲求や信念の他に意図や疑念、判断、知識といった心的状態が含められると考えられる。さらに論者によっては、知覚、感情といった心的状態もまた命題的態度の一つとして数えることがある。しかし、知覚や感情を命題的態度として理解することができるのかどうかに関しては、さまざまな議論があり、本書でそれらについて詳しく論じることはできない。本書では、命題的態度ということで基本的には、その典型である欲求や信念を中心にして、命題的態度とは何かという問題について考察する。なお、知覚や感情が命題的態度に含められるかどうかには議論の余地があるが、仮にそれらが命題的態度に含められないとしても、知覚やたいていの感情が志向性を持つということにはあまり異論がない（痛みなどの感覚や一部の感情についてはその限りではない）。その場合、それらの心的状態は非命題的な表象内容を持つと理解される。

（2）これは、デイヴィドソンやデネットの心の哲学が、全体として「解釈主義」と呼ぶべきものであるということを意味するわけではない。この点については第二章や第四章を参照されたい。

第一章

（1）欲求と信念が行為の理由となるということを利用して、われわれは行為の生起を概ね予測することもできる。たとえば、あらかじめ龍一に、タクシーを止めたいという欲求と、タクシーの前で手を挙げればタクシーは止まるという信念を帰属させることができているとしたら、われわれはそれに基づいて、「龍一はタクシーの前で手を挙げるだろう」と予測することができるだろう。それゆえ、行為の解釈という営みには、行為の生起の説明だけでなく行為の生起の予測も含められると考えることができるかもしれない。しかし、以上のような行為の生起の予測が成立するのは、あくまでも、行為の理由に基づく行為の生起の説明が成立するからに他ならない。この限りにおいて、行為の解釈という実践の第一の眼目は、あくまでも行為の生起の説明にあると考えるべきである。解釈実践の眼目については第四章で詳しく考察する。

（2）デイヴィドソンは、これらの態度を包括する用語として「賛成的態度（pro attitude）」を用いている（Davidson [1963]

p. 3）が、賛成的態度を代表する態度として欲求にのみ言及して議論していることが多い。

（3）アリストテレスは、実践的三段論法の結論を判断ではなく、まさに行為の遂行として考えていたとしばしば解釈される。紙幅の都合上、ここでこのアリストテレス解釈の是非を問うことはできないが、いずれにせよ、ここでは特定の行為の望ましさに関する判断が、実践的三段論法の前提ではなく結論に相当するものとして理解されているという点に注意されたい。また、ここで問題にしている実践的三段論法はすべて自分の行為に関する実践的三段論法である以上、このように実践的三段論法の中で前提や結論となる、行為の望ましさに関する判断はすべて、私にとっての望ましさの判断であると考えられる。以下では、簡略化のために「私にとって」という表現を省略するが、望ましさの判断はすべて、私にとっての望ましさの判断であると理解されたい。

（4）以上のような実践的推論に前提や結論として含まれる行為の望ましさに関する判断もすべて、私にとっての望ましさの判断であると考えられる。これらの判断に関しても、以下では簡略化のために「私にとって」という表現を省略する。またここでも、特定の行為の望ましさに関する全面的判断が実践的推論の前提ではなく結論に相当するものとして理解されているという点に注意されたい。なお、このような理解に対しては、全面的判断と行為をあくまでも独立に捉えるべきだという異論が考えられる。この異論に従えば、全面的判断はあくまでも実践的推論の中で前提として理解されるべきだということになるだろう。そして、このように理解された全面的判断はしばしば、欲求や信念とは異なる心的状態としての意図と同一視される。特定の行為の望ましさに関する全面的判断が実践的推論の結論に相当するという上記の理解は、デイヴィドソンの初期の行為論（Davidson [1963] [1969]）によって提示されたものであるが、それに対する以上の異論もまたデイヴィドソン自身によって提示されたものである（Davidson [1978b]）。ここでは残念ながら紙幅の都合上、いずれの理解が適切であるかについて検討することができないが、本書の以下での議論は、いずれの理解の下でも適切な変更を加えれば成立すると考えられる。それゆえ以下では前者の理解に基づいて考察を進めることにする。なお、行為の解釈や実践的推論における意図の役割については、M・E・ブラットマンが詳細な分析を行っている（Bratman [1987] [1999]）。

（5）すべての欲求や信念の帰属が、このような理由となる命題的態度の帰属を必要とするわけではないだろう。たとえば、「晴臣はなぜ、選挙で投票することは国民の権利を行使することになると憲法に書いてあると信じているのか」という問いに対して、「晴臣は、そう書いてあることを自分の目で確かめたのだ」というように知覚に訴えた回答が返されたとしたら、理由の問いはここで打ち止めになるだろう。このような知覚に基づく信念の他にも、世界観に関わる基本的信念や自らの生存に関わる基本的欲求なども、これ以上は理由を問えない命題的態度であると言えるだろう。

（6）命題的態度や行為の帰属は、より厳密に言うと、以上のような理由関係をなす他の命題的態度や行為の帰属可能性だけではなく、主体のさまざまな概念能力や知覚能力、身体能力の帰属可能性によっても支えられていると考えられる。まず、ある命題的態度や行為を主体に帰属させるには、それらの命題的態度や行為の理由となる他の命題的態度だけでなく、それらの命題的態度の内容を特徴づけるのに必要な概念を使用する能力もまた主体に帰属させることができなければならないと考えられる。たとえば、タクシーを止めたいという欲求を主体に帰属させるには、そもそもその主体にはタクシーの概念を使用する能力があると言えなければならないだろう。そして、そのような概念能力の帰属が可能であるためには、その主体に、その概念能力を具現する信念（たとえば、タクシーとはどのようなものであるかに関するさまざまな信念）を帰属させることができなければならないだろう。また、註5で言及した理由の問いが、知覚に基づく信念で打ち止めになると考えられる場合、われわれは解釈対象の主体が、そのような知覚に基づく信念の帰属を可能にするような通常の知覚能力を持っていることを前提としている。あるいは、たとえば、アイスクリームを食べたいという欲求と、冷凍庫からアイスクリームを取ってくればアイスクリームを食べることができるという信念を主体に帰属させるためには、冷凍庫からアイスクリームを取ってくるための身体能力をその主体が持っていることを前提しなければならない。このように心の全体論的性格は、その背景において、さまざまな知覚能力や身体能力によっても支えられているのである（cf. Searle [1983] ch. 5）。

ただし、以上のような概念能力（ないし概念能力を具現する信念）や知覚能力、身体能力が、行為や文の解釈において、理由関係に基づいて主体に帰属させられる命題的態度や行為と同様に主体に帰属させられると考えるのは適切ではない。それらの概念能力や知覚能力、身体能力は、あくまでも解釈という実践を成立させるための「背景」としてつねに非明示的に前提されるものであり、それらの帰属可能性が問題になるときはそもそも主体の解釈可能性が根本から見直されるべきときであると考えられる。それに対して、ある命題的態度や行為の理由となる他の命題的態度は、他の行為や文の解釈において明示的な帰属の対象となる。この点において、それらの概念能力や知覚能力、身体能力の帰属は、互いに理由関係をなす命題的態度や行為の帰属とは異なるものとして理解されるべきだと考えられるのである。また筆者は、感情という心的状態もこの「背景」をなす要素の一つとして理解できるのではないか（どのような感情を抱いているか、あるいはどのような感情を抱く傾向にあるかによって、主体をうまく解釈できるかどうかが左右されるのではないか）と考えているが、この「背景」のうちに正確に何が含められるのかに関して明確な答えを用意できていない。この点の詳しい検討は今後の課題としたい。

(7) 解釈者にとっての原理（つまり、解釈の構成原理）であるチャリティーの原理と、チャリティーの原理において解釈対象である主体が満たすべきものとして前提される合理性の要請とは、しばしば区別されずに扱われてしまう。しかし、それらはあくまでも別のレベルの原理・要請であり、両者の区別をしないことはときに議論の混乱を招くもととなる。それゆえ、本書では用語を分けて両者を区別することにした。また、「チャリティーの原理」という用語を行為の解釈の構成原理の名称として扱うことは、この用語の元々の使用法に反するという異論があるかもしれない。その点については、註14を参照されたい。

(8) 主体が満たすべき合理性の要請には、第7節で紹介する真理性の要請も含められると考えられる。真理性の要請については第7節を参照されたい。また、これらの要請や原理については第二章や第六章、第七章でも改めて考察することになる。

(9)「醤油ある?」という問いかけは、たとえば「醤油をとってもらいたいという欲求と、醤油をとることを依頼すれば醤油をとってもらうことができ、また『醤油がある』という文を疑問形で発話すればそのことを依頼することができ、それは『醤油ある?』と問いかけることに他ならないという信念を持っていたので、そのように問いかけたのだ」というように解釈できるだろう。この解釈においても、「醤油がある」という文が、醤油があるということを意味すると前提されている。

(10) 文の解釈において特定されるのは、あくまでも、文の字義的意味であり、いわゆる「発話の意味」や「話者意味」ではない。たとえば、「醤油ある?」という発話で依頼をする場合、話者は「醤油がある」という文で、醤油をとってくれということを意味していると考えられるかもしれないが、その言語的行為を解釈する際に文の解釈において特定されるのは、「醤油がある」という文（ないしその疑問形）の字義的意味だけである。また、ここでは、ある発話がどのような発語内行為であるのかを理解する際にも、「発話の意味」や「話者意味」に言及する必要はないと考えている。ある発話がどのような発語内行為であるのかは、註9の事例に見るように、行為の解釈において欲求・信念に言及することによって十分に理解されると考えられるからである。ところでデイヴィドソンは、隠喩の解釈において、表現の字義的意味の他に「隠喩的意味」なるものを想定する必要はない（そのようなものはない）と述べ（Davidson [1978a] p. 245）、その上で、隠喩を発語内行為と同様に位置づけている（Davidson [1978a] p. 259）。このことから、デイヴィドソンもまた、「発話の意味」や「話者意味」に関して以上と同様の見解を持っていると推測される。

(11) このような真理理論に基づく意味理論では「真理」概念が中心概念となる。これに対しては、M・ダメットが詳細な議論によって批判を加えている（Dummett [1975] [1976]）。ダメットによれば、意味理論の中心概念は「検証」ないし「反証」概念でなければならない。本書でダメットのこの議論を検討する余裕はない。しかし、タルスキ流の再帰的理論を検証概念に基づいて再構成することは可能であると考えられる（cf. Wright [1993] pp. 39-40, ch. 14）。そして、以下の議論にとって重要なのは、意味理論がタルスキ流の再帰的理論だという点である。それゆえ、この限りでは、ここで真理理論に基づく意味理論を選択して考察を進めることに問題はないと考えられる。

（12）意味理論の公理と規則が具体的にどのようなものになるのかを理解するには、飯田 [2002] を参照するとよい。

（13）行為の解釈においてデータとみなされるものは、厳密には、命題的態度と理由関係を形成する行為ではなく、物理的身体運動であるということを第3節で確認した。同様に、「文の解釈のデータは、文を真とみなす態度である」と言うことも文字通りにはできない。厳密な意味でデータとみなされるのは、ある文に対する物理的身体運動にすぎない。文を真とみなす態度は、文の解釈の際には仮説として主体に帰属させられ、その帰属は解釈の成功によってはじめて適切なものとして認められるのである。

（14）翻訳や解釈の議論の発端となったクワインやデイヴィドソンの文献では、「チャリティーの原理」は第一義的には、真理性の要請を話者に課すところの文の解釈の原理のみを指し、行為の解釈の原理は「チャリティーの原理」と呼ばれない傾向がある（Quine [1960]; Davidson [1980] [1984a]）。しかし、解釈主義をめぐるさまざまな文献においては、しばしば、真理性の要請を合理性の要請の一つとして理解し、「チャリティーの原理」を解釈一般の原理を指すものとして使用する傾向がある。この用法自体には特に問題はないと考えられることもあり、本書では後者の傾向に従うことにした。

（15）より正確に言えば、文の解釈では、話者が真理性の要請以外の合理性の要請を満たすことも前提しなければならないだろう。この点は、第五章で、翻訳において話者が満たすと前提すべき合理性の要請について考察する中で確認される。

（16）合理性の要請が概ね満たされていればよいということについては、第五章や第七章でも考察する。

（17）さらにデイヴィドソン（Davidson [1986b]）によれば、主体の言語はつねに変化する可能性を持っているため、解釈者は、根元的解釈を通していったん被解釈者の言語の正しい意味理論を手に入れた後も、被解釈者とのコミュニケーションの中でその意味理論を文の解釈の足掛かりとして使い、コミュニケーションに齟齬が生じ次第、意味理論を修正していかなければならない。デイヴィドソンは、文の解釈の足掛かりとして利用するとりあえずの意味理論を「先行理論（prior theory）」と呼び、文の解釈が成功したときに手にする理論を「当座理論（passing theory）」と呼ぶ（Davidson [1986b] p. 101）。後者が「当座理論」と呼ばれるのは、その理論もまたその後の文の解釈においてはせいぜい先行理論としての身分を持つにすぎず、修正を迫られる可能性をつねに持っているからである。また、先行理論は当座理論に対していかなる強制力も持っていない。先行理論はつねに阻却可能であり、原理的には先行理論は必要ない。この意味では、コミュニケーションの中で先行理論を足掛かりに当座理論を探り当てる作業も根元的解釈に他ならない。もっとも、（デイヴィドソンは明言していないが）日常的なコミュニケーションの中では、この先行理論がつねに明示的になっている必要はないと考えられる。むしろ先行理論は、コミュニケーションが円滑に行われている限り、コミュニケーションを支える前提として背景に退いていると考えられる。つまり、コミュニケーションにおいて齟齬が生じた場合にはじめて、先行理論が明示化され、当座理論の探求が行われると考えられるのである。

　なお、ここで想定されている言語の変化は、ハンプティ・ダンプティの言語に見られるような言語変化ではない（cf. Davidson [1986b] p. 97）。ハンプティ・ダンプティの言語とは、話者であるハンプティ・ダンプティが自分の好きなように意味理論を改訂してしまう言語である。たとえば、さっきまでは「雨」という語で雨を指していたのに、今はそれでカラスを指しており、次の瞬間には、それで靴下を指しているというような具合である。つまり、話者が一方的に使いたいように言語を使ってしまうのである。このような言語変化は、その言語を第三者には解釈不可能なものにしてしまうだろう。そして、言語の本質があくまでも解釈可能性にあると考えられるならば、そのように変化するものはもはや「言語」とは言えない。しかし、デイヴィドソンが想定している言語変化はそこまでアナーキーなものではない。つまり、言語の変化はあくまでも、話者の示す証拠に照らして解釈者が探り当てることのできるような変化でなければならないのである。

　ところで以上のように、解釈者が探り当てることのできる変化であるにせよ、言語がつねに変化の可能性を持つとすると、デイヴィドソンの言う「当座理論」は体系的で再帰的なものにならず、もはや「理論」と呼べないものになってしまうのではないかという疑念が生じるかもしれない。しかし、言語の変化があくまでも解釈者が探り当てることのできるような変化であるためには、言語には実際上はある程度の安定性がなければならない（ただし、言語は「いつ変化してもおかしくない」という意味で、つねに変化の可能性を孕んでいる）と考えられる。そして、そのような安定性がある限りにおいて、デイヴィドソンの言う「当座理論」は体系的で再帰的なもの、つまりあくまでも「理論」と呼べるものであると考えられる（cf. 野矢 [1999] pp. 383-4, n. 94; Child [1994] p. 78, n. 54）。

（18）解釈が全体論的な実践である以上、ある命題的態度や行為の帰属が明示的に行われているときにはつねに、他のすべての命題的態度や行為の帰属も暗黙的な仮説として伴っていると言える。しかし、明示的な帰属はつねに部分的なものにとどまり、全体論的な実践としての解釈は時間を通して行われるものである。

第二章

（1）以上の引用の他にも、デイヴィドソンの著作の中には同趣旨の見解が見られる（Davidson [1973a] p. 250; [1989] p. 40）。このような見解を示していることから、デイヴィドソンはしばしば代表的な解釈主義者として挙げられる。しかし、本書での「解釈主義」の理解に従えば、非法則的一元論を唱えるデイヴィドソンの全体としての立場を解釈主義とみなすことはできない（非法則的一元論と解釈主義の関係については本章第3節以下を参照されたい）。とはいえ、本文の以上の引用に見られるような見解に限定すれば、デイヴィドソンの立場を解釈主義とみなすことができる。本書の以下において、代表的な解釈主義者としてデイヴィドソンに言及することがあるが、その場合は、特に断りのない限り、以上のような意味で限定されたデイヴィドソンを念頭に置いている。

（2）志向的システムの詳細に関しては第三章を参照されたい。

（3）デカルト主義的二元論が他我問題を解決することができないかどうかについては議論の余地があるかもしれないが、ここではその検討は行わない。

（4）これは、他者の命題的態度についての認識が誤る可能性を排除するものではない。一般に解釈は失敗しうるものである。したがって、われわれは他者の命題的態度を認識し誤ることが十分にありうる。しかし、他者の命題的態度を認識し誤りうるということは、他者の命題的態度が不可知であるということとは異なる。われわれは少なくとも、解釈が成功したときには、他者の命題的態度を知ることができるのである。

（5）先に、解釈主義の主張は、主体の命題的態度は解釈を通して知ることができるという単なる認識論的主張ではないと論じたが、以上のように、解釈主義の存在論的主張のうちにはこの認識論的主張も含まれると考えるのが自然である（重要なのは、解釈主義の主張がそのような単なる認識論的主張にとどまるものではないという点である）。ただし、解釈を通して主体の命題的態度を知ることができるということは、われわれが主体（自分であれ他者であれ）の命題的態度を知るときにはつねに解釈を介しているということを含意するわけではない。特に、解釈主義において自分の心的状態についての知識（すなわち自己知）がどのように理解されうるかに関しては第六章を参照されたい。

（6）以上の必要条件テーゼ、十分条件テーゼ、構成条件テーゼによる解釈主義の説明は、基本的な着想の多くをW・チャイルドの議論（Child [1994] ch. 1）に負っている。しかし、チャイルド自身の議論では、構成条件テーゼが解釈主義の基本テーゼであるとはされていない。この限りで、本書での解釈主義の理解とチャイルドによる解釈主義の理解には違いがある。

（7）註1でも述べたように、デイヴィドソンは非法則的一元論を唱えている限りでは、本書で理解するところの解釈主義者であるとは言えない。

（8）機能主義にはいくつかの種類がある。最もはじめに登場した機能主義は、心的状態をコンピュータ・プログラムとして理解するマシン機能主義（Putnam [1960]）である。その後、心的状態を素朴心理学（folk psychology）の心理法則（そのような法則の存在が前提されている）に基づいて理解する素朴心理学的機能主義（Armstrong [1968]; Lewis [1972] [1980]）や、心的状態を生物の生存に役立つ機能に基づいて理解する目的論的機能主義（Millikan [1984] [1993]）が登場した。本書では、機能主義として素朴心理学的機能主義を念頭に置いている。

（9）法則が成り立つのが物理学のみであるという見方は不適切であると考えられるかもしれない。一般に、物理学以外の個別科学においても法則が成立すると考えられるからである。しかし、物理学以外の個別科学がすべて物理学に還元可能であると考えられる限りでは、物理学以外の個別科学でも法則が成立すると考えても議論に支障はない。それゆえ、ここではそのまま議論を進める。個別科学の法則については第5節での議論も参照されたい。

（10）論理的行動主義を唱えた論者としては、ヘンペルの他にG・ライル（Ryle [1949]）が挙げられる（もっとも、筆者が知る限り、ライル自身が自らの立場を積極的に「行動主義」と呼ぶことはなかった）。しかし、ライルの立場を原子論的な行動主義として理解することには議論の余地がある。いずれにせよ、ヘンペルは論理的行動主義を原子論的な行動主義として提示したが、論理的行動主義が一般に原子論的行動主義である必要はない。

（11）論理的行動主義は以上の他に、知覚や感覚などの意識的な心的状態があくまで内部状態であり単なる行動傾向ではないと考えられるという点からも心脳同一説や機能主義から批判を受けた。論理的行動主義に対する心脳同一説からの批判はPlace [1956] やSmart [1959] などに、また機能主義からの批判はPutnam [1963] やArmstrong [1968] などに見られる。

（12）命題的態度の全体をさまざまな行動傾向の重ね合わせとして理解するという論点は、柏端達也の考察（柏端 [2003] pp. 148-51）から示唆を得た。

（13）代表的な解釈主義者の一人であるデネットは、著作の中のある箇所で、自らの立場を「全体論的論理的行動主義（holistic logical behaviorism）」と呼んでいる（Dennett [1981b] p. 58）。

（14）これは心的なものの非法則性の議論の一つの論点である。心的なものの非法則性については第5節で詳しく論じる。

（15）次のような反論があるかもしれない。傾向性は一般に、その実現基盤であるカテゴリカルな性質に還元可能であると考えられる。たとえば、ある物質の水溶性という傾向性は、その物質の結晶構造という内部状態に還元可能であると考えられる。これと同様に、行動傾向は、その実現基盤である内部状態（脳状態）に還元可能であると考えられる。それゆえ、行動主義という立場は結局のところ、心的状態を行為の原因となる内部状態（脳状態）として理解する立場に吸収されてしまうのではないだろうか。

これに対しては次のように答えたい。まず、傾向性を何らかのカテゴリカルな性質に還元できるかどうかには議論の余地が大いにある。傾向性の形而上学の議論では、傾向性をカテゴリカルな性質に還元できないものとしつつ、実在的な性質として認める立場も一つのありうる立場として位置づけられている（cf. Crane [1996]）。筆者はこの立場に共感しているが、傾向性の形而上学についての詳細な考察は今後の課題とせざるをえない。

また、傾向性がその実現基盤であるカテゴリカルな性質に還元可能だとしても、全体論的行動主義では、個々の命題的態度と脳状態の間に最低限の個別的同一性すら成り立たないと考えられる。さまざまな命題的態度は、個別に何らかの行動傾向として理解されるのではなく、全体として、さまざまな行動傾向の重なり合ったものとして理解されるにすぎない。それゆえ全体論的行動主義では、仮に行動傾向がその実現基盤である内部状態に還元可能だとしても、それはせいぜい、さまざまな行動傾向の全体が、それらを実現しているさまざまな脳状態の全体に還元可能であるということにすぎない。この限りにおいて、全体論的行動主義は、心的状態と脳状態の間の個別的同一性を認める立場とは一線を画す立場なのである。さらに、仮に行動傾向がその実現基盤である内部状態に還元可能だとしても、その実現基盤が脳状態に限定される必要はない。さまざまな行動傾向を実現しているのは、人物の（脳状態だけでなく身体状態をも含む）全体的な内部状態であると理解することもできる。この場合には、さまざまな行動傾向（すなわち命題的態度の全体）は、人物全体の性質ないし状態として理解される（cf. Child [1994]; Heil [1998]）。このような立場は、心的状態を脳という局部に位置づける立場とは根本的に異なる心の哲学だと言うことができるだろう。

(16)「心理法則」はときに、命題的態度同士の間で成立する法則のみを指すものとして理解されることがある。この場合、命題的態度と行為の間に成り立つ法則は「心理物理法則」と呼ばれる。しかし、行為もまた命題的態度と同様に解釈において主体に帰属させられるものであるという点を考慮すると、行為は心理物理法則で扱われる物理的状態ないし出来事に含められるべきではなく、あくまでも命題的態度と同様に「心的なもの」として位置づけられるべきである。

(17) これは、3・3において示した非法則的一元論の三つの原理では(1)に相当する。

(18) 5・2および5・3の考察は、信原幸弘の考察（信原 [1999] ch. 5）に議論の構成および論点の多くを負っている。

(19)［ ］内の補足は引用者による。本書では以下でも引用において同様に［ ］を用いる。

(20) この合理化関係の全体論的性格は、合理化関係それ自体が文脈依存的であるという点で、第一章で見た、単に命題的態度は他の命題的態度とともに全体として主体に帰属させられるという意味での心の全体論的性格よりも強く全体論的なものである。

(21) これらの要請や原理は、第六章、第七章でも考察の対象となる。

(22)「行為の反因果説」という名称はしばしば、行為の解釈が行為の生起の説明であることを否定する見解の名称として使用される。しかし、ここで「行為の反因果説」と呼ぶ解釈主義の見解は、行為の解釈が行為の生起の説明であることまで否定するものではない。この点については、本節の以下での議論を参照されたい。

(23) 非法則的一元論のように、命題的態度や行為のトークンが因果的ネットワークを形成すると認めることは、行為の因果説を認めるだけでなく、命題的態度同士の因果関係を主張する、いわば「命題的態度の因果説」をも認めることに他ならない。解釈主義は、この「命題的態度の因果説」もまた否定する。したがって、解釈主義と非法則的一元論の妥当性を比較するには、命題的態度の因果説の是非に関しても考察する必要がある。しかし、その議論は、行為の因果説の是非に関する議論と本質的に異なるものではないと考えられる。それゆえ、ここでは、行為の因果説の是非に議論の焦点を絞る。

(24) 行為の因果説は、デイヴィドソンが挙げた非法則的一元論の三つの原理（詳しくは、3・3を参照されたい）のうちの「因果的相互作用の原理」に相当する。つまり、ここではこの因果的相互作用の原理の妥当性を問題にすることによって非法則的一元論と解釈主義の妥当性を比較するということである。これに対しては、「因果性の法則論的性格の原理」にも大いに議論の余地があるのではないかと考えられるかもしれない。実際、この原理を疑問視する論者としては、J・マクダウェル（McDowell [1985]）、L・R・ベイカー（Baker [1995]）などがいる。確かに、因果性の法則論的性格の原理にも議論の余地はあるだろう。しかし、非法則的一元論にとっては、因果性の法則論的性格の原理よりも因果的相互作用の原理の方が本質的であると考えられる。それは、仮に法則論的性格が成り立たないとしても、因果的ネットワークのトークン同型性が成立していれば、刹那的トークン同一性の成立を支持する強い理由になるからである。

(25) 以上の考察は、信原による包括的合理化の議論（信原 [1999] pp. 39-45）に多くを負っている。ただし、信原のその議論には、ATC判断を含む実践的推論の過程についての考慮は含まれていない。

(26) 実践的推論の過程を考慮してもなお、ATC判断が形成される際に最優先された望ましさの観点が複数あると考えられる場合には、それらの観点に対応する複数組の欲求・信念が、行為の実際の理由の候補として残る可能性がある。このような場合には、やはりそれらの欲求・信念と行為の間の因果関係の有無によってはじめて、行為の実際の理由が何であるかが定まるのではないかという反論が考えられるかもしれない。しかし、そのような場合には、それらの欲求・信念はいずれも行為の実際の理由であると考える方が、われわれの直観に適合するように思われる（cf. 信原 [1999] p. 41）。この直観が正しいとすれば、あくまでも行為の因果説が真である必要はないということになる。

またさらに、以上のような議論に対しては、意志の弱い行為の生起を説明するためには行為の因果説が真である必要があると言えるのではないかという反論も考えられるかもしれない。この反論については第七章で詳しく検討する。

(27) デイヴィドソンも行為の解釈が行為の生起の説明であることを強調している（Davidson [1974a] p. 232）。

(28) ライルはしばしば、行為の因果説を否定した論者として言及され、そしてそれゆえ、行為の合理化の説明を行為の意味の説明と同一視する論者として理解される。しかし、行為の因果説を否定することは必ずしも、行為の合理化の説明が行為の生起の説明であることの否定を含意するわけではないように思われる。そして、実際のところ、ライルは行為の合理化の説明が行為の生起の説明であることを認めつつ、それを行為の因果説とは異なる説明として理解しているように思われる（Ryle [1949] pp. 50, 86-9, 113-4）。

(29) ホーガンらは、「行為の生起の説明」ではなく、「行為の因果的説明（causal explanation）」という用語を用いて議論を展開している。「行為の因果的説明」という用語は、論者によっては、「行為の因果説」と同義に使われることがある。しかし、ホーガンらの言う「行為の因果的説明」は、そのような行為の因果説のことではなく（ホーガンらは行為の因果説を否定している）、本書で「行為の生起の説明」と呼ぶものを指している。それゆえ、ここでは、本書での用語法に合わせた。

第三章

(1) ここで問題にしているのは、厳密に考えた場合に命題的態度を帰属させうる主体とは何であるのかということであり、それはあくまでも心や知性の一つのあり方に関する問題にすぎない。したがって、仮に人間以外の動物は厳密には解釈不可能な主体であるという結論が出たとしても、それは、それらの主体が全く心や知性を欠いた存在であると主張することにはならない。

(2) 「解釈可能な主体とはどのような主体なのか」という問題に関連して、J・R・サールの「中国語の部屋」（Searle [1980]）は解釈可能な主体と言えるだろうか、という問いも生じるかもしれない。サールは次のような思考実験を提示した。ある部屋に小人がいる。部屋の外からある信号を受けると、小人はその信号を読み取り、ある一覧表に基づいて別の信号を外へと送信する。この一覧表は実は中国語会話に関する一覧表である。その一覧表のおかげで小人は、中国語の知識を全く持っていないとしても、部屋の外から与えられる任意の中国語の質問に対して、適切な回答を中国語で示すことができるのである。部屋の外にいるわれわれには、一見すると、この「中国語の部屋」（の住人）は中国語を理解しているように思われる。しかし、この「中国語の部屋」はそのように解釈可能な主体であると言えるのだろうか。以上の「中国語の部屋」は、中国語のやり取りをするだけであり、全く身体運動を示さない。この点で、「中国語の部屋」は解釈可能だと言うには不十分であるかもしれない。そこで、「中国語の部屋」の思考実験を次のようなロボットへ応用してみよう。今度は、小人はロボットの頭の中にいると想定される。ロボットは環境の中を動き回る際にさまざまな情報を獲得する。ロボットが情報を得ると小人にはある信号が送られ、それに対して小人は一覧表に従って別の信号を送り出す。送信された信号によってロボットのさまざまなふるまいが生み出される。ここで、小人が参照するこの一覧表は、それを参照して小人が信号を変換すれば、ロボットがまさにわれわれと同じように環境の中でふるまえるような一覧表になっているとする。つまり、このロボットは、脳の中の小人が一覧表に従って機械的に信号を変換することによって、まさに人間と同じように環境の中でさまざまなふるまいを示すことができるのである。このようなロボットは解釈可能な主体であることになるのだろうか。

この問いに答えるには多くの議論を必要とするだろう。しかし、ここでその議論を詳細に展開する余裕はない。議論の余地は大いにあるかもしれないが、ここで結論の見通しだけを述べるならば、以上のようなロボット（脳の中の小人ではなく、身体を持ったシステム全体としてのロボット）も、しかるべきふるまいを十分に示すのであれば解釈可能である。ある主体にさまざまな命題的態度を帰属させうるかどうかは、その主体のふるまいを、それらの命題的態度と合理的ネットワークをなす行為として理解することができるかどうかという問題である。つまり、解釈可能であるかどうかにとっては、しかるべきふるまいを十分に示すかどうかが問題であり、そのふるまいがどのような内的プロセスによって生み出されるのかは問題ではないのである。

（3）解釈主義者とは言えないかもしれないが、命題的態度の所有が言語使用に依存することを主張する論者としては、その他に、L・ウィトゲンシュタインやダメットの名がしばしば挙げられる（cf. Carruthers [1996] pp. 22-5; Wittgenstein [1953]; Dummett [1978] pp. 98-9）。

（4）より厳密に言えば、命題的態度と言語の関係に関するデネットの考え方は非常に多岐にわたっており、一概にデネットを非言語的解釈主義者とみなすことはできないかもしれない。さらに一九九〇年代以降のデネットは、解釈主義とは異なる観点から心一般を理解しようとしているとも考えられる（詳しくは、Dennett [1996] を参照されたい）。したがって、正確には、以下でのデネットの見解への言及はデネットの見解に見られるある側面についての言及にすぎない。

（5）解釈における行為の生起の説明と予測の位置づけについては、第一章の註1を参照されたい。

（6）Dennett [1981a] p. 21 や Dennett [1981b] p. 68 n. 12 にも同趣旨の見解が見られる。

（7）デイヴィドソンが「言語を使用する主体」と言うときに念頭に置いているのは、他人が発話する文を解釈し、その主体に命題的態度を帰属させる解釈者である（Davidson [1975] p. 157: [1982b] p. 100）。デイヴィドソンによれば、言語の使用者であることにとって本質的なのは、自分や他者が発話する文を解釈することができるということである。したがって、より正確に言えば、デイヴィドソンのテーゼは「動物は文の解釈者でない限り思考を持ちえない」というものになる（Davidson [1975] p. 157: [1982b] p. 100）。この「文の解釈者」ということのうちに、「意味理論を付与しうる自然言語の使用者」ということが本質的に含められているかどうかは、デイヴィドソンの記述を見る限りでは明らかではない。たとえば、「解釈者」は、行為の解釈において二階の信念を帰属させうる主体を意味するにすぎず、文の解釈を必要とするような言語的行為を示す必要はないと考える余地があるかもしれない。しかし、文の解釈を必要としないのだとしたら、そこで「言語使用」に言及する必要はないように思われる。それゆえ、デイヴィドソンの論証においても、「言語」を、意味理論を付与しうる自然言語として理解したいと思う。

（8）デイヴィドソンはさらに、言語で表現することのできない命題的態度がありうるということを否定しているわけでもないと言う（Davidson [1975] p. 158; [1982b] p. 100）。この論点に関しては註16を参照されたい。

（9）これに対しては、*de dicto* 命題的態度文は確かに意味論的不透明性を示すが、*de re* 命題的態度文の場合には意味論的不透明性が示されないではないかという反論があるかもしれない。その指摘は確かに正しい。しかし、デイヴィドソンによれば、*de re* 命題的態度を持つためには、何らかの *de dicto* 命題的態度を持つ必要がある（Davidson [1982b] p. 98）。たとえば、問題の犬の正しい *de re* 信念文が「そのオークの木に関して、その犬は、猫がその上に登ったと信じている」という *de re* 信念文だとしよう。しかし、この信念文が真であるためには、オークの木であるところのその対象が信念主体によって何らかの記述の下で把握されている必要がある。そして、これは、そのオークの木に関する何らかの *de dicto* 信念文が真でなければならないということである。したがって、*de re* 命題的態度文それ自体が意味論的不透明性を示さないとしても、命題的態度の帰属可能性の条件として意味論的不透明性を挙げることに問題はないと考えられるということである。また、T・クレインによれば、*de dicto* と *de re* の区別は、二種類の命題的態度の区別ではなく、二種類の命題的態度帰属（報告）の仕方の区別にすぎない。クレインによれば、*de re* 命題的態度文によって *de re* 命題的態度なるものが主体に帰属させられているわけではないのである（Crane [2001] p. 21, 114-7）。このクレインの見解については詳しい検討が必要だと考えられるが、今のところ筆者は、この見解に共感している。

（10）第一章の註6に記したように、筆者は、このような概念能力を具現する信念が、行為や文の解釈において、理由関係に基づいて主体に帰属させられる命題的態度や行為と同様に主体に帰属させられるとは考えていない。そのような信念（ないし概念能力）は、知覚能力や身体能力とともに、解釈を成立させるための「背景」をなすと考えられる。また以下では、以上の概念能力に基づく諸命題的態度間の関係をも「命題的態度の全体論的性格」と呼ぶことがあるが、これも、第一章で見たような理由関係に基づく諸命題的態度間の全体論的性格とはあくまでも異なるものであると理解されたい。

（11）R・ラウトリーとJ・ハイルは、犬や猫などの非言語的行動であってもわれわれの言語的行動と同程度ないしそれ以上の複雑さを持ちうるという反論を提示している（Routley [1981] pp. 390-1; Heil [1992] p. 212）。このような反論を検討する余地もあるかもしれないが、以下では別の観点から議論の妥当性を検討する。

（12）以下での考察は、野矢茂樹の考察（野矢 [2002]）から多くの示唆を得ている。

（13）問題の対象に見立てられた別の対象は、人形や名前が書かれた紙切れのような実際の対象である必要はなく、イメージにおける心的対象でもよいと考えられるかもしれない。しかし、ライルによれば、イメージにおいて何かを仮想的に行うことができるためには、それを行うふりをすることができなければならない（Ryle [1949] ch. 8: cf. 村田 [1996]）。ここで言う「ふりをする」こととは、あくまでも身体を用いた行為のことである。したがって、この考えによれば、イメージにおいて問題の対象を仮想的に組み合わせることができるためには、身体を使って問題の対象を組み合わせるふりをすることができなければならない。これを問題の対象そのものを使わずに行うには（問題の対象そのものを使って組み合わせてしまったら「ふりをする」ことにならない）、問題の対象とは別の実際の対象を組み合わせる他ないだろう。つまり、イメージにおいて問題の対象を仮想的に組み合わせることができるためにも、問題の対象に見立てられた別の実際の対象を組み合わせることができなければならないのである。

（14）これは、ある命題的態度の帰属が可能であるときには、つねにその内容となる事態を言語で表現しているということではないという点に注意されたい。以上の考察によって示されたのは、あくまでも、ある場面で命題的態度を帰属させられるような主体は、何らかの場面で言語を使用する主体でもある必要があるということにすぎない。これは、命題的態度を所有する主体がどのような能力を持つ主体であるかの分析であって、何かを信じたり欲したりしているときに主体に何が生じているかの分析ではないということである。

（15）デイヴィドソン自身が、この本質的関係を認めるかどうかは明らかではない。

（16）註14でも述べたように、これは、ある命題的態度の帰属が可能であるときには、つねにその内容となる事態を言語で表現しているということではないという点に注意されたい。ただし、註8で示した「言語で表現することのできない命題的態度がありうる」というデイヴィドソンの見解は否定されなければならないと考えられる。以上の第一の論証に関する考察により、任意の命題的態度の帰属が可能な主体であるためには、少なくとも何らかの場面で、その命題的態度の内容に含まれる対象に関してさまざまな可能的事態を想定する能力を持つと解釈できるような主体でなければならないと言える。これは、その命題的態度の内容を表現する言語を使用することができなければならないということに他ならない。それゆえ、言語で表現することのできない命題的態度がありうると考えることはできないのである。

（17）以上のように、解釈可能な主体であるためには言語使用者でなければならないと考えられる。しかし、ある主体が言語使用者であるとはそもそもどういうことなのだろうか。この問いに対しては、何らかの構文論的構造を持つ対象を操作して可能的事態を想定することができるということが、言語使用者であるということの本質だと答えたい。この限りでは、人間以外の動物が言語使用者であると言えるかどうかは経験的な問題として位置づけられるべきだろう。しかし、デイヴィドソンによれば、われわれとは異なる概念図式を持つと考えられるような主体は、われわれに解釈可能な言語を使用しているとは考えられないがゆえに、いかなる言語の使用者としても認められない（Davidson [1974b]）。この見方によれば、類人猿などの人間以外の動物、さらに人間であっても大人が持っている概念図式を持つに至っていない子どもは、仮にそれらの主体が何らかの構文論的構造を持つ対象を操作しているように見えるとしても、言語使用者としては認められないことになるように思われる。この見方はわれわれの日常的直観に反するものだろう。それらの主体は、われわれに解釈可能な言語を使用していないとしても、何らかの他者に解釈可能な言語の使用者として認められるのであれば、言語使用者であると言ってよいのではないだろうか。筆者はかつて、このデイヴィドソンの見方に対して違和感を持ちながらも、この見方の擁護を試みたことがあった（金杉[2003]）。しかし、野矢の議論（野矢[2011]）を目にしたことをきっかけにして、今では、かつての違和感は正しいものだったのではないかと考えるようになった。残念ながら、この論点についてここで詳細に検討する紙幅の余裕はないが、この問題に関心のある読者は、野矢[2011]を参照されたい。

第四章

（1）素朴心理学は、命題的態度だけでなく、解釈の合理性の観点で捉えることができるかどうかが必ずしも明らかではない知覚・感覚や感情といった他の心的状態にも言及するものとして理解されている。したがって、素朴心理学は消去されるべきものであると考える消去主義が実在性に疑問を呈している対象は、厳密に言うと命題的態度だけではない。しかし、消去主義が実在性に疑問を呈している主な対象は命題的態度であり、また消去主義に対する批判も、その議論の主な焦点を命題的態度の実在性に合わせていると言うことができる。それゆえ、ここでも、命題的態度の実在性に焦点を絞って、消去主義をめぐる議論について考察していく。

(2) 素朴心理学を理論として理解することには異論がある。この問題をめぐる論争が理論説とシミュレーション説の間の論争に他ならない。この問題については第3節を参照されたい。

(3) 正確に言えば、精神疾患の中には不合理な現象として理解可能であるように思われる微妙なケースもあるだろう。しかし、そのような不合理な現象はあくまでも合理性の観点から素朴心理学で説明可能な現象であると考えられる。この点については、本章の第6節および第七章を参照されたい。

(4) コネクショニズムについてのこのような理解の詳細については、信原 [1999] [2000] を参照されたい。

(5) 広義の心脳同一説が命題的態度の実在性を擁護することができず、解釈主義が命題的態度の実在性を擁護できるのだとすれば、それは、解釈主義が非法則的一元論や機能主義よりも妥当な立場であると主張するための一つの論点になるだろう。この妥当性の比較に関しては、第二章の第5節および第6節も参照されたい。

(6) しかし、デネット自身は他方で、自らの立場を「道具主義」と呼んだことを誤りとし、命題的態度の実在性を擁護する議論も提示している (Dennett [1987] pp. 37-42, 69-81)。結局のところデネットの立場がいかなる立場であるのかは、大いに議論の余地がある問題であるが、その検討は別の機会に譲らざるをえない。

(7) A・クラークもまた、グレアムらと同様に、還元主義の前提は不当であると指摘している (Clark [1989] ch. 3, Appendix)。クラークによれば、素朴心理学は、人々の行動の大まかなパターンを高次レベルで記述するための理論であり、その理論的措定物が脳科学の理論的措定物に存在論的に還元されえないことは、それにとって何ら短所とはならない。しかし、クラークが命題的態度の実在性についてどのように考えているのかは必ずしも明確ではないように思われる。それゆえ、クラークの見解は、消去主義が道具としての理論の適切性について不当な前提を立てているという見解として理解され、結局のところ、デネットの道具主義に吸収されてしまう余地があるように思われる。

(8) ホーガンとグレアムは、消去主義、広義の心脳同一説、日常的実在論を、その論者たちのアメリカにおける地域分布に関連づけて、それぞれ「(西部) 世俗主義」「(東部) 教会主義」「南部原理主義」と呼んでいる (Horgan and Graham

[1988] p. 107)。

(9)ベイカーも自らの立場を「実践的実在論(practical realism)」と呼んでいる(Baker [1995] *passim*)。

(10)解釈における説明と予測の位置づけについては、第一章の註1および本章の第6節を参照されたい。

(11)理論説とシミュレーション説の論争については、Davies and Stone [1995] が詳しい。

(12)本文でも述べたように、「心の理論を持っている」という表現は、元々、心的状態を主体に帰属させることによって主体の行為を説明したり予測したりすることができるということを意味する表現である(Premack and Woodruff [1978] p. 515)。この限りでは、「心の理論」という表現は素朴心理学の概念体系のことを指していて、この表現そのものには、必ずしも理論説へのコミットメントがあるわけではない。しかし、「心の理論」という表現は理論説を示唆する面もあるので、以下では、認知科学の研究に言及する際にもこの表現の使用は避けることにする。

(13)便宜上、議論に支障が生じない程度に、チャーチランド自身が挙げた法則に修正を加えている。チャーチランドによれば、素朴心理学をこのような法則から構成される理論として理解する見方は、W・セラーズ(Sellars [1956])に由来する(Churchland [1994] p. 308)。また、D・ルイス(Lewis [1972])らが提示した素朴心理学的機能主義もこの見方に基づいている。

(14)チャーチランドは、シミュレーション説が正しいとすると、個人差が無視され、われわれの他者理解があまりに制約されることになってしまうと批判する(Churchland [1988] p. 119)。しかし、本文で論じたように、シミュレーションは個人差を無視する実践ではない。個人差は、シミュレーションの試行錯誤の中で把握可能なものであり、それゆえ、他者理解が不当に制約されるわけではない。

(15)ゴードンは、信念を帰属させる際に逆算的に利用するシミュレーションを、その信念を表明する発話が仮想的出力であるようなシミュレーションに限定している(Gordon [1986] pp. 66-8)。しかし、信念による行為の説明は、非言語的行為を仮想的出力とするシミュレーションの逆算的利用としても理解することができる。それゆえ、信念による説明を理解する際に、ゴードンのような限定をする必要はない。

(16)本書では、論争において提示されたさまざまな論点を詳しく検討することはできない。それらの論点の詳細については、Davies and Stone [1995] を参照されたい。

(17)素朴心理学の知識が明示的に利用されることがあるということは、理論説のみならずシミュレーション説でも認められるだろう。実際、ゴールドマンは、われわれがコミュニケーションの中で素朴心理学の法則に関する知識を明示的に利用するということさえ認める(Goldman [1989] pp. 83, 88)。しかし、ゴールドマンは、素朴心理学の法則に関する知識をシミュレーションから帰納的に獲得された知識として理解し、この限りで理論説との違いを強調している。

(18) 制御可能性という論点については、信原から口頭で示唆を得た。しかし、本文の以下での具体的な考察は、筆者の責任範囲にある。

(19) これは、自然科学にとって説明は重要でないということではない。しかし、この観点から言えば、自然科学における説明の重要性は、あくまでも予測という目的に対する手段としての重要性であるということになるだろう。

(20) これは、解釈という実践のうちに行為の生起の予測は含まれないということや、解釈における行為の生起の予測は予測として（あるいは、予測に基づく行為の生起の制御にとって）全く有効ではないということではない。確かに、合理性が文脈依存的なものである以上、解釈において、文脈独立的な法則に基づく予測を行うことはできない。しかし、ごく大まかな予測は可能であるし、またそれは予測として（あるいは、予測に基づく行為の生起の制御にとって）ある程度の有効性を持っていると言えるだろう。

(21) このように解釈という実践の眼目を「合理性の秩序を見てとること」という表現から「理解」という表現に言い換えた一つの理由は、前者の表現によって、あたかも観察者が観察対象をただ観察するだけであるかのような静的な（static）実践のイメージが形成されるのではないかという懸念があるからである。このイメージは誤解である。解釈という実践は、決して解釈対象をただ観察するだけの実践ではない。解釈は、解釈対象とのコミュニケーションを通して行われる動的な（dynamic）実践である。これに対して、「理解」という表現には、それを眼目とする実践が静的なものであるというイメージがあまり伴わないように思われる。ある対象を理解するということは、決して、その対象を観察するだけのことではない。ある対象を理解するためにはしばしばその対象との相互作用が必要である。「理解」という表現は、それを眼目とする実践が動的なものであることをうまく表現しているように思われる。

(22) 行為の賞賛や非難は、社会を成立させている規範の土台をなすものである。このような意味で、行為の賞賛や非難は「社会的実践」と呼ぶべきものであると考えられる。

(23) 註20でも述べたように、これは解釈という実践が行為の生起の予測として（あるいは予測に基づく制御にとって）全く有効でないということではない。

第五章

(1) もっとも、通常、翻訳が行われるときには、被翻訳言語を理解することが翻訳者の目的であり、翻訳言語がメタ言語であることが必要とされると言えるだろう。翻訳をこのように理解すれば、翻訳と文の解釈の間にはこの点に関して違いはないと言うことができる。

(2) この点については、第三章の註16を参照されたい。

(3) 3・2および3・3での考察は、信原の考察（信原

[1999] ch. 6）に多くを負っている。

（4）文がどのような文をその前提や結論にする傾向にあるかということも、主体がどのような状況で文を真とみなしたり偽とみなしたり（文に同意したりしなかったり）するかに関するデータから割り出される。たとえば、文Sが文Tをその結論にする傾向にある（文Tが文Sをその前提にする傾向にある）と考えられるのは、文Sが真とみなされるときには文Tも真とみなされる傾向にあるが、文Tが真とみなされるときに文Sも真とみなされる傾向にあるとは限らないというときに他ならない。このように、ある文が真とみなされる状況と別の文が真とみなされる状況の関係、すなわち複数の文それぞれの状況相関的な発話傾向の関係こそが、ここで言う「推論的な発話傾向」のことである。

（5）クワインの言う「発話傾向」の中に推論的な発話傾向が全く含められていないと言ってしまうのは厳密には正しくない。なぜなら、真理関数的結合子の翻訳や、刺激同義的な文の集合の特定の際には、複数の文それぞれの状況相関的な発話傾向の関係、すなわち推論的な発話傾向がデータとして利用されているからである。しかし、推論的な発話傾向が全面的にデータとして利用されてはいなかった。たとえば、連言文の推論的発話傾向は、真理関数的結合子である連言の翻訳のためのデータとして利用されているが、それは、連言肢である文の翻訳のためのデータとしては利用されていない。また、真理関数的結合子によらない推論（たとえば、帰納的推論や文中の語の意味に基づく推論など）に関する発話傾向は全く考慮されていない。この限りで、クワインの言う「発話傾向」の中には推論的な発話傾向が十分に含められていなかったと言うことができるだろう。

（6）このように、翻訳では、話者が真理性の要請のみならず、それ以外の合理性の要請も満たしていると前提しなければならない。それは文の解釈においても同様である。この点は、第一章の考察では明示的には述べられていなかった。第一章の註15を参照されたい。

（7）われわれは、「蛇は爬虫類ではない」とか「蛇はクワガタと同類である」という発話を単独で行う傾向は持っていないが、「蛇は虫である」という発話から「蛇は爬虫類ではない」とか「蛇はクワガタと同類である」という発話を導き出す傾向は持っていると言えよう。われわれと言語Lの話者は、このような点でも発話傾向を共有していると言えるのである。

（8）しかし、この概ねの一致が成立しない場合には、両言語間の翻訳は不可能になってしまう。概ねの一致が成立していない場合には、概念や言語の意味の同一性を確保することができず、それゆえ、そもそもいかなる事実認識が一致していないのかを理解するための土台さえ失われてしまうからである。このように、発話傾向の概ねの一致は、両言語間での翻訳が可能であるために必要不可欠な条件である。

（9）クワインは、「上からの論証」に対して「下からの論証（pressing from below）」も考えられると言う（Quine [1970]

p. 183)。それは、指示の不可測性（inscrutability of reference）に基づく翻訳の不確定性の論証である。指示の不可測性とは、観察文の刺激意味を特定したとしても、観察文に含まれる語が何を指示しているのかは確定しないということである（Quine [1960] pp. 51-7)。たとえば、「ガヴァガイ」という一語文が「ウサギ」という一語文と同じ刺激意味を持っているとしよう。それでは、「ガヴァガイ」という語はウサギを指示すると言えるだろうか。クワインは、必ずしもそうとは限らないと言う。「ガヴァガイ」という語は、ウサギの時間断片を指示するのかもしれないし、ウサギ性という性質を指示するのかもしれない。あるいは、すべてのウサギからなる不連続な単一の対象であるウサギ融合体の一部分を指示するのかもしれない。それらの可能性はすべて「ガヴァガイ」という一語文と「ウサギ」という一語文の刺激意味が同一であることと両立するのである。このような語の指示対象の特定は分析仮説の内容の一部分をなす。したがって、指示が不可測であるならば、翻訳は不確定であると言えるだろう。これが「下からの論証」である。この指示の不可測性に関しては多くの議論の余地がある。しかし、翻訳の不確定性が成立するために、特に指示の不可測性が成立する必要はないと考えられる。それゆえ、指示の不可測性に関しては別の機会に改めて考察したいと思う。

(10) クワインによれば、厳密には、観察文が理論から直に「帰結する」と言うことはできない。それは、自然科学的理論というものが定常文で構成されていて、定常文のみから観察文は帰結しないと考えられるからである（Quine [1975] pp. 316-9)。しかし、この問題は観察文を、時空点に言及する定常文に置き換えることによって解消する。それゆえここでは、この問題を無視する。

(11) この点で、直観的に、理論の決定不全性の方が翻訳の不確定性よりももっともらしく感じられるかもしれない。

(12) ベクテルによれば、トリヴィアルな事例が問題に思われたのは、それら二つの理論が同一の「意味」なるものを持っているという（悪しき？）伝統的な見方に縛られているからである。ベクテルは、トリヴィアルな事例を問題とした点でクワインは自らの（非伝統的な）自然主義的言語観に反していると言う（Bechtel [1980] p. 318)。

(13) ベクテルは、再解釈可能であるということをまさにこのように理解していると考えられる（Bechtel [1980] p. 315)。ベクテルの議論において、トリヴィアルな事例とそうでない事例が区別されなくなるのはこのためである。

(14) クワインは、自国語の翻訳も不確定になると言う（Quine [1960] p. 78)。いわゆる「公共言語」がさまざまな個人言語の集合にすぎず、この「自国語の翻訳」が同一の公共言語に属する異なる個人言語の間の翻訳を意味するのだとしたら、このクワインの見解は適切な見解であると言うことができるだろう（個人言語のようなものが認められるかどうかには議論の余地があるだろうが、ここではそれを脇に置いて考える)。しかし、クワインの言う「自国語の翻訳」が個人言語としての自分の言語による自分の言語の翻訳、あるいは同一の(個人言語の集合とは異なるものとしての)公共言語による自国語の翻訳を意味するのだとしたら、このクワインの見解は誤りということになる。この場合には、被翻訳言語と翻訳言語の発話傾向が完全に一致するからである。

(15) 合理性の要請が完全に満たされる傾向にあるということは、合理性の要請がつねに完全に満たされるということではない。それは、解釈において対応づけられる各文の発話傾向が完全に一致するとしても、被解釈者がその発話傾向に反する発話をごくまれにしてしまう可能性は排除されないからである。たとえば、ある被解釈者は、われわれが真とみなす信念を表明するような発話傾向を持っており、それゆえ、傾向としては、真理性の要請が完全に満たされるような解釈を受けるとする。しかし、そのような傾向があるということは、その主体がごくまれに、偽とみなされる信念を表明する発話をしてしまうということを排除しない。これは、翻訳や解釈でデータとなる「発話傾向」がまさに傾向性に他ならないからである。

(16) クワイン自身もまた、しばしば、命題的態度や意味の実在性を否定する論者として理解されている(cf. Quine [1987] pp. 9-10)。

(17) 理論的には解釈の不確定性が成立するとしても、われわれが通常の解釈実践の中で解釈の不確定性に基づく解釈の切り替えに直面することは、実際上はないように思われる。つまり、実践的な理由から、ある主体の一連の行為や文の解釈を解釈1で行っている途中で解釈を解釈2に切り替えるというようなことはないと考えられるのである。それは、解釈という実践が、すべての命題的態度や行為を一挙に主体に帰属させるような実践ではなく、それらの帰属をつねに部分的に行いながら、通時的に行われていくような実践だからであると考えられる(もちろん、解釈は全体論的な実践である以上、ある命題的態度や行為の明示的な帰属にはつねに他のすべての命題的態度や行為の帰属が暗黙的な仮説として伴っていると言えるが、明示的な帰属はつねに部分的なものにとどまる)。つまり、ある場面において解釈1を解釈2に切り替えるということは、その場面の直前まで依拠してきた解釈の他の部分とは整合しない別の解釈を採用するということであり、それまでの解釈を根本的に捨て去るという大きなコストを払うことになるがゆえに、通常の解釈実践の中で解釈の切り替えに直面することは、実際上はないと考えられるのである。形而上学的実在論ではなく実践的実在論をとる限り、仮に以上のような解釈の切り替えが実際に生じるとしても、それは命題的態度の実在性を否定する論拠にはならない。しかし、実践的な理由から、通常の解釈実践の中で解釈の切り替えに直面することはないという以上の論点も、われわれの日常的直観によって捉えられている命題的態度の実在性が形而上学的実在性ではなく実践的実在性であるということを支持する論点の一つになるように思われる。

第六章

（1）本章では、「知識」としての身分を持つとは限らないような認知状態一般を指す場合には、「認識」を用い、「知識（知）」と区別する。

（2）自己知の特殊性は一般に、命題的態度だけでなく知覚や感覚などを含む心的状態全般の自己知に当てはまるものとして理解されている（ただし、感情や気分の自己知については必ずしもその限りではない）。それゆえここでは、自己知の対象を心的状態一般として記しているが、以下において解釈主義による自己知の特殊性の説明について論じる際には、自己知の対象を心的状態一般ではなく命題的態度に限定して考察しているものとして理解されたい。命題的態度以外の心的状態の自己知に関しては、本書で論じることはできないが、別の機会に詳しく検討したいと思う。

（3）これは、人が自分に自己知があることを、自己帰属判断の表明以外の方法（たとえば単なる非言語的な行為）では示すことができないということを意味するわけではない。

（4）これは、人に問われて他者帰属判断を表明するときにはつねに、このような観察とそれに基づく推論を介しているということではない。一度、このような観察とそれに基づく推論を介してある他者帰属信念を形成した主体は、その後に、その他者帰属信念を示す他者帰属判断を、それらの観察と推論を介することなく記憶に基づいて表明することができると考えられる。

（5）デイヴィドソン自身は、第三章でも見たように、信念がさまざまな命題的態度の中で中心的役割を果たしているということを指摘し、それをもって議論の焦点を信念に合わせることを正当化している（Davidson [1984b] p. 4）。たとえば、欲求などその他の命題的態度を所有するためには信念を所有しなければならない。このように、信念が命題的態度の中心的役割を果たしていることから、デイヴィドソンは自らの限定的な説明を正当化するのである。しかし、このように信念の所有がその他の命題的態度の所有の必要条件となっているということから帰結するのはせいぜい、どのような命題的態度が帰属させられるのかを知るには、どのような信念が帰属させられるのかを知らなければならないということだけであり、信念の知識があれば十分にその他の命題的態度の知識も得られるということではないだろう。したがって、信念の自己知の特殊性を保証できたとしても、それだけでは、命題的態度全般の自己知の特殊性を保証することはできないのである。このように、信念が命題的態度の中で中心的役割を果たしているということによっては、デイヴィドソンの限定的な説明をより一般的な説明として正当化することはできない。

（6）この立場を代表する論考としては、Shoemaker [1988] [1994] や Burge [1996], McGinn [1997], Moran [2001], Bilgrami [2006] などを挙げることができる。厳密に言えば、

これらの論考にはさまざまな相違点があり、またそれらは必ずしも「解釈主義」と呼べるものではないかもしれない。しかし、それらの論考には「合理性」や「コミットメント」という規範的な概念を通して自己知を理解しようとしているという共通点があり、これらの規範的概念に基づく自己知の理解は、解釈主義による自己知の説明の一つとして理解することができる。以下では、これらの論考に見られるさまざまな論点を組み合わせることによって、解釈主義による自己知の説明として理解される限りでの「合理性説」を構成している。

（7）合理的調整を行うためには、命題的態度の内容だけでなく態度の種類も知っている必要がある。なぜなら、信念の内容に矛盾があるからこそ、その矛盾を解消する必要があるのであり、欲求の内容に矛盾がある場合には必ずしもその必要がないからである。

（8）「Ｐ」を前提とする推論とは、「Ｐ」を単に仮定とする推論とは異なり、あくまでも「Ｐ」の真理性を引き受けた上で、そこから帰結を導き出すことである。また、「推論を行う用意がある」とは、単に推論を行う傾向があるというだけではなく、実際に推論を行おうとしないときには批判を受け入れる用意があるということをも意味する。

（9）欲求に関して言うと、Ｐという内容の欲求Ｄ（Ｐ）に主体のコミットメントがあるとは、主体が、Ｐを実現する任意の事態のある観点から見る限りでの望ましさ（つまり、その事態がある観点から見る限りでは実現されるべきものであること）を引き受けているということであり、これは主体に、Ｐを実現する任意の事態のある観点から見る限りでの望ましさを前提とする実践的推論を行う用意があるということである。

（10）欲求に関する透明性手続きでは、主体は、Ｐを実現する任意の事態のある観点から見る限りでの望ましさを引き受けるかどうかに関する判断に基づいて、Ｄ（Ｐ）を自己帰属させるかどうかを判断すると考えられる。

（11）このように端的に判断を下す能力を「技能知」と呼ぶことには少なからぬ抵抗感があるかもしれない。「技能知」の典型例は、自転車の乗り方の知識のように身体的な要素を含む能力であるのに対して、この能力にはそのような身体的要素が含まれていないように思われるという点に、その抵抗感の原因があるかもしれない。この限りで、この能力を「技能知」と呼ぶことが妥当であるかどうかは、さらに検討を要する問題である。しかし、本書において、この能力を「技能知」と呼ぶことの眼目は、それがそのような身体的要素を含むかどうかにではなく、それが事実知によらない能力であるという点にある。

（12）命題的態度の概念を十分に所有していると言えるためには、透明性手続きを行う能力だけでなく、他者に命題的態度を帰属させる能力も所有している必要があるだろう。

第七章

（1）Ｐと信じているということは、Ｐと確信しているということまでは含意しない。Ｐをある程度確からしいと思っている場合には、Ｐと信じているとみなされる。

（2）これは決定論と両立不可能な自由観ではない。その眼目は、行為の遂行を主体的に決めるという点にあり、その主体的決定を非決定論的過程として理解する必要はない。

（3）これに対して、われわれは、ある薬物中毒患者がそもそも薬物中毒になってしまったことを非難することはあるだろうが、その患者が薬物中毒のために目の前の薬物を使用してしまったことで周囲の人々に迷惑を掛けたとしても、それを（少なくとも、自制的行為や意志の弱い行為と同程度には）非難の対象としては見ないように思われる。これは、心理的強制が（少なくとも、自制的行為や意志の弱い行為と同程度には）責任や行為者性を帰すことのできる自由な行為とはみなされていないということを示しているだろう。

（4）このように、俯瞰的視点から望ましさを判断するということは、欲求の対象との時空的な近接性に左右されずに自分にとっての望ましさを判断するということであって、第三者にとっての望ましさを判断するということではない。

（5）認知状況拘束的視点からのＡＴＣ判断は、あくまでも行為の望ましさに関するさまざまな観点を比較考量した結果、行為者が主体的に下すものであって、欲求の動機づけの強さという因果的力に従って下されるものではないと考えられる。この考えによれば、このＡＴＣ判断はそれ自体として、時空的に近接する対象への意識によって左右されるものであり、その判断過程を説明する際に欲求の動機づけの強さ（因果的力）に言及する必要はないのである。

（6）以上の二つの視点の区別は、塩野直之の考察（Shiono [2008]）に多くを負っている。ただし、塩野は、それらの視点に対応する二種類のＡＴＣ判断の存在を認めているわけではない。

（7）そもそも、なぜ認知状況拘束的ＡＴＣ判断ではなく俯瞰的ＡＴＣ判断に従うべきなのかという疑問が生じるかもしれない。この論点は、行為者の通時的同一性に深く関わると思われる。しかし、その詳細についての検討は今後の課題としたい。

（8）これに対しては、意志の弱い行為にＡＴＣ判断が伴わなくても、それに全面的判断を対応づけることができれば、その主体性を十分に説明できるのではないかと考えられるかもしれない。しかし、そもそも意志の弱い行為に全面的判断を対応づけられるということは、意志の弱い行為がＡＴＣ判断を含む実践的推論の合理性によって主体的に決定されるということが認められてはじめて認められることであるように思われる。

（9）証拠の操作の種類については、Mele [1987] [1998] や浅野 [2009] が詳しい。なお、「証拠の操作」という表現はそれが意図的行為であることを示唆するかもしれないが、以上の文献を含め、これまでの自己欺瞞の議論の文脈では、それは必ずしも意図的であることを含意しないものとして扱われている。本文の以下でも述べるように、自己欺瞞が意図的であることを否定する論者たちは、証拠の操作を非意図的なふるまいとして理解している。本書でもこれに従い、この表現を、意図的であることを含意しないものとして使用する。

(10) 互いに矛盾する内容を持つ複数の信念の同時所有を必ずしも認めているわけではないが、あくまでも意図的な自己欺瞞は存在すると考える論者たちもしばしば、自らの主張を擁護する論点として、希望的観測とは区別される自己欺瞞の存在を挙げる（cf. Talbott [1995] pp. 30-1; 浅野 [2009] p. 144）。また、意図的な自己欺瞞の存在を擁護するための論点としては、「選択性（selectivity）問題」もしばしば挙げられる。人は多くの場合において、D(P)を所有しているという条件の下でも、自己欺瞞に陥らない。同じ条件の下で自己欺瞞に陥る場合と陥らない場合があるのはなぜなのだろうか。これが「選択性問題」である。意図的な自己欺瞞が存在すると考える論者たちはときに、この問題に対して、自らを欺いてPと信じさせるという意図I(B(P))の有無が二つの場合を分けると論じる。紙幅の都合上、ここでこの論点をさらに詳しく取り上げることはできないが、この論点についてはBermúdez [2000] が詳しい。

(11) 意図という固有の心的状態の存在が認められない場合には、自己欺瞞の理由を構成する欲求D(B(P))と信念B(M(P)ならばB(P))の組として理解されたい。

(12) 厳密には、「欺いた側の主体」を、B(~P)やI(B(P))についての直接的自己知を持つ一人の十全な主体として認めることはできないかもしれない。しかし、ここで最も重要な論点は、それらの命題的態度が、欺かれた側の主体にとって「自分の心的状態」とは呼べないものであるということである。

(13) 一方の人格が他方の人格を欺くというようなことは、実際の多重人格の症例では見られないかもしれない。しかし、ここでの問題は、概念的な問題として多重人格での人格間の欺きを考えられる以上、身体を共有しているというだけでは自己欺瞞を他者による欺きから区別できないということである。

(14) したがって、心の分割の境界線が合理的ネットワークの切れ目に引かれると考える限り、その心の分割は、心の隠された領域と隠されていない領域への分割によって重ね合わせられるようなものとしては理解できなくなる。なぜならその場合、合理的ネットワークの重複領域に属する心的状態は、欺かれた主体にとって隠された領域に属すると同時に隠されていない領域にも属すると考えなければならなくなるからである。もっとも、心の分割の境界線は合理的ネットワークの切れ目にではなく、あくまでもそれとは独立に捉えられる心の隠された領域と隠されていない領域の間に引かれると考えるのであれば、自己欺瞞のパラドクスを回避するための議論はそのまま維持できる。

(15) もちろん、自己欺瞞の主体は、欺きに気づかない限り、

Ｂ（Ｐ）とＢ（～Ｐ）を同時に所有していながらＢ（Ｐかつ～Ｐ）を所有するに至らないという点で、完全に合理的な主体であるとは言えない。しかし、それは、自己欺瞞の主体であっても、以上のような心的状態の合理的ネットワークが形成されるだけの概ねの合理性を維持しているという点を何ら否定するものではない。そして、このような概ねの合理性が維持されているからこそ、本文の以下で説明するように、自己欺瞞において欺かれた主体は、自らの自己欺瞞に気づいたときにＢ（～Ｐ）における自分のコミットメントを回復させなければならないのである。自己欺瞞はこのように、概ね合理的な主体のうちに局所的に生じる不合理性として理解されるべき現象なのである。

(16) 次のような疑問が生じるかもしれない。Ｂ（～Ｐ）を合理化する他の信念が直接的な自己知の対象であるとすれば、自己欺瞞の主体は、それらの信念の内容を構成する命題を、自分が真理性を引き受けている命題としていつでも意識することができる。そして、主体が概ね合理的である限り、それらの命題から最終的に帰結する「～Ｐ」もまた自分が真理性を引き受けるべき命題としていつでも意識することができるはずである。そうであるにもかかわらず、なぜ自己欺瞞の主体は自己欺瞞に陥っている間にＢ（～Ｐ）に自分のコミットメントを付与せずにいられたのか。これに対しては次のように答えることができる。確かに、Ｂ（～Ｐ）を合理化する他の信念は直接的な自己知の対象であり、主体はそれらの信念の内容を構成する命題をいつでも意識することができると言えるかもしれない。しかし、自己欺瞞の主体は、自己欺瞞における証拠の操作のために、実際にはそれらの命題を意識しない（他者の指摘や自己解釈を受けてはじめて、それらを意識する）ようになっている。そのため、Ｂ（～Ｐ）はそれ自体として直接的自己知の対象でないだけでなく、以上のような推論に基づくコミットメントの付与からも遠ざけられているのである。

あとがき

本書は、二〇〇二年一二月に東京大学大学院総合文化研究科に提出した博士学位論文「心の哲学における解釈主義――命題的態度とは何か？」に大幅な加筆修正を施したものである。博士（学術）の学位を取得した二〇〇三年二月から数えても、一一年余りが過ぎてからの出版になってしまった。元々博士論文の書籍化については、かなり以前に勁草書房の土井美智子さんからお話を頂いていた。博士論文を少し手直しして出版するとすれば、本書はもっと早く出版することができたと思う。ここまで時間がかかってしまったのは、何よりもまず、論文をしっかりと書き直したいという思いが強かったからである。

このように書くと、それほど書き直したいと思う博士論文をなぜ提出したのかと疑問に思うかもしれない。しかし、論文を提出した当時の私には、しっかりと書き直す必要があると自力で認識できるだけの反省的な視点が不足していた。私は、博士論文の審査会での先生方からの批判を受けてはじめて、書き直したいという思いを抱くこととなったのである。もっとも、その審査会で私は学位取得を認められた。審査をして下さった先生方の総合的な判断としては、書き直しの必要があるということまでにはならなかったのである。しかし、私の中では、やり直したいという思いがとても強くなっていた。それは、それまで大学院で哲学を学ぶ中で先生方から頂いてきた言葉に、改めて考えると非常に身にしみるものがいくつかあったことを思い出していたからだった。

その一つは、信原幸弘先生の「金杉君は気概が足りない」という言葉だった。この言葉を頂いたのは、大学近くのお好み焼き屋で信原先生や他の大学院生たちと一緒にお酒を飲みながらだったと記憶している。これは確か、私が学会発表か何かの準備で草稿を発表した後のことだったと思うが、信原先生は、私が展開する議論にはいつも、説得力があるかどうかを粘り強く考える姿勢が欠けているということを指摘されたのではないかと思う。信原先生からは、博士論文執筆中にも「これ以上、自分では考えることがないと思えるまで、しっかりと考えて下さい」という言葉を頂いたことを覚えている。そしてもう一つ思い出されたのは、野矢茂樹先生の「君は苦しみが足りない」という言葉だった。この言葉を頂いたのは、野矢先生の研究室で、やはり論文の草稿を読んで頂いた後のことだった。これは、私の考察がはじめからゴールが見えているものばかりで、粘り強く考えた末に、最初には見えなかった地点に到達するというものがないという指摘だったと思う。審査会の後、私は、これらの言葉で指摘されていることが、まさに博士論文での自分の考察にも当てはまると考え、今度こそはしっかりと考えたいと強く思ったのだった。

それから本書の出版まで、長い年月が過ぎてしまった。ここまで長くかかってしまった要因の一つには、研究以外の仕事の忙しさもある。しかし、仮に研究以外の仕事が忙しくなかったとしても、私にはこれだけの時間が必要だったようにも思われる。私は、哲学の勉強を始めて、曲がりなりにも哲学的に考察できると言えるようになるまで人よりも時間がかかった（哲学的に「物心がついた」のは大学院の博士課程に入ってからだった）。本書で示した私の考察も、ある程度の時間が経たない限り、私の中から出てくることはなかったように思う。

もっとも、そのように時間をかけて生み出された私の考察も、不完全なものであることは間違いない。「今度こそはしっかり考えたい」という思いから、これだけの時間をかけてきたのだが、果たして信原先生や野矢先生が指摘した「気概」や「苦しみ」が十分なものだったかというと自信がない。何よりもまず、本書にはいくつかの註に示したような問題の積み残しがあるし、それら以外にも、たとえば「実践の眼目」とはそもそも何なのか、というようなさらに考える必要のある問題が少なくないだろう。また、本書のもととなった草稿を各所で発表した際に受けた批判に十分に答えることもできていない。おそらく本書もまた、出版後には「今度こそはしっかり考えたい」と私に思わせてしまうようなものに留まっているだろう。しかし、本書を書き終えた私には、博士論文を書き終えた後にはなかったそこそこの満足感があった。この限りで、私はせっかく頂いた機会を無にすることなく、これまでの研究のひと区切りとして本書を出版してもよいのではないかと判断した。

本書の内容の多くは、博士論文提出前後や、さらにその後に発表したいくつかの論文（著書の一部を含む）を土台にして書き直されたものである。それらの論文と対応する章を以下に記す。

「解釈主義と一人称権威」（科学基礎論学会『科学基礎論研究』第九四号、二〇〇〇年、二九～三四頁）……第六章での部分的利用

「動物は思考しうるか？——解釈主義的観点からの思考と言語の関係に関する考察」（哲学若手研究者フォーラム『哲学の探求』第二九号、二〇〇二年、五九～七三頁）……第三章での利用

「フォークサイコロジーと消去主義」（信原幸弘編『シリーズ心の哲学Ⅰ人間篇』勁草書房、二〇〇四年、一七九～二一九頁）……第四章での利用

「自己知・合理性・コミットメント——英語圏の心の哲学における自己知論の現在」（日本現象学会『現象学年報』第二七号、二〇一一年、一一～二一頁）……第六章での部分的利用

「行為の反因果説の可能性——意志の弱さの問題と行為の合理的説明」（日本哲学会『哲学』第六三号、二〇一二年、

二〇一一~二一六頁)……第二章と第七章での利用
「自己欺瞞のパラドクスと自己概念の多面性」(日本科学哲学会『科学哲学』第四五巻第二号、二〇一二年、四七~六三頁)……第七章での利用
「自己知と自己認知」(信原幸弘・太田紘史編『シリーズ新・心の哲学I認知篇』勁草書房、近刊)……第六章での部分的利用

締め括りとして、本書の執筆においてお世話になった方々に謝辞を述べたい。まず哲学が楽しいものであること、そして厳しいものでもあることを教えて下さり、また本書のもととなった博士論文を審査して下さった村田純一先生、今井知正先生、野矢茂樹先生、信原幸弘先生、故門脇俊介先生に心から感謝の意を申し上げます。特に、村田先生、信原先生、野矢先生には、お三方三様の心の哲学を学生時代に同時に身近なところで学ばせて頂いたことに感謝いたします。私はとても幸運だったと思います。有難うございました。研究会や学会発表の際に、本書のもととなった上記の論文や博士論文の草稿に対してさまざまな批判を提示して下さった諸先輩方、研究仲間の皆さんにも感謝いたします。名前を挙げようと思えばきりがありませんが、特に同年代の研究仲間である原塑さん、塩野直之さん、染谷昌義さん、高村夏輝さん、鈴木貴之さんからは多くの刺激を頂きました(塩野さんには本書の草稿のすべてに目を通して頂き、さまざまなコメントを頂戴しました)。彼らに負けたくないという思いが、私の研究の原動力の一つになっていることは間違いありません。有難うございます。また私が現在、定期的に参加している研究会(アプリオリ研究会)で、本書の第I部の草稿にさまざまなコメントを下さった森永豊さん、榊原英輔さん、本多肇さん、古田徹也さん、鈴木雄大さん、木下頌子さん、片岡雅知さんにも感謝いたします。そして、勁草書房の土井美智子さんには、本書を出版する機会を与えて下さっただけでなく、随分と長い間お待たせしたにもかかわらず、本書の編集を担当して下さ

ったことに感謝いたします。有難うございました。最後に、仕事をたくさん家庭に持ち込み、不規則なリズムで毎日を過ごす私につき合ってくれるだけでなく、生活に温もりを、そして私の人生に、一人だったら味わえなかった豊かさを与えてくれる妻に、心から感謝します。ありがとう。

二〇一四年三月

金杉武司

索　引

さ　行

た　行

な　行

は　行

ま　行

や　行

ら　行

わ　行

アルファベット

文　献

＊再録表示を付した文献の場合，本書で示した参照ページは再録版による。
＊邦訳文献が確認できたものは括弧内に記した。ただし，本書の引用における訳は必ずしも邦訳文献の訳に従っていない。

Armstrong, D. M. [1968] *A Materialist Theory of the Mind*, London: Routledge & Kegan Paul.（邦訳：D・M・アームストロング『心の唯物論』鈴木登訳，勁草書房，1996年.）

浅野光紀 [2009] 自己欺瞞における意図，『哲学』60，137-52.

Bach, K. [1981] An Analysis of Self-Deception, *Philosophy and Phenomenological Research* 41, 351-70.

Baker, L. R. [1995] *Explaining Attitudes: A Practical Approach to the Mind*, Cambridge: Cambridge University Press.

Baron-Cohen, S., Leslie, A. and Frith, U. [1985] Does the Autistic Child Have a 'Theory of Mind'?, *Cognition* 21, 37-46.

Bechtel, W. [1980] Indeterminacy and Underdetermination: Are Quine's Two Theses Consistent?, *Philosophical Studies* 38, 309-20.

Bermúdez, J. L. [2000] Self-Deception, Intentions and Contradictory Beliefs, *Analysis* 60 (4), 309-19.

Bilgrami, A. [2006] *Self-Knowledge and Resentment*, Cambridge, MA: Harvard University Press.

Bishop, J. [1980] More Thought on Thought and Talk, *Mind* 89, 1-16.

Bratman, M. E. [1987] *Intention, Plans, and Practical Reason*, Cambridge, MA: Harvard University Press.（邦訳：マイケル・E・ブラットマン『意図と行為——合理性，計画，実践的推論』門脇俊介・高橋久一郎訳，産業図書，1994年.）

Bratman, M. E. [1999] *Faces of Intention: Selected Essays on Intention and Agency*, Cambridge: Cambridge University Press.

Burge, T. [1996] Our Entitlement to Self-Knowledge, *Proceedings of the Aristotelian Society* 96, 91-116.

Carruthers, P. [1996] *Language, Thought and Consciousness*, Cambridge: Cambridge University Press.

Child, W. [1994] *Causality, Interpretation, and the Mind*, Oxford: Oxford University Press.

Churchland, P. M. [1981] Eliminative Materialism and the Propositional Attitudes,

Journal of Philosophy 78, 67-90, reprinted in Churchland [1989] 1-22.（邦訳：ポール・M・チャーチランド，消去的唯物論と命題的態度，関森隆史訳，信原幸弘編『シリーズ心の哲学Ⅲ翻訳篇』勁草書房，2004 年，121-61.）

Churchland, P. M. [1988] Folk Psychology and the Explanation of Human Behavior, *Proceedings of the Aristotelian Society*, supplementary 62, 209-21, reprinted in Churchland [1989] 111-27.

Churchland, P. M. [1989] *A Neurocomputational Perspective: The Nature of Mind and the Structure of Science*, Cambridge, MA.: MIT Press.

Churchland, P. M. [1994] Folk Psychology (2), in S. Guttenplan ed., *A Companion to the Philosophy of Mind*, Oxford: Basil Blackwell, 308-16.

Clark, A. [1989] *Microcognition*, Cambridge, MA.: MIT Press.（邦訳：アンディ・クラーク『認知の微視的構造――哲学，認知科学，PDP モデル』野家伸也・佐藤英明訳，産業図書，1997 年.）

Crane, T. [1996] Introduction, in T. Crane ed., *Dispositions: A Debate*, New York: Routledge, 1-11.

Crane, T. [2001] *Elements of Mind: An Introduction to the Philosophy of Mind*, Oxford: Oxford University Press.（邦訳：ティム・クレイン『心の哲学――心を形づくるもの』植原亮訳，勁草書房，2010 年.）

Davidson, D. [1963] Actions, Reasons and Causes, *Journal of Philosophy* 60, 685-700, reprinted in Davidson [1980] 3-19.

Davidson, D. [1967] Truth and Meaning, *Synthese* 17, 304-23, reprinted in Davidson [1984a] 17-36.

Davidson, D. [1969] How is Weakness of the Will Possible?, in J. Feinberg ed., *Moral Concepts*, Oxford Readings in Philosophy, Oxford: Oxford University Press, 93-113, reprinted in Davidson [1980] 21-42.

Davidson, D. [1970] Mental Events, in L. Foster and J. Swanson eds., *Experience and Theory*, London: Duckworth, 79-101, reprinted in Davidson [1980] 207-25.

Davidson, D. [1973a] The Material Mind, in P. Suppes, L. Henkin, G. Moisil and A. Joja eds., *Proceedings of the Forth International Congress for Logic, Methodology and Philosophy of Science*, Amsterdam: North-Holland Publishing Company, 709-22, reprinted in Davidson [1980] 245-59.

Davidson, D. [1973b] Radical Interpretation, *Dialectica* 27, 313-28, reprinted in Davidson [1984a] 125-39.

Davidson, D. [1974a] Psychology as Philosophy, in S. Brown ed., *Philosophy of Psychology*, London: Macmillan, 41-52, reprinted in Davidson [1980] 229-39.

Davidson, D. [1974b] On the Very Idea of a Conceptual Scheme, *Proceedings and Addresses of the American Philosophical Association* 47, 5-20, reprinted in Davidson [1984a] 183-98.

Davidson, D. [1974c] Belief and the Basis of Meaning, *Synthese* 27, 309-23, reprinted

in Davidson [1984a] 141-54.

Davidson, D. [1975] Thought and Talk, in S. Guttenplan ed., *Mind and Language*, Oxford: Oxford University Press, 7-23, reprinted in Davidson [1984a] 155-70.

Davidson, D. [1978a] What Metaphors Mean, *Critical Inquiry* 5, 31-47, reprinted in Davidson [1984a] 245-64.

Davidson, D. [1978b] Intending, in Y. Yovel ed., *Philosophy of History and Action: Papers Presented at the First Jerusalem Philosophical Encounter*, Dordrecht: D. Reidel, 41-60, reprinted in Davidson [1980] 83-102.

Davidson, D. [1979] The Inscrutability of Reference, *Southwestern Journal of Philosophy* 10, 7-19, reprinted in Davidson [1984a] 227-41.

Davidson, D. [1980] *Essays on Actions and Events*, Oxford: Oxford University Press.（邦訳：D・デイヴィドソン『行為と出来事』服部裕幸・柴田正良訳，勁草書房，1990 年.）

Davidson, D. [1982a] Paradoxes of Irrationality, in J. Hopkins and R. Wollheim eds., *Philosophical Essays on Freud*, Cambridge: Cambridge University Press, 289-305, reprinted in Davidson [2004] 169-87.

Davidson, D. [1982b] Rational Animals, *Dialectica* 36, 317-27, reprinted in Davidson [2001] 95-105.

Davidson, D. [1983] A Coherence Theory of Truth and Knowledge, in D. Henrich ed., *Kant oder Hegel*, Stuttgart: Klett-Cotta, Stuttgart, 423-38, reprinted in Davidson [2001] 137-53.

Davidson, D. [1984a] *Inquiries into Truth and Interpretation*, Oxford: Oxford University Press.（邦訳：D・デイヴィドソン『真理と解釈』野本和幸・植木哲也・金子洋之・高橋要訳，勁草書房，1991 年.）

Davidson, D. [1984b] First Person Authority, *Dialectica* 38, 101-11, reprinted in Davidson [2001] 3-14.

Davidson, D. [1985a] Replies to Essays X-XII, in B. Vermazen and M. Hintikka eds., *Essays on Davidson: Actions and Events*, Oxford: Oxford University Press, 242-52.

Davidson, D. [1985b] Incoherence and Irrationality, *Dialectica* 39, 345-54, reprinted in Davidson [2004] 189-98.

Davidson, D. [1986a] Deception and Division, in J. Elster ed., *The Multiple Self*, Cambridge: Cambridge University Press, 79-92, reprinted in Davidson [2004] 199-212.

Davidson, D. [1986b] A Nice Derangement of Epitaphs, in E. LePore ed., *Truth and Interpretation: Perspectives on the Philosophy of Donald Davidson*, Oxford: Basil Blackwell, 433-46, reprinted in Davidson [2005] 89-107.

Davidson, D. [1987] Knowing One's Own Mind, *Proceedings and Addresses of the American Philosophical Association* 60, 441-58, reprinted in Davidson [2001] 15-

38.

Davidson, D. [1989] The Myth of the Subjective, in M. Krausz ed., *Relativism: Interpretation and Confrontation*, Notre Dame: University of Notre Dame Press, 159-72, preprinted in Davidson [2001] 39-52.

Davidson, D. [1990] Representation and Interpretation, in W. H. Newton-Smith and K. V. Wilkes eds., *Modelling the Mind*, Oxford: Oxford University Press, 13-26, reprinted in Davidson [2004] 87-99.

Davidson, D. [2001] *Subjective, Intersubjective, Objective*, Oxford: Oxford University Press.（邦訳：ドナルド・デイヴィドソン『主観的，間主観的，客観的』清塚邦彦・柏端達也・篠原成彦訳，春秋社，2007 年.）

Davidson, D. [2004] *Problems of Rationality*, Oxford: Oxford University Press.（邦訳：ドナルド・デイヴィドソン『合理性の諸問題』金杉武司・塩野直之・鈴木貴之・信原幸弘訳，春秋社，2007 年.）

Davidson, D. [2005] *Truth, Language, and History*, Oxford: Oxford University Press.（邦訳：ドナルド・デイヴィドソン『真理・言語・歴史』柏端達也・立花幸司・荒磯敏文・尾形まり花・成瀬尚志訳，春秋社，2010 年.）

Davies, M. and Stone, T. eds. [1995] *Folk Psychology: The Theory of Mind Debate*, Oxford: Basil Blackwell.

Dennett, D. C. [1971] Intentional Systems, *Journal of Philosophy* 68, 87-106, reprinted in D. C. Dennett, *Brainstorms*, Montgomery, Vermont: Bradford Books, 1978, 3-22.

Dennett, D. C. [1976] Conditions of Personhood, in A. O. Rorty ed., *The Identities of Persons*, Berkeley: University of California Press, 175-96, reprinted in D. C. Dennett, *Brainstorms*, Montgomery, Vermont: Bradford Books, 1978, 267-85.

Dennett, D. C. [1981a] True Believers, in A. F. Heath ed., *Scientifc Explanation* (the Herbert Spencer Lectures at Oxford), Oxford: Oxford University Press, 53-75, reprinted in Dennett [1987] 13-35.

Dennett, D. C. [1981b] Three Kinds of Intentional Psychology, in R. Healy ed., *Reduction, Time and Reality*, Cambridge: Cambridge University Press, 37-60, reprinted in Dennett [1987] 43-68.

Dennett, D. C. [1987] *The Intentional Stance*, Cambridge, MA.: MIT Press.（邦訳：ダニエル・C・デネット『「志向姿勢」の哲学——人は人の行動を読めるのか？』若島正・河田学訳，白揚社，1996 年.）

Dennett, D. C. [1996] *Kinds of Minds*, New York: Basic Books.（邦訳：ダニエル・デネット『心はどこにあるのか』土屋俊訳，草思社，1997 年.）

Dummett, M. [1975] What is a Theory of Meaning? (I), in S. Guttenplan ed., *Mind and Language*, Oxford: Oxford University Press, 97-138, reprinted in M. Dummett, *The Seas of Language*, Oxford: Oxford University Press, 1993, 1-33.

Dummett, M. [1976] What is a Theory of Meaning? (II), in G. Evans and J. McDowell

eds., *Truth and Meaning*, Oxford: Oxford University Press, 67-137, reprinted in M. Dummett, *The Seas of Language*, Oxford: Oxford University Press, 1993, 34-93.

Dummett, M. [1978] What Do I Know When I Know a Language?, Centenary Celebrations, Stockholm University, Stockholm, reprinted in M. Dummett, *The Seas of Language*, Oxford: Oxford University Press, 1993, 94-105.

Evans, G. [1982] *The Varieties of Reference*, J. McDowell ed., Oxford: Oxford University Press.

Evnine, S. [1991] *Donald Davidson*, Stanford: Stanford University Press.（邦訳：サイモン・エヴニン『デイヴィドソン』宮島昭二訳，勁草書房，1996 年.）

Fodor, J. A. [1975] *The Language of Thought*, Cambridge, MA.: MIT Press.

Fodor. J. A. [1987] *Psychosemantics*, Cambridge, MA.: MIT Press.

Goldman, A. I. [1989] Interpretation Psychologized, *Mind and Language* 4, 161-85, reprinted in Davies and Stone [1995] 74-99.

Gordon, R. M. [1986] Folk Psychology as Simulation, *Mind and Language* 1, 158-71, reprinted in Davies and Stone [1995] 60-73.

Gordon, R. M. [1992] The Simulation Theory: Objections and Misconceptions, *Mind and Language* 7, 11-34, reprinted in Davies and Stone [1995] 100-22.

Graham, G. and Horgan, T. [1988] How to be Realistic about Folk Psychology, *Philosophical Psychology* 1, 69-81.

Heil, J. [1992] *The Nature of True Minds*, Cambridge: Cambridge University Press.

Heil, J. [1998] *Philosophy of Mind: A Contemporary Introduction*, New York: Routledge.

Hempel, C. G. [1935] Analyse Logique de la Psychologie, *Revue de Synthese* 10, 27-42 (English trans. The Analysis of Psychology, in N. Block ed., *Readings in Philosophy of Psychology, vol. 1*, Cambridge, MA.: Harvard University Press, 1980, 14-23).

Hookway, C. [1988] *Quine: Language, Experience and Reality*, Cambridge: Polity Press.（邦訳：クリストファー・フックウェイ『クワイン――言語・経験・実在』浜野研三訳，勁草書房，1998 年.）

Horgan, T. and Graham, G. [1991] In Defense of Southern Fundamentalism, *Philosophical Studies* 62, 107-34.

飯田隆 [2002]『言語哲学大全Ⅳ――真理と意味』，勁草書房.

Johnston, M. [1988] Self-Deception and the Nature of Mind, in B. P. McLaughlin and A. O. Rorty eds., *Perspectives on Self-Deception*, Berkeley, CA.: University of California Press, 63-91.

金杉武司 [2003] 心の哲学における解釈主義――命題的態度とは何か？，博士学位論文，東京大学大学院総合文化研究科広域科学専攻.

柏端達也 [2003] コネクショニズムは素朴心理学に対して何か言えるのだろうか――

「心」が頭の中にあるためのミニマルな条件,『心の科学と哲学——コネクショニズムの可能性』戸田山和久・服部裕幸・柴田正良・美濃正編, 昭和堂, 144-77.

Lakatos, I. [1978] *The Methodology of Scientifc Research Programmes: Philosophical Papers, vol. 1*, J. Worrall and G. Currie, eds., Cambridge: Cambridge University Press.（邦訳：イムレ・ラカトシュ『方法の擁護——科学的研究プログラムの方法論』村上陽一郎・井山弘幸・小林傳司・横山輝雄訳, 新曜社, 1986 年.）

Lazar, A. [1998] Division and Deception: Davidson on Being Self-Deceived, in J-P. Dupuy ed., *Self-Deception and Paradoxes of Rationality*, Stanford: CSLI Pub., 19-36.

Lewis, D. [1972] Psychological and Theoretical Identifications, *Australasian Journal of Philosophy* 50, 249-58, reprinted in N. Block ed., *Readings in Philosophy of Psychology, vol. 1*, Cambridge, MA.: Harvard University Press, 1980, 207-15.

Lewis, D. [1974] Radical Interpretation, *Synthese* 23, 331-44, reprinted in D. Lewis, *Philosophical Papers, vol. 1*, Oxford: Oxford University Press, 1983, 108-18.

Lewis, D. [1980] Mad Pain and Martian Pain, in N. Block ed., *Readings in Philosophy of Psychology, vol. 1*, Cambridge, MA.: Harvard University Press, 216-22, reprinted in D. Lewis, *Philosophical Papers, vol. 1*, Oxford: Oxford University Press, 1983, 122-30.

Lycan, W. G. [1996] *Consciousness and Experience*, Cambridge, MA: MIT Press.

Malcolm, N. [1973] Thoughtless Brutes, *Proceedings and Addresses of the American Philosophical Association* 46, 5-20.

McDowell, J. [1985] Functionalism and Anomalous Monism, in E. LePore and B. P. McLaughlin eds., *Actions and Events: Perspectives on the Philosophy of Donald Davidson*, Oxford: Basil Blackwell, 387-98.

McGinn, C. [1997] *The Character of Mind: An Introduction to the Philosophy of Mind*, 2nd edn., Oxford: Oxford University Press.

Mele, A. R. [1987] *Irrationality: An Essay on Akrasia, Self-Deception, and Self-Control*, New York: Oxford University Press.

Mele, A. R. [1998] Two Paradoxes of Self-Deception, in J-P. Dupuy ed., *Self-Deception and Paradoxes of Rationality*, Stanford: CSLI Pub., 37-58.

Millikan, R. G. [1984] *Language, Thought, and Other Biological Categories*, Cambridge, MA.: MIT Press.

Millikan, R. G. [1993] *White Queen Psychology and Other Essays for Alice*, Cambridge, MA.: MIT Press.

美濃正 [2003] 新しい認知の理論としてのコネクショニズムの可能性,『心の科学と哲学——コネクショニズムの可能性』戸田山和久・服部裕幸・柴田正良・美濃正編, 昭和堂, 79-114.

Moran, R. [2001] *Authority and Estrangement: An Essay on Self-Knowledge*, Princeton, NJ.: Princeton University Press.

村田純一 [1996]〈想像すること〉と〈ふりをする〉こと，平成 6-7 年度科学研究補助費研究成果報告書「想像力——その評価を巡る比較美学的考察」（代表者 岩城見一），53-63.

成田和信 [2004]『責任と自由』，勁草書房.

信原幸弘 [1999]『心の現代哲学』，勁草書房.

信原幸弘 [2000]『考える脳・考えない脳——心と知識の哲学』，講談社現代新書.

野矢茂樹 [1999]『哲学・航海日誌』，春秋社.

野矢茂樹 [2002]『ウィトゲンシュタイン『論理哲学論考』を読む』，哲学書房.

野矢茂樹 [2011]『語りえぬものを語る』，講談社.

Pears, D. [1984] *Motivated Irrationality*, New York: Oxford University Press.

Place, U. T. [1956] Is Consciousness a Brain Process?, *British Journal of Psychology* 47, 44-50, reprinted in C. V. Borst ed., *The Mind/Brain Identity Theory: A Collection of Papers*, New York: Macmillan, 1970, 42-51.（邦訳：U・T・プレイス，意識は脳の過程か，坂戸道和・杉内峰彦・吉村章訳，C・V・ボースト編『心と脳は同一か——心言語から脳言語へ』吉村章ほか訳，北樹出版，1987 年，17-28.）

Premack, D. and Woodruff, G. [1978] Does the Chimpanzee Have a Theory of Mind?, *Behavioral and Brain Sciences* 1, 515-26.

Putnam, H. [1960] Minds and Machines, in S. Hook ed., *Dimensions of Mind*, New York: Collier Books, 138-64, reprinted in H. Putnam, *Mind, Language and Reality: Philosophical Papers, vol. 2*, Cambridge: Cambridge University Press, 1975, 362-85.

Putnam, H. [1963] Brains and Behavior, in R. Butler ed., *Analytical Philosophy Second Series*, Oxford: Basil Blackwell, 1-19, reprinted in H. Putnam, *Mind, Language and Reality: Philosophical Papers, vol. 2*, Cambridge: Cambridge University Press, 1975, 325-41.

Quine, W. V. O. [1960] *Word and Object*, Cambridge, MA.: Harvard University Press.（邦訳：W・V・O・クワイン『ことばと対象』大出晁・宮舘恵訳，勁草書房，1984 年.）

Quine, W. V. O. [1970] On the Reasons for Indeterminacy of Translation, *Journal of Philosophy* 67, 178-83.

Quine, W. V. O. [1975] On Empirically Equivalent Systems of the World, *Erkenntnis* 9, 313-28.

Quine, W. V. O. [1987] Indeterminacy of Translation Again, *Journal of Philosophy* 84, 5-10.

Ramsey, W., Stich, S. and Garon, J. [1991] Connectionism, Eliminativism, and the Future of Folk Psychology, in J. D. Greenwood ed., *The Future of Folk Psychology*, Cambridge: Cambridge University Press, 93-119.

Routley, R. [1981] Alleged Problems in Attributing Beliefs, and Intentionality, to

Animals, *Inquiry* 24, 385-417.

Ryle, G. [1949] *The Concept of Mind*, London: Hutchinson.（邦訳：G・ライル『心の概念』坂本百大・宮下治子・服部裕幸訳，みすず書房，1987 年.）

Searle, J. R. [1980] Minds, Brains, and Programs, *Behavioral and Brain Sciences* 3, 417-57, reprinted in D. R. Hofstadter and D. C. Dennett eds., *The Mind's I: Fantasies and Reflections on Self and Soul*, London: Penguin Books, 1982, 353-73.（邦訳：ジョン・サール，心・脳・プログラム，守屋唱進訳，D・R・ホフスタッター／D・C・デネット編『マインズ・アイ』［下］，坂本百大監訳，TBS ブリタニカ，1992 年，178-222.）

Searle, J. R. [1983] *Intentionality: An Essay in the Philosophy of Mind*, Cambridge: Cambridge University Press.（邦訳：ジョン・R・サール『志向性――心の哲学』坂本百大監訳，誠信書房，1997 年.）

Sellars, W. [1956] Empiricism and the Philosophy of Mind, in H. Feigl and M. Scriven eds., *The Foundations of Science and the Concepts of Psychology and Psychoanalysis*, Minneapolis: University of Minnesota Press, 253-329, republished as a separate book, W. Sellars, *Empricism and the Philosophy of Mind: With an Introduction by Richard Rorty and a Study Guide by Robert Brandom*, Cambridge, MA.: Harvard University Press, 1997.（邦訳：ウィルフリド・セラーズ『経験論と心の哲学』浜野研三訳，岩波書店，2006 年.）

Shiono, N. [2008] Weakness of Will and Time Preference, *Annals of the Japan Association for Philosophy of Science* 16 (1&2), 37-55.

Shoemaker, S. [1968] Self-Reference and Self-Awareness, *Journal of Philosophy* 65, 555-67.

Shoemaker, S. [1988] On Knowing One's Own Mind, *Philosophical Perspectives 2: Epistemology*, 183-209, reprinted in S. Shoemaker, *The First-Person Perspective and Other Essays*, Cambridge: Cambridge University Press, 1996, 25-49.

Shoemaker, S. [1994] Self-Knowledge and 'Inner-Sense', *Philosophy and Phenomenological Research* 54, 249-314, reprinted in S. Shoemaker, *The First-Person Perspective and Other Essays*, Cambridge: Cambridge University Press, 1996, 201-68.

Smart, J. J. C. [1959] Sensations and Brain Processes, *Philosophical Review* 68, 141-56, reprinted in C. V. Borst ed., *The Mind/Brain Identity Theory: A Collection of Papers*, New York: Macmillan, 1970, 52-6.（邦訳：J・J・C・スマート，感覚と脳の過程，坂戸道和・杉内峰彦・吉村章訳，C・V・ボースト編『心と脳は同一か――心言語から脳言語へ』吉村章ほか訳，北樹出版，1987 年，28-45.）

Stich, S. and Nichols, S. [1992] Folk Psychology: Simulation or Tacit Theory?, *Mind and Language* 7, 35-71, reprinted in Davies and Stone [1995] 123-58.

鈴木貴之 [2000] 翻訳の不確定性と意味の懐疑論，『哲学・科学史論叢』2，東京大学教養学部哲学・科学史部会，105-28.

鈴木貴之 [2002]「心の理論」とは何か,『科学哲学』35 (2), 83-94.

Talbott, W. J. [1995] Intentional Self-Deception in a Single Coherent Self, *Philosophy and Phenomenological Research* 55, 27-74.

丹治信春 [1997]『現代哲学の冒険者たち 19 クワイン』, 講談社.

Tarski, A. [1944] The Semantic Conception of Truth and the Foundations of Semantics, *Philosophy and Phenomenological Research* 4, 341-75, 1944.（邦訳：アルフレッド・タルスキ, 真理の意味論的観点と意味論の基礎, 飯田隆訳, 坂本百大編『現代哲学基本論文集 II』勁草書房, 1987 年.）

Tarski, A. [1956] The Concept of Truth in Formalized Languages, in A. Tarski, *Logic, Semantics, Metamathematics*, Oxford: Oxford University Press, 152-278.

戸田山和久 [2004] 心は（どんな）コンピュータなのか――古典的計算主義 vs. コネクショニズム,『シリーズ心の哲学 II ロボット篇』信原幸弘編, 勁草書房, 27-84.

Watson, G. [1977] Skepticism about Weakness of Will, reprinted in G. Watson, *Agency and Answerability*, Oxford: Oxford University Press, 2004, 33-58.

Wilkes, K. V. [1981] Functionalism, Psychology, and the Philosophy of Mind, *Philosophical Topics* 12, 147-67.

Wilkes, K. V. [1984] Pragmatics in Science and Theory in Common Sense, *Inquiry* 27, 339-61.

Wimmer, H. and Perner, J. [1983] Beliefs about Beliefs: Representation and Constraining Function of Wrong Beliefs in Young Children's Understanding of Deception, *Cognition* 13, 103-28.

Wittgenstein, L. [1953] *Philosophical Investigations*, Oxford: Basil Blackwell.（邦訳：L・ウィトゲンシュタイン『ウィトゲンシュタイン全集 8 哲学探究』藤本隆志訳, 大修館書店, 1976 年.）

Wright, C. [1993] *Realism, Meaning and Truth*, 2nd edn., Oxford: Basil Blackwell.

著者略歴
1972年　埼玉県に生まれる
2003年　東京大学大学院総合文化研究科博士課程修了
博士（学術）
現　在　國學院大學文学部准教授
著　書　『心の哲学入門』（勁草書房、2007年）
『岩波講座哲学05心／脳の哲学』（共著、岩波書店、2008年）
『シリーズ心の哲学Ⅰ人間篇』（共著、勁草書房、2004年）
『心理学の哲学』（共著、北大路書房、2002年）ほか

解釈主義の心の哲学　合理性の観点から

2014年4月20日　第1版第1刷発行

著　者　金《かな》　杉《すぎ》　武《たけ》　司《し》

発行者　井　村　寿　人

発行所　株式会社　勁《けい》　草《そう》　書　房

112-0005 東京都文京区水道2-1-1　振替　00150-2-175253
（編集）電話 03-3815-5277／FAX 03-3814-6968
（営業）電話 03-3814-6861／FAX 03-3814-6854
平文社・牧製本

http://www.keisoshobo.co.jp

解釈主義の心の哲学
合理性の観点から

2024年9月20日　オンデマンド版発行

著　者　金　杉　武　司

発行者　井　村　寿　人

発行所　株式会社　勁《けい》　草《そう》　書　房

112-0005 東京都文京区水道 2-1-1　振替　00150-2-175253
（編集）電話 03-3815-5277／FAX 03-3814-6968
（営業）電話 03-3814-6861／FAX 03-3814-6854
印刷・製本　(株)デジタルパブリッシングサービス

AM259

ISBN978-4-326-98600-2　Printed in Japan